今注本二十四史

晋書

唐 房玄齡等 撰

梁滿倉 主持校注

一九

傳〔九〕

中国社会科学出版社

晋書　卷八〇

列傳第五十

王羲之 子玄之 凝之 徽之 徽之子楨之 徽之弟操之 獻之 許邁

王羲之

王羲之，字逸少，司徒導之從子也。[1]祖正，尚書郎。[2]父曠，淮南太守。[3]元帝之過江也，曠首創其議。羲之幼訥於言，人未之奇。年十三，嘗謁周顗，[4]顗察而異之。時重牛心炙，坐客未啖，顗先割啖羲之，於是始知名。及長，辯贍，[5]以骨鯁稱，尤善隸書，爲古今之冠，論者稱其筆勢，以爲飄若游雲，[6]矯若驚龍。深爲從伯敦、導所器重。[7]時陳留阮裕有重名，[8]爲敦主簿。[9]敦嘗謂羲之曰："汝是吾家佳子弟，當不減阮主簿。"裕亦目羲之與王承、王悅爲王氏三少。[10]時太尉郗鑒使門生求女婿於導，[11]導令就東廂遍觀子弟。門生歸，謂鑒曰："王氏諸少並佳，然聞信至，咸自矜持。惟一人在東床坦腹食，獨若不聞。"鑒曰："正此佳婿邪！"訪之，乃羲之也，遂以女妻之。

［1］司徒：官名，西漢哀帝元壽二年（前1）改丞相爲大司徒，東漢光武帝時改名爲司徒，東漢末又改爲丞相。三國魏恢復三公制，改丞相爲司徒，管理民政。兩晋沿制，爲八公之一，在太尉之下、司空之上。與丞相通職，一般不並置，爲名譽宰相。一品。導：王導，字茂弘，本書卷六五有傳。

［2］尚書郎：官名。東漢之制，取孝廉中之有才能者入尚書臺，在皇帝左右處理政務，初入臺稱守尚書郎中，滿一年稱尚書郎，滿三年稱侍郎。魏晋以後尚書各曹有侍郎、郎中等官，綜理職務，通稱爲尚書郎。六品。

［3］淮南：郡名，治所在壽春縣（今安徽省壽縣）。

［4］周顗：字伯仁，本書卷六九有傳。

［5］辯贍：善辯，雄辯。

［6］游雲：游，殿本作“浮”。

［7］敦：王敦，字處仲，本書卷九八有傳。

［8］陳留：郡國名，治所在小黄縣（今河南省開封市東）。阮裕：字思曠，本書卷四九有傳。

［9］主簿：官名，開府屬官，典領文書籍簿，省録衆事，職權甚重。

［10］裕亦目羲之與王承、王悦爲王氏三少：此處王承有誤。按據《世説新語·賞譽》篇“阮光禄云”條：“王家有三年少：右軍、安期、長預。”劉孝標注稱：光禄爲阮裕，右軍乃王羲之，長豫乃王悦，即王導之子，安期指王應，王導兄王含之子。而本卷此處采《世説新語》資料，未加深究，誤將“安期”認爲“王承”，王承字安期，乃太原王湛之子，不得入琅邪王氏“三少”。王承，本書卷七五有傳。王悦，字長豫，本書卷六五有傳。

［11］太尉：官名，曹操爲丞相後，太尉府屬官歸相府，晋時太尉雖爲八公之一、三公之首，實爲名譽宰相，多爲大臣加官。一品。　郗鑒：字道徽，本書卷六七有傳。郗，殿本作“郄”。

起家秘書郎，[1]征西將軍庾亮請爲參軍，[2]累遷長史。[3]亮臨薨，上疏稱羲之清貴有鑒裁。遷寧遠將軍、江州刺史。[4]羲之既少有美譽，朝廷公卿皆愛其才器，頻召爲侍中、吏部尚書，[5]皆不就。復授護軍將軍，[6]又推遷不拜。揚州刺史殷浩素雅重之，[7]勸使應命，乃遺羲之書曰："悠悠者以足下出處足觀政之隆替，[8]如吾等亦謂爲然。至如足下出處，正與隆替對，豈可以一世之存亡，必從足下從容之適？幸徐求衆心。卿不時起，復可以求美政不？若豁然開懷，當知萬物之情也。"羲之遂報書曰："吾素自無廊廟志，[9]直王丞相時果欲内吾，[10]誓不許之，手迹猶存，由來尚矣，不於足下參政而方進退。自兒娶女嫁，便懷尚子平之志，[11]數與親知言之，非一日也。若蒙驅使，關隴、巴蜀皆所不辭。[12]吾雖無專對之能，直謹守時命，宣國家威德，故當不同於凡使，必令遠近咸知朝廷留心於無外，此所益殊不同居護軍也。漢末使太傅馬日磾慰撫關東，[13]若不以吾輕微，無所爲疑，宜及初冬以行，吾惟恭以待命。"

[1]秘書郎：官名，秘書令屬官，掌管文書機要，亦掌整理典籍、考核舊文。六品。

[2]征西將軍：官名，東漢永元年間置，地位與雜號將軍、偏將軍、裨將軍等同。建安年間與征東、征南、征北將軍合稱四征將軍，地位提高。三品，加持節都督者二品。　庾亮：字元規，本書卷七三有傳。　參軍：官名，亦作參軍事，謂參謀軍事。兩晋公府、軍府皆置。

[3]長史：官名，掌顧問參謀，爲所在官署掾屬之長。魏晋南

北朝時王府、公府、軍府、邊郡均置。八至六品。

[4]寧遠將軍：官名，屬名號將軍。五品。　江州：治所在南昌縣（今江西省南昌市）。

[5]侍中：官名，東漢建安中與給事黄門侍郎出入禁中，省尚書事。曹魏時爲門下之侍中省長官，常侍衛皇帝左右，掌顧問應對、諫諍糾察、平議奏事、駁奏異議等，權力甚重。三品。　吏部尚書：官名，三國魏時爲尚書省吏部曹長官，位居列曹尚書之上。三品。

[6]護軍將軍：官名，東漢建安十二年（207）曹操改丞相府護軍爲中護軍，資重者可遷護軍將軍，典武官選舉，與中領軍同掌禁軍。曹魏時四品，西晋時三品。護軍，殿本作“護國”。

[7]揚州：三國魏、吴各置揚州，魏治所在壽春縣（今安徽省壽縣），吴治所在建業縣（今江蘇省南京市）。西晋統一後復合，治所在建鄴縣（今江蘇省南京市）。　殷浩：字深源，本書卷七七有傳。

[8]出處：出仕和隱退。

[9]吾素自無廊廟志：原本、宋本無“志”字，殿本有，據殿本、中華本校勘記補。

[10]直：正値，正當。　王丞相：指王導。

[11]尚子平：向長，字子平，東漢河内朝歌（今河南省淇縣）人。隱居不仕，好通《老》《易》。貧無資食，人有饋贈，受之取足而反其餘。新莽時隱於家。建武中，敕斷家人勿與相關，與同好北海禽慶俱游五岳名山，不知所終。《後漢書》卷八三《逸民列傳》李賢注云：“《高士傳》‘向’字作‘尚。’”

[12]關隴：地區名，指關中和甘肅省東部一帶。　巴蜀：地區名，今四川省。

[13]太傅：官名，晋爲八公之一。位上公，太宰之下、太保之上。一品。　馬日磾：東漢末人，字翁叔，馬融之族子。少傳馬融學業，以才學進，歷位九卿，遂登臺輔。東漢末諸侯割據，馬日磾

假節循撫關東。袁術在壽春，不肅王命，侮慢馬日磾，借其節觀之，因奪不還。馬日磾從術求去，而術不遣，既以失節屈辱，憂恚而死。　關東：地區名，指函谷關或潼關以東地區。

羲之既拜護軍，又苦求宣城郡，[1]不許，乃以爲右軍將軍、會稽内史。[2]時殷浩與桓温不協，[3]羲之以國家之安在於内外和，因以與浩書以誡之，[4]浩不從。及浩將北伐，羲之以爲必敗，以書止之，言甚切至。浩遂行，果爲姚襄所敗。[5]復圖再舉，又遺浩書曰：

知安西敗喪，[6]公私惋怛，[7]不能須臾去懷。以區區江左，所營綜如此，天下寒心，固以久矣，而加之敗喪，此可熟念。往事豈復可追，願思弘將來，令天下寄命有所，自隆中興之業。政以道勝寬和爲本，力争武功，作非所當，因循所長，以固大業，想識其由來也。

[1]宣城郡：治所在宛陵縣（今安徽省宣城市）。

[2]右軍將軍：官名，與前軍、後軍、左軍將軍合稱四軍將軍，領營兵千人，掌宿衛。初屬中軍將軍，後屬領軍將軍。四品。　會稽：郡名，治所在山陰縣（今浙江省紹興市）。　内史：官名，西晋武帝太康十年（289）改諸王國相爲内史，掌管民政。五品。周家禄《晋書校勘記》認爲："晋制，以郡爲國，内史治民事，若郡太守。國除爲郡，復稱太守。然二名往往混淆，史家亦互稱之。"

[3]桓温：字元子，本書卷九八有傳。　不協：不和。

[4]因以與浩書以誡之：中華本校勘記："《通志》一二九無'以'字，疑是。"

[5]姚襄：字景國，本書卷一一六有載記。

[6]安西：此指安西將軍庾亮。
[7]惋怛：嘆息痛心。

自寇亂以來，處内外之任者，未有深謀遠慮，括囊至計，而疲竭根本，各從所志，竟無一功可論，一事可記，忠言嘉謀棄而莫用，遂令天下將有土崩之勢，何能不痛心悲慨也。任其事者，豈得辭四海之責！追咎往事，亦何所復及，宜更虚己求賢，當與有識共之，[1]不可復令忠允之言常屈於當權。今軍破於外，資竭於内，保淮之志非復所及，莫過還保長江，都督將各復舊鎮，自長江以外，羈縻而已。任國鈞者，引咎責躬，深自貶降以謝百姓，更與朝賢思布平政，[2]除其煩苛，省其賦役，與百姓更始，庶可以允塞群望，救倒懸之急。

[1]當與有識共之：宋本無“當”字。
[2]思布平政：政，殿本作“正”。

使君起於布衣，任天下之重，尚德之舉，未能事事允稱，當董統之任而敗喪至此，[1]恐闔朝群賢未有與人分其謗者。今亟修德補闕，廣延群賢，與之分任，尚未知獲濟所期。若猶以前事爲未工，故復求之於分外，宇宙雖廣，自容何所！知言不必用，或取怨執政，然當情慨所在，正自不能不盡懷極言。若必親征，未達此旨，果行者，愚智所不解也。願復與衆共之。

[1]當董統之任而敗喪至此：董，殿本作“重”；敗喪，殿本乙作“喪敗”。

復被州符，[1]增運千石，徵役兼至，皆以軍期，對之喪氣，罔知所厝。自頃年割剥遺黎，刑徒竟路，殆同秦政，惟未加參夷之刑耳，[2]恐勝廣之憂，[3]無復日矣。

[1]被州符：接到州府的公文。

[2]參夷之刑：誅滅三族的刑罰。參，殿本作“慘”。

[3]勝：陳勝，秦末陽城（今河南省登封市東南告成鎮）人，字涉。少時爲人傭耕，有“苟富貴無相忘”之許。同耕者笑，陳勝説：“燕雀安知鴻鵠之志！”後成爲農民起義領袖，稱王，政權號“張楚”。　廣：吴廣，秦末陽夏（今河南省太康縣）人，隨陳勝起義，“張楚”政權假王。後爲部將田臧所殺。

又與會稽王箋陳浩不宜北伐，[1]并論時事曰：

古人耻其君不爲堯舜，北面之道，[2]豈不願尊其所事，比隆往代，况遇千載一時之運？顧智力屈於當年，[3]何得不權輕重而處之也。今雖有可欣之會，内求諸己，而所憂乃重於所欣。《傳》云，“自非聖人，外寧必有内憂”。今外不寧，内憂已深。[4]古之弘大業者，或不謀於衆，傾國以濟一時功者，亦往往而有之。誠獨運之明足以邁衆，暫勞之弊終獲永逸者可也。求之於今，可得擬議乎！

[1]會稽王：即簡文帝司馬昱，本書卷九有紀。

[2]北面之道：爲臣之道。

[3]顧：但是。

[4]已深：已，原本、宋本、殿本作“以”，據中華本改。

夫廟算决勝，必宜審量彼我，萬全而後動。功就之日，便當因其衆而即其實。今功未可期，而遺黎殲盡，萬不餘一。且千里饋糧，自古爲難，况今轉運供繼，西輸許洛，北入黄河。雖秦政之弊，未至於此，而十室之憂，便以交至。今運無還期，徵求日重，以區區吴越經緯天下十分之九，不亡何待！而不度德量力，不弊不已，此封内所痛心嘆悼而莫敢吐誠。

往者不可諫，來者猶可追，願殿下更垂三思，解而更張，令殷浩、荀羡還據合肥、廣陵，[1]許昌、譙郡、梁、彭城諸軍皆還保淮，[2]爲不可勝之基，須根立勢舉，謀之未晚，此實當今策之上者。若不行此，社稷之憂可計日而待。安危之機，易於反掌，考之虚實，著於目前，願運獨斷之明，定之於一朝也。

[1]荀羡：字令則，本書卷七五有傳。　合肥：縣名，治所在今安徽省合肥市西。　廣陵：郡名，治所在廣陵縣（今江蘇省揚州市西北蜀岡上）。

[2]許昌：縣名，治所在許昌城（今河南省許昌市東）。　譙郡：郡國名，曹魏置，治所在譙縣（今安徽省亳州市）。　梁：縣名，治所在今河南省汝州市南。　彭城：縣名，治所在今江蘇省徐州市。

地淺而言深，豈不知其未易。然古人處閭閻行陣之間，[1]尚或干時謀國，評裁者不以爲譏，况厠大臣末行，豈可默而不言哉！存亡所係，決在行之，不可復持疑後機，不定之於此，後欲悔之，亦無及也。

[1]閭閻：里巷，泛指民間。　行陣：行伍，軍隊。

殿下德冠宇内，以公室輔朝，最可直道行之，致隆當年，而未允物望，受殊遇者所以寤寐長嘆，實爲殿下惜之。國家之慮深矣，常恐伍員之憂不獨在昔，[1]麋鹿之游將不止林藪而已。[2]願殿下暫廢虚遠之懷，以救倒懸之急，可謂以亡爲存，轉禍爲福，則宗廟之慶，四海有賴矣。

[1]伍員：春秋時人，名員，字子胥。楚國大夫伍奢之次子，伍尚之弟。楚平王七年（前522）費無忌誣蔑伍奢與太子建叛亂，結果伍尚和伍奢被殺，伍子胥逃入吴國。助公子闔閭刺殺吴王僚，奪取王位。後被闔閭任爲行人，率兵攻楚，大敗越國。後因多次勸諫闔閭子夫差而被疏遠，最終自殺。

[2]麋鹿之游：《史記》卷八七《李斯列傳》載，趙高案治李斯，李斯拘執束縛，居囹圄中，仰天而嘆曰："今反者已有天下之半矣，而心尚未寤也，而以趙高爲佐，吾必見寇至咸陽，麋鹿游於朝也。"後以麋鹿之游比喻國家敗亡。

時東土饑荒，羲之輒開倉振貸。[1]然朝廷賦役繁重，吴會尤甚，[2]羲之每上疏争之，事多見從。又遺尚書僕

射謝安書曰：[3]

頃所陳論，每蒙允納，所以令下小得蘇息，各安其業。若不耳，[4]此一郡久以蹈東海矣。

[1]振貸：振，殿本作“賑”。

[2]吴會：指吴郡和會稽二郡。

[3]又遺尚書僕射謝安書曰：中華本校勘記：“《惜抱軒筆記》《諸史拾遺》並謂，羲之任會稽内史時，謝安尚未出仕。此書當是與謝尚。‘安’或‘尚’字之誤。”

[4]若不耳：耳，殿本作“爾”。

今事之大者未布，漕運是也。吾意望朝廷可申下定期，委之所司，勿復催下，但當歲終考其殿最。長吏尤殿，命檻車送詣天臺。[1]三縣不舉，二千石必免，或可左降，令在疆塞極難之地。

[1]天臺：尚書臺，尚書省。

又自吾到此，從事常有四五，[1]兼以臺司及都水、御史、行臺文符如雨，[2]倒錯違背，不復可知。吾又瞑目循常推前，[3]取重者及綱紀，輕者在五曹。主者莅事，未嘗得十日，吏民趨走，功費萬計。卿方任其重，可徐尋所言。江左平日，揚州一良刺史便足統之，況以群才而更不理，正由爲法不一，牽制者衆，思簡而易從，便足以保守成業。

[1]從事：官名，州部屬吏。東漢稱從事史，由州部長官自己選拔任命。

[2]都水：官署名，都水臺，西晋始置，掌舟船、水運、河渠、灌溉事務。長官爲都水使者，屬官有河堤謁者、參軍、令史。東晋改河堤謁者爲都水謁者。　御史：官署名，御史臺，國家最高監察機構。東漢始置，設於禁中蘭臺，別稱蘭臺、憲臺，與尚書臺、謁者臺並稱三臺。　行臺：臺省在外者。將帥出征時隨其所駐之地設立的代表中央的政務機構。

[3]吾又瞑目循常推前：原本、宋本“目”下有“曰”字，殿本無，據殿本删。

倉督監耗盗官米，[1]動以萬計，吾謂誅翦一人，其後便斷，而時意不同。近檢校諸縣，無不皆爾。餘姚近十萬斛，[2]重斂以資奸吏，令國用空乏，良可嘆也。

[1]倉督監：東晋縣府屬官，掌糧倉管理。

[2]餘姚：縣名，治所在今浙江省餘姚市。

自軍興以來，征役及充運死亡叛散不反者衆，虚耗至此，而補代循常，所在凋困，莫知所出。上命所差，上道多叛，則吏及叛者席卷同去。又有常制，輒令其家及同伍課捕。課捕不擒，家及同伍尋復亡叛。百姓流亡，户口日減，其源在此。又有百工醫寺，[1]死亡絶没，家户空盡，差代無所，上命不絶，事起或十年、十五年，彈舉獲罪無懈息，而無益實事，何以堪之！謂自今諸死罪原輕者及五歲刑，可以充此，其減死者，可長充兵役，五歲者，可充雜工醫寺，皆令移其家以實都邑。都邑既實，是政之本，又可絶其亡叛。不移其家，逃亡之患復如初耳。今除罪而充雜役，盡移其家，小人愚迷，或以爲重於殺戮，可以絶奸。刑名雖輕，懲肅實重，豈非適時之宜邪！

[1]百工醫寺：工匠、醫生、侍人。

羲之雅好服食養性，[1]不樂在京師，初渡浙江，便有終焉之志。會稽有佳山水，名士多居之，謝安未仕時亦居焉。孫綽、李充、許詢、支遁等皆以文義冠世，[2]並築室東土，與羲之同好。嘗與同志宴集於會稽山陰之蘭亭，[3]羲之自爲之序以申其志，曰：

永和九年，歲在癸丑，暮春之初，會于會稽山陰之蘭亭，修禊事也。[4]群賢畢至，少長咸集。此地有崇山峻嶺，茂林修竹，又有清流激湍，映帶左右，引以爲流觴曲水，列坐其次。雖無絲竹管絃之盛，一觴一咏，亦足以暢叙幽情。

[1]服食：服用仙藥。

[2]孫綽：字興公，本書卷五六有傳。　李充：字弘度，本書卷九二有傳。　許詢：東晋高陽北新城（今河北省保定市徐水區）人，字玄度。僑居會稽，與劉惔、王羲之、孫安、郗愔文字交游，清談往返。　支遁：即支道林，東晋陳留（今河南省開封市東）人，一説河東林慮（今河南省林州市）人，俗姓關，名遁，以字

行。家世事佛，自由讀經，二十五歲出家。般若學即色宗創始人。

[3]山陰：縣名，治所在今浙江省紹興市。　蘭亭：位於今浙江省紹興市西南蘭渚山上。

[4]修禊：古代民俗於農曆三月上旬的巳日（三國魏以後始固定爲三月初三）到水邊嬉戲，以祓除不祥，稱爲修禊。

是日也，天朗氣清，惠風和暢，仰觀宇宙之大，俯察品類之盛，所以游目騁懷，[1]足以極視聽之娱，信可樂也。

[1]游目：目，宋本作“自”。

夫人之相與，俯仰一世，或取諸懷抱，悟言一室之内，[1]或因寄所託，放浪形骸之外。[2]雖趣舍萬殊，静躁不同，當其欣於所遇，暫得於己，快然自足，不知老之將至。及其所之既倦，情隨事遷，感慨係之矣。向之所欣，俯仰之間，已爲陳迹，[3]猶不能不以之興懷。況修短隨化，終期於盡。古人云，死生亦大矣，豈不痛哉！

[1]悟言一室之内：悟，殿本作“晤”。

[2]放浪形骸：指言行放縱，不拘形迹。

[3]已爲陳迹：已，原本、宋本作“以”，殿本作“已”，據殿本改。

每覽昔人興感之由，若合一契，未嘗不臨文嗟悼，不能喻之於懷。固知一死生爲虚誕，齊彭殤爲安作，[1]後之視今，亦由今之視昔，悲夫！故列叙時人，録其所述，雖世殊事異，所以興懷，其致一也。後之覽者，亦將有感於斯文。

或以潘岳《金谷詩序》方其文，[2]羲之比於石崇，[3]聞而甚喜。

[1]齊彭殤：長壽和夭亡齊等。殤，宋本作“觴”。

[2]潘岳：字安仁，本書卷五五有傳。

[3]石崇：字季倫，本書卷三三有傳。

性愛鵝，會稽有孤居姥養一鵝，善鳴，求市未能得，遂携親友命駕就觀。姥聞羲之將至，烹以待之，羲之嘆惜彌日。又山陰有一道士，養好鵝，羲之往觀焉，意甚悦，固求市之。道士云：“爲寫《道德經》，當舉群相贈耳。”羲之欣然寫畢，籠鵝而歸，甚以爲樂。其任率如此。嘗詣門生家，見棐几滑净，[1]因書之，真草相半。後爲其父誤刮去之，門生驚懊者累日。又嘗在蕺山見一老姥，[2]持六角竹扇賣之。羲之書其扇，各爲五字。姥初有愠色。因謂姥曰：“但言是王右軍書，以求百錢邪。”姥如其言。人競買之。他日，姥又持扇來，羲之笑而不答。其書爲世所重，皆此類也。每自稱“我書比鍾繇，[3]當抗行；[4]比張芝草，[5]猶當雁行也”。[6]曾與人書云：“張芝臨池學書，[7]池水盡黑，使人耽之若是，未必後之也。”羲之書初不勝庾翼、郗愔，[8]及其暮年方妙，嘗以章草答庾亮，[9]而翼深嘆伏，因與羲之書云：“吾昔有伯英章草十紙，過江顛狽，遂乃亡失，常嘆妙迹永絶。忽見足下答家兄書，焕若神明，頓還舊觀。”

[1]桊几：用桊木做的几桌。亦泛指几桌。

[2]蕺山：位於今浙江省紹興市内。上有戒珠寺，又名戒珠山。蕺，原本、宋本作“戢”，殿本作“蕺”，據殿本改。

[3]鍾繇：三國時潁川長社（今河南省長葛市東）人，字元常。東漢建安二年（197），被曹操表爲侍中，守司隸校尉，持節都督關中諸軍事。二十四年，受魏諷謀反牽連，被免官。曹魏文帝時復爲廷尉，官至太傅。古代著名書法家。

[4]抗行：並行，抗衡。

[5]張芝：東漢弘農（今河南省靈寶市）人，字伯英。古代著名書法家，善草書。梁庾肩吾《書品》將其作品與鍾繇、王羲之作品並列爲上品之上。“羊欣云，貴越群品，古今莫二，兼撮衆法，備成一家。若孔門以書，三子入室矣，允爲上之上。”

[6]雁行：居前的行列。雁，通“顔”。《韓非子·存韓》：“先時五諸侯共伐秦，韓反與諸侯先爲雁行以嚮秦軍於關下矣。”《通雅·釋詁》：“雁行，猶顔行。《管子·輕重甲》篇：‘士争前，戰爲顔行。’《史·嚴助傳》：‘越人蒙死，僥倖以逆執事之顔行。’前行曰顔，通作雁。《韓非子》‘先爲雁行以嚮秦軍’，《戰國·韓策》‘韓，居爲隱蔽，出爲雁行’，《燕策》‘使弱燕雁行’，《晋·王羲之傳》‘我書比鍾繇當抗行，比張芝猶當雁行’，皆謂顔行也。本借用，後又爲之解曰：雁飛大者居前，故世習稱雁行。而不知用顔行。”宋本無“抗行”至“猶當”八字。

[7]張芝臨池學書：張芝，宋本作“羲之”。

[8]庾翼：字稚恭，本書卷七三有傳。　郗愔：字方回，本書卷六七有傳。郗，原本、宋本、殿本作“郄”，據中華本改。

[9]章草：殿本乙作“草章”。

時驃騎將軍王述少有名譽，[1]與羲之齊名，而羲之甚輕之，由是情好不協。[2]述先爲會稽，以母喪居郡境，羲之代述，止一吊，遂不重詣。述每聞角聲，謂羲之當候己，輒洒掃而待之。[3]如此者累年，而羲之竟不顧，述深以爲恨。及述爲揚州刺史，將就徵，周行郡界，而不過羲之，臨發，一别而去。先是，羲之常謂賓友曰："懷祖正當作尚書耳，[4]投老可得僕射。[5]更求會稽，便自邈然。"及述蒙顯授，羲之恥爲之下，遣使詣朝廷，求分會稽爲越州。行人失辭，[6]大爲時賢所笑。既而内懷愧嘆，謂其諸子曰："吾不减懷祖，而位遇懸邈，當由汝等不及坦之故邪！"[7]述後檢察會稽郡，辯其刑政，主者疲於簡對。羲之深恥之，遂稱病去郡，於父母墓前自誓曰："維永和十一年三月癸卯朔，九日辛亥，小子羲之敢告二尊之靈。羲之不天，[8]夙遭閔凶，[9]不蒙過庭之訓。[10]母兄鞠育，得漸庶幾，遂因人乏，蒙國寵榮。進無忠孝之節，退違推賢之義，每仰咏老氏、周任之誡，[11]常恐死亡無日，[12]憂及宗祀，豈在微身而已！是用寤寐永嘆，若墮深谷。止足之分，定之於今。謹以今月吉辰肆筵設席，稽顙歸誠，告誓先靈。自今之後，敢渝此心。貪冒苟進，是有無尊之心而不子也。子而不子，天地所不覆載，名教所不得容。信誓之誠，有如皦日！"

[1]驃騎將軍：官名，西漢時爲重號將軍，東漢以後，居諸名號將軍之首，僅作爲軍府名號加授大臣或重要州郡長官。二品，開府位從公者一品。　王述：字懷祖，本書卷七五有傳。　名譽：

名，宋本作“美”。

［2］情好不協：感情不和。

［3］洒掃：掃，原本、宋本、殿本作“埽”，據中華本改。

［4］尚書：官名，東漢尚書臺六曹各置尚書，秩六百石。魏晋出爲朝官，分掌尚書省諸曹，品秩提高。三品。

［5］投老：到老，臨老。　僕射：官名，即尚書僕射。秦漢爲尚書令副貳，東漢建安四年（199）分置左、右，爲尚書省次官。三品。

［6］行人失辭：使者把請求走漏出去。

［7］坦之：王坦之，字文度，本書卷七五有傳。

［8］不天：不被上天佑護。天，原本、宋本作“夭”，殿本作“天”，據殿本改。

［9］夙遭閔凶：早年遇到凶喪之事。

［10］過庭之訓：典出《論語·季氏》：“孔子曾獨立門中，孔鯉趨而過庭。孔子問：‘學詩乎？’孔鯉説：‘未也。’孔子説：‘不學詩，無以言。’鯉退而學詩。第二天孔子又問：‘學禮乎？’孔鯉答：‘未也。’孔子説：‘不學禮，無以立。’鯉退而學禮。”後因以“過庭”指承受父訓或徑指父訓。

［11］老氏：老子。　周任：《論語·季氏》：“孔子曰：“求！周任有言曰：‘陳力就列，不能者止。’危而不持，顛而不扶，則將焉用彼相矣？且爾言過矣，虎兕出于柙，龜玉毁于櫝中，是誰之過與？”馬融注：“周任，古之良史，言當陳其才力，度己所任以就其位，不能則當止。”

［12］常恐死亡無日：死，原本、宋本作“斯”，殿本作“死”，據殿本、中華本校勘記改。

羲之既去官，與東土人士盡山水之游，弋釣爲娱。又與道士許邁共修服食，采藥石不遠千里，遍游東中諸郡，窮諸名山，泛滄海，嘆曰："我卒當以樂死。" 謝安嘗謂羲之曰："中年以來，傷於哀樂，與親友別，輒作數日惡。" 羲之曰："年在桑榆，[1]自然至此。須正賴絲竹陶寫，[2]恒恐兒輩覺其歡樂之趣。"[3]朝廷以其誓苦，亦不復徵之。

[1]桑榆：此指晚年。

[2]須正賴：須，宋本作"頃"。

[3]覺其歡樂之趣：宋本"覺"下有"損"字。

時劉惔爲丹楊尹，[1]許詢嘗就惔宿，床帷新麗，飲食豐甘。詢曰："若此保全，殊勝東山。" 惔曰："卿若知吉凶由人，吾安得保此。" 羲之在坐，曰："令巢許遇稷契，[2]當無此言。" 二人並有愧色。

[1]劉惔：字真長，本書卷七五有傳。　丹楊尹：官名，東晋京城所在郡府長官，掌京城行政諸務並詔獄，亦稱"京尹"。三品。原本、殿本作"丹陽令"，宋本作"丹楊尹"，據宋本改。

[2]巢：巢父，傳説與許由同時代人，不受堯的封讓，築巢隱居，因名巢父。　許：許由，古代著名隱士，隱於沛澤。堯聞其賢，欲讓之以天下，許由不受而逃於潁水之陽箕山之下。　稷：后稷，周先祖，虞舜命爲農官，教民耕稼，稱爲"后稷"。　契：殷契，商的祖先，爲帝嚳之子。舜時佐禹治水有功，任爲司徒，封於商，賜姓子氏。

初，羲之既優游無事，與吏部郎謝萬書曰：[1]

古之辭世者或被髮佯狂，[2]或污身穢迹，可謂艱矣。今僕坐而獲逸，遂其宿心，其爲慶幸，豈非天賜！違天不祥。

[1]吏部郎：官名，尚書省吏部曹長官通稱。亦稱郎中，資深者可轉侍郎。屬吏部尚書，主管官吏選任、銓敘、調動事務，對五品以下官吏之任免有建議權。六品。　謝萬：字萬石，本書卷七九有傳。

[2]徉狂：徉，宋本作“陽”。

頃東游還，修植桑果，今盛敷榮，率諸子，抱弱孫，游觀其間，有一味之甘，割而分之，以娱目前。雖植德無殊邈，猶欲教養子孫以敦厚退讓。或以輕薄，[1]庶令舉策數馬，彷佛萬石之風。君謂此何如？

[1]或以輕薄：以，宋本、殿本作“有”。

比當與安石東游山海，并行田視地利，頤養閑暇。衣食之餘，欲與親知時共歡燕，雖不能興言高咏，銜杯飲滿，[1]語田里所行，故以爲撫掌之資，其爲得意，可勝言邪！常依陸賈、班嗣、楊王孫之處世，[2]甚欲希風數子，老夫志願盡於此也。

[1]銜杯飲滿：飲，宋本、殿本作“引”。

[2]常依：宋本作“常依依”。　陸賈：西漢楚人，從劉邦平定天下，以善辯聞名，常周旋於各諸侯國。曾出使南越，招撫趙

佗。受高祖劉邦之命著書十二篇，論述存亡訓，號《新語》。　班嗣：班彪從兄，貴老莊之術。桓譚欲借其書，班嗣認爲他“已貫仁誼之羈絆，繫名聲之韁鎖，伏周、孔之軌躅”，用不着借老莊炫耀自己，因此没有借給他。語見《漢書》卷一〇〇《叙傳》。　楊王孫：西漢武帝時人，學黄老之術，家業千金，厚自奉養生，亡所不致。及病且終，先令其子曰：“吾欲贏葬，以反吾真，必亡易吾意。死則爲布囊盛尸，入地七尺，既下，從足引脱其囊，以身親土。”其子不忍，讓楊王孫友人祁侯勸阻。楊王孫不聽，堅持裸葬。語見《漢書》卷六七《楊王孫傳》。

萬後爲豫州都督，[1]又遺萬書誡之曰：“以君邁往不屑之韵，而俯同群辟，[2]誠難爲意也。然所謂通識，正自當隨事行藏，[3]乃爲遠耳。願君每與士之下者同，則盡善矣。食不二味，居不重席，此復何有，而古人以爲美談。濟否所由，[4]實在積小以致高大，君其存之。”萬不能用，果敗。

[1]豫州都督：豫州最高軍事行政長官。

[2]俯同群辟：辟，宋本作“碎”。

[3]隨事行藏：根據情況決定出仕或隱居。

[4]濟否所由：成敗所以形成的原因。

年五十九卒，贈金紫光禄大夫。[1]諸子遵父先旨，固讓不受。

[1]金紫光禄大夫：官名，對光禄大夫加金章紫綬。禄賜、班位、車服、佩玉等皆與特進同。二品。

有七子，知名者五人。玄之早卒。次凝之，亦工草隸，仕歷江州刺史、左將軍、會稽内史。[1]王氏世事張氏五斗米道，[2]凝之彌篤。孫恩之攻會稽，[3]寮佐請爲之備。凝之不從，方入靖室請禱，出語諸將佐曰："吾已請大道，許鬼兵相助，賊自破矣。"既不設備，遂爲孫恩所害。

[1]左將軍：官名，漢代爲重號將軍，與前、後、右將軍並爲上卿。魏晋時爲常設官職，權位較兩漢漸低，僅爲武官名號，略高於一般雜號將軍，不典禁兵。三品。

[2]五斗米道：即天師道，東漢張道陵創立，以《老子》爲經典。教主自稱"天師"或"師君"。因入道要交五斗米，故稱。

[3]孫恩：字靈秀，本書卷一〇〇有傳。

徽之，字子猷。性卓犖不羈，爲大司馬桓温參軍，[1]蓬首散帶，不綜府事。又爲車騎桓冲騎兵參軍，[2]冲問："卿署何曹？"對曰："似是馬曹。"又問："管幾馬？"曰："不知馬，何由知數！"[3]又問："馬比死多少？"曰："未知生，焉知死！"嘗從冲行，值暴雨，徽之因下馬排入車中，謂曰："公豈得獨擅一車！"冲嘗謂徽之曰："卿在府日久，比當相料理。"徽之初不酬答，直高視，以手版柱頰云：[4]"西山朝來致有爽氣耳。"

[1]大司馬：官名，八公之一，位在上公之下、大將軍及三公之上，高級將帥，多爲大臣加官。一品。

[2]車騎：官名，即車騎將軍。魏晋南北朝時位次於驃騎將軍，在諸名號將軍之上，多作爲軍府名號，以加授大臣及重要州郡長

官。二品，開府位從公者一品。　桓冲：字幼子，本書卷七四有傳。

［3］何由知數：知，原本、宋本、殿本均作"知"，中華本作"如"，似不合文意。

［4］以手版柱頰：柱，殿本作"拄"。

時吴中一士大夫家有好竹，欲觀之，便出坐輿造竹下，諷嘯良久。[1]主人洒掃請坐，[2]徽之不顧。將出，主人乃閉門，徽之便以此賞之，盡歡而去。嘗寄居空宅中，便令種竹。[3]或問其故，徽之但嘯咏，指竹曰："何可一日無此君邪！"嘗居山陰，夜雪初霽，月色清朗，四望皓然，獨酌酒咏左思《招隱詩》，[4]忽憶戴逵。[5]逵時在剡，[6]便夜乘小船詣之，經宿方至，造門不前而反。人問其故，徽之曰："本乘興而行，[7]興盡而反，何必見安道邪！"雅性放誕，好聲色，嘗夜與弟獻之共讀《高士傳讚》，獻之賞井丹高潔，[8]徽之曰："未若長卿慢世也。"[9]其傲達若此。[10]時人皆欽其才而穢其行。

［1］諷嘯：誦讀吟嘯。嘯，古人的自娱方式，類似口哨。《詩·召南·江有汜》："不我過，其嘯也歌。"鄭玄箋："嘯，蹙口而出聲。"

［2］洒掃：掃，原本、殿本作"埽"，宋本作"掃"，據宋本改。

［3］便令種竹：便，宋本作"俱"。

［4］左思：字太冲，本書卷九二有傳。

［5］戴逵：字安道，本書卷九四有傳。

［6］剡：縣名，治所在今浙江省嵊州市西南曹娥江北岸。

［7］乘輿而行：行，殿本作“來”。

［8］井丹：東漢扶風郿（今陝西省眉縣東渭河北岸）人，字大春。少受業太學，通《五經》，善談論。諸王公多次徵請不能動。信陽侯陰就乃詭説王公，“求錢千萬，約能致丹，而別使人要劫之。丹不得已，既至。就故爲設麥飯葱葉之食，丹推去之，曰：‘以君侯能供甘旨，故來相過，何其薄乎？’更置盛饌，乃食。及就起，左右進輦。丹笑曰：‘吾聞桀駕人車，豈此邪？’坐中皆失色。就不得已而令去輦。自是隱閉不關人事，以壽終”。語見《後漢書》卷八三《逸民列傳》。

［9］長卿：司馬相如，西漢蜀郡成都（今四川省成都市）人，字長卿，少名犬子，後更名相如。文學家，所做《子虛賦》深受漢武帝賞識。

［10］傲達：高傲放達。

後爲黄門侍郎，[1]棄官東歸，與獻之俱病篤。時有術人云：“人命應終，而有生人樂代者，則死者可生。”徽之謂曰：“吾才位不如弟，請以餘年代之。”術者曰：“代死者，以己年有餘，得以足亡者耳。今君與弟算俱盡，何代也！”未幾，獻之卒，徽之奔喪不哭，直上靈床坐，取獻之琴彈之，久而不調，嘆曰：“嗚呼子敬，人琴俱亡！”因頓絶。先有背疾，遂潰裂，月餘亦卒。子楨之。

［1］黄門侍郎：官名，魏晋時爲侍中省或門下省次官。侍從皇帝，顧問應對，多以重臣或外戚子弟擔任，位頗重要。五品。

楨之，字公幹，歷位侍中、大司馬長史。桓玄爲太尉，[1]朝臣畢集，問楨之："我何如君亡叔？"在坐咸爲氣咽。楨之曰："亡叔一時之標，公是千載之英。"一坐皆悦。

[1]太尉：官名，曹操爲丞相後，太尉府屬官歸相府，晋時太尉雖爲八公之一、三公之首，實爲名譽宰相，多爲大臣加官。一品。

操之，字子重，歷侍中、尚書、豫章太守。

獻之，字子敬。少有盛名，而高邁不羈，雖閑居終日，容止不怠，風流爲一時之冠。年數歲，嘗觀門生樗蒲，[1]曰："南風不競。"[2]門生曰："此郎亦管中窺豹，時見一班。"[3]獻之怒曰："遠慚荀奉倩，[4]近愧劉真長。"[5]遂拂衣而去。嘗與兄徽之、操之俱詣謝安，二兄多言俗事，獻之寒温而已。既出，客問安王氏兄弟優劣，安曰："小者佳。"客問其故，安曰："吉人之辭寡，以其少言，故知之。"嘗與徽之共在一室，忽然火發，徽之遽走，不遑取履。獻之神色恬然，徐呼左右扶出。夜卧齋中，而有偷人入其室，盗物都盡。獻之徐曰："偷兒，青氈我家舊物，可特置之。"群偷驚走。

[1]樗（chū）蒲（pú）：風靡當時的賭博游戲。

[2]南風不競：《左傳·襄公十八年》："晋人聞有楚師，師曠曰：'不害，吾驟歌北風，又歌南風，南風不競，多死聲，楚必無功。'"杜預注："歌者吹律以咏八風，南風音微，故曰不競也。師

曠唯歌南北風者，聽晋、楚之强弱。”比喻競賽中一方失利。

[3]時見一班：班，殿本作“斑”。

[4]荀奉倩：荀粲，三國魏潁川潁陰（今河南省許昌市）人，字奉倩。玄學家，與傅嘏齊名於世，主張“言不盡意”。

[5]劉真長：劉惔，字真長，本書卷七五有傳。

工草隸，善丹青。七八歲時學書，羲之密從後掣其筆不得，嘆曰：“此兒後當復有大名。”嘗書壁爲方丈大字，羲之甚以爲能，觀者數百人。桓温嘗使書扇，筆誤落，因畫作烏駁牸牛，[1]甚妙。

[1]烏駁牸牛：毛色青白相雜的母牛。

起家州主簿、秘書郎，轉丞，[1]以選尚新安公主。嘗經吴郡，[2]聞顧辟彊有名園，先不相識，乘平肩輿徑入。時辟彊方集賓友，而獻之游歷既畢，傍若無人。辟彊勃然數之曰：“傲主人，非禮也。以貴驕士，非道也。失是二者，不足齒之傖耳。”便驅出門。獻之傲如也，不以屑意。

[1]丞：官名，此爲秘書丞，秘書監次官。負責典籍圖書的管理和整理，爲清要之官，多由士族高門擔任。六品。

[2]吴郡：治所在吴縣（今江蘇省蘇州市）。

謝安甚欽愛之，請爲長史。安進號衛將軍，[1]復爲長史。太元中，新起太極殿，[2]安欲使獻之題榜，以爲萬代寶，而難言之，試謂曰：“魏時陵雲殿榜未題，而匠者誤釘之，不可下，乃使韋仲將懸橙書之。[3]比訖，鬚鬢盡白，裁餘氣息。還語子弟，宜絶此法。”獻之揣知其旨，正色曰：“仲將，魏之大臣，寧有此事！使其若此，有以知魏德之不長。”安遂不之逼。安又問曰：“君書何如君家尊？”答曰：“故當不同。”安曰：“外論不爾。”答曰：“人那得知！”尋除建威將軍、吴興太守，[4]徵拜中書令。[5]

[1]衛將軍：官名，魏晋時位在名號將軍之上，多爲軍府名號，加給大臣、重要州郡長官。二品，開府位從公者一品。

[2]太極殿：《景定建康志》卷二一《城闕志·古宫殿》：“建康宫内正殿，晋初造以十二間，象十二月。”

[3]韋仲將：韋誕，三國時京兆杜陵（今陝西省西安市東南）人，字仲將。歷任曹魏武都太守、侍中、中書監、光禄大夫。善書法，魏王室寶器銘題皆其所書。

[4]建威將軍：官名，領兵征戰，曹魏、孫吴、西晋皆置。四品。　吴興：郡名，治所在烏程縣（今浙江省湖州市南）。

[5]中書令：官名，掌收納尚書奏事、傳達皇帝詔旨。三國魏文帝初年分秘書置中書省，設中書監和中書令，職權甚重。三品。

及安薨，贈禮有同異之議，惟獻之與徐邈共明安之忠勛。[1]獻之乃上疏曰：“故太傅臣安少振玄風，道譽洋溢。弱冠遐棲，[2]則契齊箕皓；[3]應運釋褐，[4]而王猷允塞。[5]及至載宣威靈，强猾消殄。功勛既融，投戟高讓。[6]且服事先帝，眷隆布衣。陛下踐阼，陽秋尚富，[7]盡心竭智以輔聖明。考其潛躍始終，事情繾綣，[8]實大晋之俊輔，義篤於曩臣矣。伏惟陛下留心宗臣，澄神於省察。”孝武帝遂加安殊禮。

[1]徐邈：字仙民，本書卷九一有傳。

[2]弱冠：指男子二十歲時。《禮記·曲禮上》：“二十曰弱，冠。”年少爲弱，待至二十，即爲成年，舉行冠禮。　遐棲：隱居。

[3]箕：又稱箕伯、箕仁，商紂王兄，名胥余。任太師，因屢諫紂王不被采納，乃披髮裝瘋。武王滅商後，曾對武王談天地之大法。　皓：即商山四皓：東園公、綺里季、夏黄公、角里先生。皆爲秦末漢初隱士，曾幫助劉邦太子鞏固地位。

[4]釋褐：脱去平民衣服。喻始任官職。

[5]王猷允塞：王道充滿天下。

[6]韍：官印，印璽。

[7]陽秋：即春秋。東晋時因避簡文帝母鄭太后阿春諱，改春爲“陽”。

[8]繾綣：感情真摯深厚。

未幾，獻之遇疾，家人爲上章，[1]道家法應首過，問其有何得失。對曰：“不覺餘事，惟憶與郗家離婚。”[2]獻之前妻，郗曇女也。[3]俄而卒於官。安僖皇后立，[4]以后父追贈侍中、特進、光禄大夫、太宰，[5]謚曰憲。無子，以兄子静之嗣，位至義興太守。時議者以爲羲之草隸，江左中朝莫有及者，獻之骨力遠不及父，而頗有媚趣。桓玄雅愛其父子書，各爲一袠，置左右以玩。始羲之所與共游者許邁。

[1]上章：道家上求神表章。

[2]郗家：郗，殿本作“郄”。本卷下文“郗曇”同。

[3]郗曇：字重熙，本書卷六七有傳。

[4]安僖皇后：王神愛，王獻之女，本書卷三二有傳。

[5]特進：官名，三國兩晋時表示有特殊地位，或用作安置閑退大臣。二品。　光禄大夫：官名，三公等大臣告老回家即拜此職，或作爲在朝顯職的加官。三品，開府位從公者一品。　太宰：官名，即太師，因避司馬師名諱而改名太宰。八公之一，居上公之首，爲宰相之任。一品。

許邁，字叔玄，一名映，丹楊句容人也。[1]家世士族，而邁少恬静，不慕仕進。未弱冠，嘗造郭璞，[2]璞爲之筮，遇《泰》之《大畜》，[3]其上六爻發。[4]璞謂曰："君元吉自天，宜學升遐之道。"時南海太守鮑靚隱迹潜遁，人莫之知。[5]邁乃往候之，探其至要。父母尚存，未忍違親。謂餘杭懸霤山近延陵之茅山，[6]是洞庭西門，潜通五岳，陳安世、茅季偉常所游處，於是立精舍於懸霤，[7]而往來茅嶺之洞室，放絶世務，以尋仙館，朔望時節還家定省而已。父母既終，乃遣婦孫氏還家，遂携其同志遍游名山焉。

[1]丹楊：郡名，治所在建鄴縣（今江蘇省南京市）。楊，殿本作"陽"。　句容：縣名，治所在今江蘇省句容市。

[2]郭璞：字景純，本書卷七二有傳。

[3]《泰》：卦名。《周易》六十四卦之一。乾下坤上，爲上下交通之象。《易·泰·彖辭》："天地交，泰。"王弼注："泰者，物大通之時也。"　《大畜》：卦名。《易·大畜》："大畜，利貞，不家食，吉。"孔穎達疏："謂之大畜者，乾健上進，艮止在上，止而畜之，能畜止剛健，故曰大畜。"原本、宋本無"之大畜"三字，

殿本有，據殿本、中華本校勘記補。

［4］其上六爻發：宋本無“上”字。

［5］人莫之知：之知，殿本乙作“知之”。

［6］餘杭：縣名，治所在今浙江省杭州市餘杭區西南餘杭鎮南苕溪南岸。　懸霤山：又名垂霤山，位於今浙江省杭州市臨安區西南。　延陵：縣名，治所在今江蘇省丹陽市西南延陵鎮。　茅山：一名句曲山，位於今江蘇省常州市金壇區西大茅山。

［7］精舍：道士、僧人修煉居住之所。

初采藥於桐廬縣之桓山，[1]餌术涉三年，[2]映欲斷穀。[3]以此山近人，不得專一，四面藩之，好道之徒欲相見者，登樓與語，以此爲樂。常服氣，一氣千餘息。永和二年，移入臨安西山，[4]登巖茹芝，眇爾自得，有終焉之志。乃改名玄，字遠游。與婦書告别，又著詩十二首，論神仙之事焉。羲之造之，未嘗不彌日忘歸，相與爲世外之交。玄遺羲之書云：“自山陰南至臨安，多有金堂玉室，仙人芝草，左元放之徒，[5]漢末諸得道者皆在焉。”羲之自爲之傳，述靈異之迹甚多，不可詳記。玄自後莫測所終，好道者皆謂之羽化矣。

［1］桐廬縣：治所在今浙江省桐廬縣西分水江西岸。

［2］术：草名。多年生草本。有白术、蒼术等數種。根莖可入藥。

［3］斷穀：謂道家辟穀。

［4］臨安：縣名，治所在今浙江省杭州市臨安區。

［5］左元放：左慈，東漢廬江（今安徽省廬江縣西南）人，字元放。有異術，被曹操招致麾下，以爲軍吏。方士葛玄曾以之爲

師，受《太清丹經》《九鼎丹經》《金液丹經》等。

制曰：書契之興，肇乎中古，繩文鳥迹，不可足觀。[1]末代去朴歸華，舒箋點翰，争力誇尚，[2]競其工拙。伯英臨池之妙，無復餘踪；師宜懸帳之奇，[3]罕有遺迹。逮乎鍾、王以降，略可言焉。鍾雖擅美一時，亦爲迴絶，論其盡善，或有所疑。至於布纖濃，分疏密，霞舒雲卷，無所間然。但其體則古而不今，字則長而逾制，語其大量，以此爲瑕。獻之雖有父風，殊非新巧。觀其字勢疏瘦，如隆冬之枯樹；覽其筆踪拘束，若嚴家之餓隸。其枯樹也，雖槎枿而無屈伸；[4]其餓隸也，則羈羸而不放縱。兼斯二者，故翰墨之病歟！子雲近出，[5]擅名江表，[6]然僅得成書，無丈夫之氣，行行若縈春蚓，字字如綰秋蛇；卧王濛於紙中，[7]坐徐偃於筆下；[8]雖秃千兔之翰，聚無一毫之筋，[9]窮萬轂之皮，斂無半分之骨；以兹播美，非其濫名邪！此數子者，皆譽過其實。所以詳察古今，研精篆素，盡善盡美，其惟王逸少乎！觀其點曳之工，裁成之妙，烟霏露結，狀若斷而還連；鳳翥龍蟠，勢如斜而反直。[10]玩之不覺爲倦，覽之莫識其端，心慕手追，此人而已。其餘區區之類，何足論哉！

[1]不可足觀：可足，原本、宋本作“足可”，殿本作“可足”，據殿本改。

[2]争力誇尚：力，殿本作“相”。

[3]師宜：師宜官，東漢南陽（今河南省南陽市）人。書法

家，善八分書。

[4]槎枿：樹的杈枝。

[5]子雲：盧浮，字子雲，盧欽子，本書卷四四有傳。　近出：出，殿本作“世”。

[6]江表：江外，指長江以南地區。

[7]卧王濛於紙中：濛，原本、宋本、殿本作“蒙”，據中華本校勘記改。王濛，字仲祖，本書卷九三有傳。

[8]徐偃：相傳周穆王時徐國國君。《屍子》卷下：“徐偃王有筋而無骨。”因其有筋無骨，後亦用以借指書法柔弱不挺之狀。

[9]聚無一毫之筋：筋，殿本作“觔”。

[10]勢如斜而反直：直，殿本作“正”。

晋書　卷八一

列傳第五十一

王遜　蔡豹　羊鑒　劉胤　桓宣 族子伊　朱伺　毛寶 子穆之 穆之子璩 穆之弟安之 宗人德祖[1]　劉遐　鄧嶽 子遐 朱序

王遜

王遜，字邵伯，魏興人也。[2]仕郡察孝廉，[3]爲吏部令史，[4]轉殿中將軍，[5]累遷上洛太守。[6]私牛馬在郡生駒犢者，秩滿悉以付官，云是郡中所産也。轉魏興太守。

[1]原本總目録及卷首目録“毛寶”下附傳人名爲：子穆之、安之、孫璩、宗人宗德，與正文順序不合，據正文及中華本目録改。

[2]魏興：郡名，東漢建安二十年（215）分漢中郡置西城郡，曹魏黄初二年（221）改名魏興，治所在西城縣（今陝西省安康市西北）。

[3]孝廉：漢代選拔人才的科目。

[4]吏部令史：官名，尚書省吏部屬官，位低權重。八品。

[5]殿中將軍：官名，三國魏置，掌典禁兵督守殿廷。西晋分隸屬左、右衛將軍，朝會宴饗及皇帝出入護衛左右。六品。

[6]上洛：郡名，治所在上洛縣（今陝西省商洛市）。

惠帝末，西南夷叛，寧州刺史李毅卒，[1]城中百餘人奉毅女固守經年。永嘉四年，治中毛孟詣京師求刺史，[2]不見省。孟固陳曰："君亡親喪，幽閉窮城，萬里訴哀，不垂愍救。既慚包胥無哭秦之感，[3]又愧梁妻無崩城之驗，[4]存不若亡，乞賜臣死。"朝廷憐之，乃以遜爲南夷校尉、寧州刺史，[5]使於郡便之鎮。

[1]寧州：治所在滇池縣（今雲南省昆明市晋寧區）。

[2]治中：官名，治中從事史、治中從事的省稱。州之佐吏，掌選署及文書案卷。魏晋之世，身份雖低，職權極重。

[3]包胥：申包胥，春秋時楚國人，與伍員是好朋友。伍員受迫害逃離楚國，臨行對申包胥説他將來一定顛覆楚國。申包胥表示若伍員顛覆楚國，自己一定能復興楚國。後伍員率吴軍在柏舉大敗楚軍，攻入郢都。申包胥入秦告急，求救於秦。秦不許。包胥立於秦廷，晝夜哭，七日七夜不絶其聲。秦哀公憐之，乃發兵救楚擊吴。敗吴兵於稷。

[4]梁妻：杞梁妻。《列女傳·齊杞梁妻》：齊人杞梁殖隨莊公襲莒，戰死。"杞梁之妻無子，内外皆無五屬之親。既無所歸，乃枕其夫之屍於城下而哭，内誠動人，道路過者莫不爲之揮涕，十日而城爲之崩。"

[5]南夷校尉：官名，東晋改作鎮蠻校尉，負責南中地區事務，考核當地大姓子弟入仕資格，權力甚重。四品。

遜與孟俱行，道遇寇賊，逾年乃至。外逼李雄，[1]内有夷寇，吏士散没，城邑丘墟。遜披荒糾厲，收聚離散，專杖威刑，鞭撻殊俗。遜未到州，遥舉董聯爲秀才，[2]建寧功曹周悦謂聯非才，[3]不下版檄。遜既到，收悦殺之。悦弟潛謀殺遜，以前建寧太守趙混子濤代爲刺史。事覺，並誅之。又誅豪右不奉法度者數十家。征伐諸夷，俘馘千計，[4]獲馬及牛羊數萬餘，於是莫不振服，威行寧土。又遣子澄奉表勸進於元帝，帝嘉之，累加散騎常侍、安南將軍、假節，[5]校尉、刺史如故，賜爵褒中縣公。遜以地勢形便，上分牂柯爲平夷郡，[6]分朱提爲南廣郡，[7]分建寧爲夜郎郡，[8]分永昌爲梁水郡，[9]又改益州郡爲晋寧郡，[10]事皆施行。

[1]李雄：字仲儁，李特之子，本書卷一二一有載記。

[2]秀才：察舉科目，州舉秀才，郡舉孝廉。

[3]建寧：郡名，治所在味縣（今雲南省曲靖市西）。　功曹：官名，即功曹史。執掌人事，參與政務。兩晋時，不開府將軍、太子二傅、特進、郡縣皆置。

[4]俘馘：生俘的敵人和被殺的敵人的左耳。《左傳·僖公二十二年》："丙子晨，鄭文夫人芈氏、姜氏勞楚子於柯澤。楚子使師縉示之俘馘。" 杜預注："俘，所得囚；馘，所截耳。" 孔穎達疏："俘者，生執囚之；馘者，殺其人截取其左耳，欲以計功也。"

[5]散騎常侍：官名，三國魏文帝黄初年間置，侍從皇帝左右，諫諍得失，顧問應對，與侍中等共平尚書奏事。也用作宰相、諸公等加官，入宫議政。三品。　安南將軍：官名，東漢建安年間置，與安東、安北、安西將軍合稱四安將軍，爲出鎮某一地區的軍事長官，或作爲刺史等兼理軍務的加官，權任頗重。三品，加持節都督

者二品。　假節：假以節杖。指大臣臨時持節出巡，爲權臣掌軍、秉政的地位象徵和政治待遇。

[6]牂柯：郡名，西漢武帝置，治所在故且蘭縣（今貴州省黄平縣西南），西晋治所在萬壽縣（今貴州省甕安縣東北）。原本、宋本作“牂柯”，殿本作“牂牁”，此據中華本改。　平夷郡：治所在平夷縣（今貴州省畢節市）。

[7]朱提：郡名，治所在朱提縣（今雲南省昭通市）。　南廣郡：治所在南廣縣（今四川省筠連縣西南）。

[8]夜郎郡：本書卷一四《地理志上》載：“分牂柯立平夷、夜郎二郡。”與此記載不同。

[9]永昌：郡名，東漢永平年間置，治所在不韋縣（今雲南省保山市東北金鷄村）。　梁水郡：治所在梁水縣（今雲南省開遠縣内）。

[10]益州郡：治所在滇池縣（今雲南省昆明市晋寧區）。

先是，越嶲太守李釗爲李雄所執，[1]自蜀逃歸，遜復以釗爲越嶲太守。李雄遣李驤、任回攻釗，[2]釗自南秦與漢嘉太守王載共距之，[3]戰于温水，[4]釗敗績，載遂以二郡附雄。後驤等又渡瀘水寇寧州，[5]遜使將軍姚崇、爨琛距之，[6]戰于堂狼，[7]大破驤等，崇追至瀘水，透水死者千餘人。崇以道遠不敢渡水，遜以崇不窮追也，怒囚群帥，執崇，鞭之，怒甚，髮上衝冠，冠爲之裂，夜中卒。

[1]越嶲：郡名，治所在邛都縣（今四川省凉山彝族自治州西昌市東南），晋時曾移至會無縣（今四川省會理縣西）。

[2]李驤：十六國時略陽臨渭（今甘肅省天水市東北渭河北

岸）人，原籍巴西宕渠（今四川省渠縣東北）人，字玄龍，李特幼弟。本書卷一二〇、一二一及《華陽國志》有詳載。

[3]南秦：縣名，治所在今雲南省鎮雄縣。　漢嘉：郡名，治所在漢嘉縣（今四川省雅安市名山區北）。

[4]温水：即今雲南、貴州兩省境内南盤江及其下游紅水河。

[5]瀘水：即今四川、雲南兩省交界雅礱江口以下金沙江河段。

[6]姚崇：中華本校勘記："周校：《明紀》《李雄載記》皆作'姚岳'。按：《通鑑》九二作'姚嶽'。蓋此人本名'岳'，或爲'嶽'。其後晋史臣避康帝諱，改其名爲'崇'。"

[7]堂狼：縣名，治所在今雲南省巧家縣東境。

遜在州十四年，州人復立遜中子堅行州府事。[1]詔除堅爲南夷校尉、寧州刺史、假節，謚遜曰壯。陶侃懼堅不能抗對蜀人，[2]太寧末，表以零陵太守尹奉爲寧州，[3]徵堅還京，病卒。兄澄襲爵，歷魏興太守、散騎常侍。

[1]行州府事：代理掌管州府事務。

[2]陶侃：字士行，本書卷六六有傳。

[3]零陵：郡名，西漢置，治所在零陵縣（今廣西壯族自治區全州縣西南），東漢至晋治所在泉陵縣（今湖南省永州市）。

蔡豹

蔡豹，字士宣，陳留圉城人。[1]高祖質，漢衛尉、左中郎將邕之叔父也。[2]祖睦，[3]魏尚書。[4]父宏，陰平太守。[5]豹有氣幹，歷河南丞，[6]長樂、清河太守。[7]避亂南渡，元帝以爲振武將軍、臨淮太守，[8]遷建威將軍、徐州刺史。[9]初，祖逖爲徐州，[10]豹爲司馬，素易豹。[11]至是，逖爲豫州，[12]而豹爲徐州，俱受征討之寄，逖甚愧之。

[1]陳留：郡國名，治所在小黄縣（今河南省開封市東）。　圉（yǔ）城：縣名，治所在今河南省杞縣西南圉鎮。

[2]衛尉：官名，掌宫廷禁衛，兼管武庫、冶鑄，領江北冶令三十九員、南北東西諸督冶掾。三品。　左中郎將：官名，光禄勛屬官。西漢時與五官、右中郎將分領中郎，更值宿衛，協助光禄勛考核管理郎官、謁者、從官。魏晋初不設五官、左、右三郎署，其官仍置，但職位漸輕。四品。　邕：蔡邕，東漢陳留圉（今河南省杞縣西南）人，字伯喈。通天文、數術、音律、辭章。董卓專擅朝政，任蔡邕爲祭酒、尚書、中郎將。董卓被誅後，王允將蔡邕收付廷尉治罪，死於獄中。

[3]祖睦：睦，原本、宋本作“陸”，殿本作“睦”，此據中華本改。

[4]尚書：官名，東漢尚書臺六曹各置尚書，秩六百石。魏晋出爲朝官，分掌尚書省諸曹，品秩提高。三品。

[5]陰平：郡名，治所在陰平縣（今甘肅省文縣西白龍江北岸）。

[6]河南丞：官名，即河南郡丞。爲郡守副貳，輔佐郡守掌衆事。三國魏、蜀、吴皆置，亦稱府丞。晋七品。

[7]長樂：郡國名，治所在信都縣（今河北省衡水市冀州區）。　清河：郡名，治所在清河縣（今山東省臨清市東北）。

[8]振武將軍：官名，屬常設將軍名號，統兵。四品。　臨淮：郡國名，治所在盱眙縣（今江蘇省盱眙縣東北）。

[9]建威將軍：官名，領兵征戰，曹魏、孫吴、西晋皆置。四品。　徐州：治所在彭城縣（今江蘇省徐州市）。

[10]祖逖：字士稚，本書卷六二有傳。

[11]素易豹：一向輕視蔡豹。

[12]豫州：曹魏時治所在安城縣（今河南省正陽縣東北），西晉移治陳縣（今河南省周口市淮陽區）。

是時太山太守徐龕與彭城内史劉遐同討反賊周撫於寒山，[1]龕將于藥斬撫。及論功，而遐先之。龕怒，以太山叛，自號安北將軍、兖州刺史，[2]攻破東莞太守侯史旄而據其塢。[3]石季龍伐之，[4]龕懼，求降，元帝許焉。既而復叛歸石勒，[5]勒遣其將王伏都、張景等數百騎助龕。[6]詔征虜將軍羊鑒、武威將軍侯禮、臨淮太守劉遐、鮮卑段文鴦等與豹共討之。[7]諸將畏懦，頓兵下邳，[8]不敢前。豹欲進軍，鑒固不許。龕遣使請救於勒，勒辭以外難，而多求於龕。又王伏都等淫其室。龕知勒不救，且患伏都等縱暴，乃殺之，復求降。元帝惡其反覆，不納，敕豹、鑒以時進討。鑒及劉遐等並疑憚不相聽從，互有表聞，故豹久不得進。尚書令刁協奏曰：[9]“臣等伏思淮北征軍已失不速，今方盛暑，冒涉山險，[10]山人便弓弩，習土俗，一人守阨，百夫不當。且運漕至難，一朝糧乏，非復智力所能防禦也。書云寧致人，不致於人。宜頓兵所在，深壁固壘，至秋不了，乃進大軍。”詔曰：“知難而退，誠合兵家之言。然小賊雖狡猾，故成擒耳。未戰而退，先自摧衄，亦古之所忌。且邵存已據賊壘，威勢既振，不可退一步也。”於是遣治書御史郝嘏爲行臺，[11]催攝令進討。豹欲逕進，鑒執不聽。協又奏免鑒官，委豹爲前鋒，以鑒兵配之，降號折衝將軍，[12]以責後效。豹進據下城，[13]欲以逼龕。時石季龍屯鉅平，[14]將攻豹，豹夜遁，退守下邳。徐龕襲取豹輜重於檀丘，[15]將軍留寵、陸黨力戰，死之。

[1]太山：郡名，治所在奉高縣（今山東省泰安市東）。殿本作“泰山”，本卷下文此地名同。　彭城：郡國名，治所在彭城縣（今江蘇省徐州市）。　内史：官名，西晋武帝太康十年（289）改諸王國相爲内史，掌管民政。五品。周家禄《晋書校勘記》認爲：“晋制，以郡爲國，内史治民事，若郡太守。國除爲郡，復稱太守。然二名往往混淆，史家亦互稱之。”　寒山：位於今江蘇省徐州市東南。

[2]安北將軍：官名，東漢建安年間置，與安東、安南、安西將軍合稱四安將軍，爲出鎮某一地區的軍事長官，或作爲刺史等兼理軍務的加官，權任頗重。三品，加持節都督者二品。　兖州：三國魏治所在廩丘縣（今山東省鄆城縣西北），晋惠帝末，兖州闔境淪没於石勒。東晋元帝僑置兖州，治京口（今江蘇省鎮江市）。

[3]東莞：郡名，東漢建安初置，治所在今山東省沂水縣東北，西晋元康間移治莒縣（今山東省莒縣）。　侯史旄：中華本校勘記：“《校文》：此侯史光之孫也，《光傳》‘旄’作‘施’。”

[4]石季龍：即石虎，石勒從子，本書卷一〇六有載記。

[5]石勒：字世龍，本書卷一〇四有載記。

[6]王伏都：中華本校勘記：“《石勒載記》作‘王步都’。”　張景：中華本校勘記：“《石勒載記》、《通鑑》九一作‘張敬’。”

[7]征虜將軍：既是武官名，也作爲高級文職官員的加官。三品。　武威將軍：官名，統兵出征。東漢建安初置，西晋沿置。　鮮卑：我國古代北方少數民族，有拓拔、宇文、慕容、禿髮、乞伏、段諸部。　段文鴦：段部鮮卑，段務勿塵子，段匹磾弟，武勇有力。

［8］下邳：縣名，治所在今江蘇省睢寧縣古邳鎮東。

［9］尚書令：官名，秦漢時爲尚書署長官。秩位雖低，權力甚重。魏晋時沿置，爲尚書省長官，綜理全國政務，參議大政，爲高級政務長官。三品。　刁協：字玄亮，本書卷六九有傳。

［10］冒涉山險：冒，殿本作“且”。

［11］治書御史：官名，即治書侍御史，簡稱治書御史、御史治書、侍書。屬諸侍御史之一種，亦簡稱侍御史、侍御、御史。西漢時掌圖籍文書，東漢時屬御史臺，職掌也變爲審理疑獄、平廷尉奏事。魏晋南北朝時爲御史中丞佐貳，掌監察、彈劾高級官員，也奉命出使，緝拿犯官。六品。　行臺：臺省在外者。將帥出征時隨其所駐之地設立的代表中央的政務機構。

［12］折衝將軍：官名，屬將軍名號，爲雜號將軍中地位較高者。五品。

［13］卞城：卞縣城，在今山東省泗水縣東南。

［14］鉅平：縣名，治所在今山東省泰安市南。

［15］檀丘：地名，在今山東省泗水縣東南。

豹既敗，將歸謝罪，北中郎王舒止之，［1］曰：“胡寇方至，使君且當攝職，爲百姓障扞。賊退謝罪，不晚也。”豹從之。元帝聞豹退，使收之。使者至，王舒夜以兵圍豹，豹以爲他難，率麾下擊之，聞有詔乃止。舒執豹，送至建康，［2］斬之，尸于市三日，時年五十二。

［1］北中郎：官名，即北中郎將。與東、西、南中郎將並稱四中郎將，統兵征戰，權職甚重。四品。　王舒：字處明，本書卷七六有傳。

［2］建康：地名，即今江蘇省南京市。

豹在徐土，内撫將士，外懷諸衆，甚得遠近情，聞其死，多悼惜之。無子，兄子裔，字元子，散騎常侍、兖州刺史、高陽鄉侯。殷浩北伐，[1]使裔率衆出彭城，卒於軍。

[1]殷浩：字深源，本書卷七七有傳。

羊鑒

羊鑒，字景期，太山人也。父濟，匈奴中郎將。[1]兄煒，歷太僕、兖徐二州刺史。[2]鑒爲東陽太守，[3]累遷太子左衛率。[4]時徐龕反叛，司徒王導以鑒是龕州里冠族，[5]必能制之，請遣北討。鑒深辭才非將帥。太尉郗鑒亦表謂鑒非才，[6]不宜妄使。導不納，强啓授以征討都督，[7]果敗績。導以舉鑒非才，請自貶，帝不從。有司正鑒斬刑，元帝詔以鑒太妃外屬，特免死，除名。久之，爲少府。[8]及王敦反，[9]明帝以鑒敦舅，又素相親黨，微被嫌責。及成帝即位，豫討蘇峻，[10]以功封豐城縣侯，徙光禄勛，[11]卒。

[1]匈奴中郎將：官名，亦作使匈奴中郎將、護匈奴中郎將。掌監護南匈奴事務，多以并州刺史兼任，使持節或假節。四品。

[2]太僕：官名，掌皇帝車馬、田獵、兵器及全國牧業。三品。

[3]東陽：郡名，治所在長山縣（今浙江省金華市）。

[4]太子左衛率：官名，又稱太子左率，領精兵萬人，宿衛東宫，亦任征戰，地位頗重。五品。

[5]司徒：官名，西漢哀帝元壽二年（前1）改丞相爲大司徒，

東漢光武帝時改名爲司徒，東漢末又改爲丞相。三國魏恢復三公制，改丞相爲司徒，管理民政。兩晋沿制，爲八公之一，在太尉之下、司空之上。與丞相通職，一般不並置，爲名譽宰相。一品。王導：字茂弘，本書卷六五有傳。

［6］太尉：官名，曹操爲丞相後，太尉府屬官歸相府，晋時太尉雖爲八公之一、三公之首，實爲名譽宰相，多爲大臣加官。一品。　郗鑒：字道徽，本書卷六七有傳。郗，原本、宋本、殿本作“郄”，據其本傳及中華本改。本卷下文此姓字同。

［7］征討都督：征討部隊的統帥。

［8］少府：官名，掌管宫廷手工業。三品。

［9］王敦：字處仲，本書卷九八有傳。

［10］蘇峻：字子高，本書卷一〇〇有傳。

［11］光禄勛：官名，侍從皇帝左右，掌宫廷宿衛。西晋時兼掌原屬少府的一部分宫廷供御事務。三品。

劉胤

劉胤，字承胤，東萊掖人，[1]漢齊悼惠王肥之後也。[2]美姿容，善自任遇，交結時豪，名著海岱間，士咸慕之。舉賢良，[3]辟司空掾，[4]並不就。

［1］東萊：郡國名，治所在掖縣（今山東省萊州市）。

［2］漢齊悼惠王肥：漢高帝劉邦庶長子。母爲曹夫人，劉邦微時外婦。高帝六年（前 201）立爲齊王。惠帝二年（前 193）入朝，幾乎爲吕太后所害，因獻城陽郡遵魯元公主爲齊王太后，乃得歸國。

［3］賢良：選舉科目，始於漢代。

［4］司空掾：官名，司空府屬吏。

會天下大亂，携母欲避地遼東，[1]路經幽州，[2]刺史王浚留胤，[3]表爲渤海太守。[4]浚敗，轉依冀州刺史邵續。[5]續徒衆寡弱，謀降於石勒，胤言於續曰："夫田單、包胥，[6]齊楚之小吏耳，猶能存已滅之邦，全喪敗之國。今將軍杖精鋭之衆，居全勝之城，如何墜將登之功於一簣，委忠信之人於豺狼乎！且項羽、袁紹非不强也，[7]高祖縞冠，人應如響；曹公奉帝，而諸侯綏穆。[8]何者？蓋逆順之理殊，自然之數定也。[9]况夷戎醜類，屯結無賴，雖有犬羊之盛，終有庖宰之患，而欲託根結援，無乃殆哉！"續曰："若如君言，計將安出？"胤曰："琅邪王以聖德欽明，創基江左，[10]中興之隆可企踵而待。今爲將軍計者，莫若抗大順以激義士之心，奉忠正以厲軍人之志。夫機事在密，時至難違，存亡廢興，在此舉矣。"續從之，乃殺異議者數人，遣使江南，朝廷嘉之。胤仍求自行，續厚遣之。

[1]遼東：郡名，治所在襄平縣（今遼寧省遼陽市）。

[2]幽州：治所在薊縣（今北京市西南）。

[3]王浚：字彭祖，本書卷三九有傳。

[4]渤海：郡名，西漢置，治所在浮陽縣（今河北省滄州市東南舊滄州），西晋治所在南皮縣（今河北省南皮縣東北）。　太守：太，殿本作"大"。

[5]冀州：三國魏治所在信都縣（今河北省衡水市冀州區），西晋移治房子縣（今河北省高邑縣西南）。　邵續：字嗣祖，本書卷六三有傳。

[6]田單：戰國時齊國臨淄（今山東省淄博市東北）人，初爲臨淄市掾。燕將樂毅伐齊，連下七十餘城，國都臨淄失守。田單堅

守即墨，阻止了燕軍進軍步伐。又用反間計，使燕國以騎劫代替樂毅。繼而用火牛陣大敗燕軍，盡復所失之城。

[7]袁紹：東漢汝南汝陽（今河南省商水縣西北）人，字本初。出身世家大族，靈帝時歷任侍御史、虎賁中郎將等職。董卓進京，廢少帝立獻帝，袁紹不滿董卓專横，起兵討伐，並任討董聯盟盟主。後據有青、冀、幽、并四州。與曹操決戰於官渡，兵敗，病死。

[8]綏穆：安撫親善。

[9]自然之數定也：定，宋本作“玄”。

[10]江左：江東。因自北方視之，江東在左，江西在右，故稱。殿本作“江右”。

既至，元帝命爲丞相參軍，[1]累遷尚書吏部郎。[2]胤聞石季龍攻厭次，[3]言於元帝曰：“北方方鎮皆没，惟餘邵續而已。如使復爲季龍所制，孤義士之心，阻歸本之路。愚謂宜存救援。”元帝將遣救之，會續已没而止。王敦素與胤交，甚欽貴之，請爲右司馬。[4]胤知敦有不臣心，枕疾不視事，以是忤敦意，出爲豫章太守，[5]辭以脚疾，詔就家授印綬。郡人莫鴻，南土豪族，因亂，殺本縣令，横恣無道，百姓患之。胤至，誅鴻及諸豪右，界内肅然。咸和初，爲平南軍司，[6]加散騎常侍。蘇峻作亂，温嶠率衆而下，[7]留胤等守湓口。[8]事平，以勛賜爵豐城子。俄而代嶠爲平南將軍、都督江州諸軍事、領江州刺史、假節。[9]

[1]丞相參軍：官名，丞相府屬官。參軍，亦作參軍事，謂參謀軍事。兩晋公府、軍府皆置。

［2］尚書吏部郎：官名，尚書省吏部曹長官通稱。亦稱郎中，資深者可轉侍郎。屬吏部尚書，主管官吏選任、銓叙、調動事務，對五品以下官吏之任免有建議權。六品。

［3］厭次：縣名，治所在今山東省惠民縣東桑落墅。

［4］右司馬：官名，府署高級幕僚。魏晉南北朝時王府、公府、軍府、邊郡均置司馬，有時分左、右，如趙王倫爲相國，以東平王堪、沛國劉謨爲左、右司馬。掌參讚軍務、管理府内武職，位僅次於長史。八至六品。

［5］豫章：郡名，治所在南昌縣（今江西省南昌市）。

［6］平南軍司：官名，平南將軍府軍師。軍司，官名，即軍師，因避司馬師諱，故改。佐主帥統軍隊，負有匡正監察主帥之責，地位很高，常繼任主帥。

［7］温嶠：字太真，本書卷六七有傳。

［8］湓口：一名湓浦口，位於今江西省九江市西北，即湓浦水入長江之口。

［9］平南將軍：官名，與平東、平西、平北將軍合稱四平將軍。多持節都督或監某一地區的軍事，有時作爲刺史等地方官員監理軍務的加官。三品，加持節都督者二品。　都督江州諸軍事：江州地區最高軍事行政長官。　領：以地位較高的官員兼理較低的職務。　江州：治所在南昌縣（今江西省南昌市）。

胤位任轉高，矜豪日甚，縱酒耽樂，不恤政事，大殖財貨，商販百萬。初，胤之代嶠也，遠近皆謂非選。陶侃、郗鑒咸云胤非方伯才，朝廷不從。或問王悦曰：[1]“今大難之後，綱紀弛頓，自江陵至于建康三千餘里，[2]流人萬計，布在江州。江州，國之南藩，要害之地，而胤以侈忲之性，卧而對之，不有外變，必有内患。”悦曰：“聞温平南語家公云，[3]連得惡夢，思見代者。尋云可用劉胤。此乃温意，非家公也。”是時朝廷空罄，百官無禄，惟資江州運漕。而胤商旅繼路，以私廢公。有司奏免胤官。書始下，而胤爲郭默所害，[4]年四十九。

[1]王悦：字長豫，本書卷六五有傳。

[2]江陵：縣名，治所在今湖北省江陵縣。

[3]温平南：即温嶠。　家公：家父。

[4]郭默：本書卷六三有傳。

子赤松嗣，尚南平長公主，位至黄門郎、義興太守。[1]

[1]黄門郎：官名，黄門侍郎或給事黄門侍郎的省稱。五品。義興：郡名，治所在陽羨縣（今江蘇省宜興市）。

桓宣

桓宣，譙國銍人也。[1]祖詡，義陽太守。[2]父弼，冠軍長史。[3]宣開濟篤素，[4]爲元帝丞相舍人。[5]

[1]譙國：郡國名，曹魏置，治所在譙縣（今安徽省亳州市）。銍：縣名，治所在今安徽省濉溪縣南。

[2]義陽：郡國名，西晋爲義陽國，治所在新野縣（今河南省新野縣），東晋末改爲義陽郡，移治平陽縣（今河南省信陽市）。

[3]冠軍長史：官名，冠軍將軍府長史。掌顧問參謀，爲所在官署掾屬之長。七品。

[4]開濟篤素：開通莊重淳厚樸實。

[5]丞相舍人：官名，魏晋時太子府、王國、公府、將軍府、王妃及公主府皆設舍人，掌文檄之事。此爲丞相府舍人。

時塢主張平自稱豫州刺史，樊雅自號譙郡太守，[1]各據一城，衆數千人。帝以宣信厚，又與平、雅同州里，轉宣爲參軍，[2]使就平、雅。平、雅遣軍主簿隨宣詣丞相府受節度，[3]帝皆加四品將軍，即其所部，使扞禦北方。南中郎將王含請宣爲參軍。[4]

[1]譙郡：郡國名，曹魏置，治所在譙縣（今安徽省亳州市）。

[2]參軍：官名，亦作參軍事，謂參謀軍事。兩晋公府、軍府皆置。原本“參”上有“得”字，宋本“參”上有“大”字，殿本無，據殿本改。

[3]主簿：官名，開府屬官，典領文書籍簿、省録衆事，職權甚重。

[4]南中郎將：官名，與東、西、北中郎將並稱四中郎將，統兵征戰，權職甚重。四品。　王含：字處弘，王敦兄，歷任衛將軍、都督沔南軍事、領南蠻校尉、荆州刺史、征東將軍、都督揚州江西諸軍事等職，王敦兵敗後，被王舒沉江淹死。

頃之，豫州刺史祖逖出屯蘆洲，[1]遣參軍殷乂詣平、雅。乂意輕平，視其屋，云當持作馬厩，見大鑊，欲鑄作鐵器。平曰：“此是帝王大鑊，天下定後方當用之，奈何打破！”乂曰：“卿能保頭不？而惜大鑊邪！”平大怒，於坐斬乂，阻兵固守。歲餘，逖攻平殺之，而雅據譙城。[2]逖以力弱，求助於含，含遣宣領兵五百助逖。逖謂宣曰：“卿先已説平、雅，信義大著於彼。今復爲我説雅。雅若降者，方相擢用，不但免死而已。”宣復單馬從兩人詣雅，曰：“祖逖方欲平蕩二寇，每倚卿爲援。前殷乂輕薄，非豫州意。今若和解，則忠勛可立，富貴可保。若猶固執，東府赫然更遣猛將，以卿烏合之衆，憑阻窮城，强賊伺其北，國家攻其南，萬無一全也。願善量之。”雅與宣置酒結友，遣子隨宣詣逖。少日，雅便自詣逖，逖遣雅還撫其衆。雅僉謂前數罵辱，[3]懼罪不敢降。雅復閉城自守。逖往攻之，復遣宣入説雅，雅即斬異己者，遂出降。未幾，石勒别將圍譙城，含又遣宣率衆救逖，未至而賊退。逖留宣討諸未服，皆破之。遷譙國内史。

［1］蘆洲：洲，原本、宋本、殿本作“州”，據中華本校勘記改。

［2］譙城：一名譙陵城，位於今河南省夏邑縣北。

［3］雅僉謂前數罵辱：中華本校勘記：“《校文》：‘雅’字衍文，《御覽》三二四引無。按：尋此文之意，謂樊雅之衆以曾罵辱祖逖而不敢降，非樊雅本意如此，删‘雅’字爲是。又《御覽》引‘辱’下有‘逖’字，文意較明。”

祖約之棄譙城也，[1]宣以箋諫，不從，由是石勒遂有陳留。及約與蘇峻同反，宣謂祖智曰：“今强胡未滅，將戮力以討之，而與峻俱反，此安得久乎！使君若欲爲雄霸，何不助國討峻，威名自舉。”智等不能用。宣欲諫約，遣其子戎白約求入。約知宣必諫，不聽。宣遂距約，不與之同。邵陵人陳光率部落數百家降宣，[2]宣皆慰撫之。約還歷陽,[3]宣將數千家欲南投尋陽,[4]營於馬頭山。[5]值祖煥欲襲湓口,[6]陶侃使毛寶救之。煥遣衆攻宣，宣使戎求救於寶。寶擊煥，破之，宣因投温嶠。嶠以戎爲參軍。賊平，宣居于武昌,[7]戎復爲劉胤參軍。郭默害胤，復以戎爲參軍。

[1]祖約：字士少，祖逖同母弟。本書卷一〇〇有傳。

[2]邵陵：郡名，治所在邵陵縣（今湖南省邵陽市）。

[3]歷陽：縣名，治所在今安徽省和縣。

[4]尋陽：縣名，治所在今湖北省黄梅縣西南。

[5]馬頭山：位於今江蘇省南京市六合區東北三十五里。

[6]祖煥：中華本校勘記："《祖約傳》《蘇峻傳》及《通鑑》九四'煥'皆作'涣'。下《毛寶傳》同，不另出校。"

[7]武昌：郡名，治所在武昌縣（今湖北省鄂州市鄂城區）。

陶侃討默，默遣戎求救於宣，宣僞許之。西陽太守鄧嶽、武昌太守劉詡皆疑宣與默同。[1]豫州西曹王隨曰:[2]"宣尚背祖約，何緣同郭默邪!"嶽、詡乃遣隨詣宣以觀之。隨謂宣曰："明府心雖不爾，無以自明，惟有以戎付隨耳。"宣乃遣戎與隨俱迎陶侃。辟戎爲掾，上宣爲武昌太守。尋遷監沔中軍事、南中郎將、江夏相。[3]

[1]西陽：郡名，治所在西陽縣（今湖北省黄岡市黄州區東）。

[2]西曹：官名，指西曹掾，東漢、魏晋諸公、位從公府僚屬，爲西曹長官，掌府吏署用事。

[3]監沔中軍事：即監沔中諸軍事，沔中地區軍事行政長官，

位低於都督。　江夏：郡名，三國魏治所在上昶城（今湖北省雲夢縣），西晋移治安陸縣（今湖北省安陸市西南）。　相：官名，郡國相，也稱内史。五品。

石勒荆州刺史郭敬戍襄陽，[1]陶侃使其子平西參軍斌與宣俱攻樊城，[2]拔之。竟陵太守李陽又破新野。[3]敬懼，遁走。宣與陽遂平襄陽。侃使宣鎮之，以其淮南部曲立義成郡。宣招懷初附，勸課農桑，簡刑罰，略威儀，或載鉏耒於軺軒，或親芸穫於隴畝。十餘年間，石季龍再遣騎攻之，宣能得衆心，每以寡弱距守，論者以爲次於祖逖、周訪。[4]

[1]荆州：三國時曹魏治所在新野縣（今河南省新野縣），孫吴治所在江陵縣（今湖北省江陵縣），西晋統一後治所在江陵縣（今湖北省江陵縣）。　郭敬：字季子，鄔（今山西省介休市東北）人，石勒微時好友，後任部將、荆州刺史等職。　襄陽：縣名，治所在今湖北省襄陽市。

[2]平西參軍：官名，平西將軍府屬官。參軍，亦作參軍事，謂參謀軍事。兩晋公府、軍府皆置。　樊城：地名，在今湖北省襄陽市樊城區。

[3]竟陵：郡名，治所在石城縣（今湖北省鍾祥市）。　新野：縣名，治所在今河南省新野縣。

[4]周訪：字士達，本書卷五八有傳。

侃方欲使宣北事中原，會侃薨。後庾亮爲荆州，[1]將謀北伐，以宣爲都督沔北前鋒征討軍事、平北將軍、司州刺史、假節，[2]鎮襄陽。季龍使騎七千渡沔攻之，亮遣司馬王愆期、輔國將軍毛寶救宣。[3]賊三面爲地窟攻城，宣募精勇，出其不意，殺傷數百，多獲鎧馬，賊解圍退走。久之，宣遣步騎收南陽諸郡百姓没賊者八千餘人以歸。[4]庾翼代亮，[5]欲傾國北討，更以宣爲都督司雍梁三州荆州之南陽襄陽新野南鄉四郡軍事、梁州刺史、持節，[6]將軍如故。以前後功，封竟陵縣男。

[1]庾亮：字元規，本書卷七三有傳。

[2]都督沔北前鋒征討軍事：沔北地區最高軍事行政長官兼征討部隊統帥。　平北將軍：官名，與平東、平西、平南將軍合稱四平將軍。多持節都督或監某一地區的軍事，有時作爲刺史等地方官員監理軍務的加官。三品，加持節都督者二品。　司州：此爲東晋僑置州，治所在襄陽（今湖北省襄陽市）。（参見胡阿祥《東晋南朝僑州郡縣與僑流人口研究》，第162頁）

[3]司馬：官名，府署高級幕僚。掌参讚軍務、管理府内武職，位僅次於長史。魏晋南北朝時王府、公府、軍府、邊郡均置。八至六品。　王愆期：東晋人，歷任都護、南郡太守、陶侃右司馬等職。　輔國將軍：官名，屬將軍名號，三國、兩晋皆置。三品。

[4]南陽：郡名，治所在宛縣（今河南省南陽市）。

[5]庾翼：字稚恭，本書卷七三有傳。

[6]都督司雍梁三州荆州之南陽襄陽新野南鄉四郡軍事：即都督數州諸軍事，司、雍、梁三州及荆州轄下南陽、襄陽、新野、南鄉四郡最高軍事行政長官。　梁州：三國曹魏治所在沔陽縣（今陝西省勉縣東），西晋移治南鄭縣（今陝西省漢中市東）。

宣久在襄陽，綏撫僑舊，[1]甚有稱績。庾翼還鎮襄陽，令宣進伐石季龍將李羆，[2]軍次丹水，[3]爲賊所敗。

翼怒，貶宣爲建威將軍，使移戍峴山。[4]宣望實俱喪，兼以老疾，時南蠻校尉王愆期守江陵，[5]以疾求代，翼以宣爲鎮南將軍、南郡太守，[6]代愆期。宣不得志，未之官，發憤卒。追贈鎮南將軍。戎官至新野太守。

[1]綏撫：綏，宋本作“經”。

[2]李羆：羆，原本、宋本作“熊”，殿本作“羆”，據殿本改。

[3]丹水：縣名，治所在今河南省淅川縣南。

[4]峴山：一名峴首山，位於今湖北省襄陽市南漢江西岸。

[5]南蠻校尉：官名，亦稱護南蠻校尉，府鎮襄陽，東晋改鎮江陵。掌荆州及江州少數民族事務，統兵。四品。

[6]鎮南將軍：官名，與鎮東、鎮西、鎮北將軍合稱四鎮將軍。多爲持節都督，出鎮方面。曹魏二品。晋改三品，加持節都督者二品。　南郡：治所在江陵縣（今湖北省江陵縣）。

伊，字叔夏。父景，有當世才幹，仕至侍中、丹楊尹、中領軍、護軍將軍、長社侯。[1]

[1]侍中：官名，東漢建安中與給事黄門侍郎出入禁中，省尚書事。曹魏時爲門下之侍中省長官，常侍衛皇帝左右，掌顧問應對、諫諍糾察、平議奏事、駁奏異議等，權力甚重。三品。　丹楊尹：官名，東晋京城所在郡府長官，掌京城行政諸務並詔獄，亦稱“京尹”。三品。楊，殿本作“陽”。　中領軍：官名，東漢建安中曹操改領軍置。與中護軍皆典禁兵，屬丞相府。三品。　護軍將軍：官名，東漢建安十二年（207）曹操改丞相府護軍爲中護軍，資重者可遷護軍將軍，典武官選舉，與中領軍同掌禁軍。曹魏時四品，西晋時三品。

伊有武幹，標悟簡率，[1]爲王濛、劉惔所知，[2]頻參諸府軍事，累遷大司馬參軍。[3]時苻堅强盛，[4]邊鄙多虞，朝議選能距捍疆場者，乃授伊淮南太守。[5]以綏御有方，進督豫州之十二郡揚州之江西五郡軍事、建威將軍、歷陽太守，[6]淮南如故。與謝玄共破賊别將王鑒、張蚝等，[7]以功封宣城縣子，又進都督豫州諸軍事、西中郎將、豫州刺史。[8]及苻堅南寇，伊與冠軍將軍謝玄、輔國將軍謝琰俱破堅於肥水，[9]以功封永修縣侯，進號右軍將軍，[10]賜錢百萬，袍表千端。

[1]標悟：標，宋本作"摽"；悟，殿本作"格"。

[2]王濛：字仲祖，本書卷九三有傳。　劉惔：字真長，本書卷七五有傳。

[3]大司馬：官名，八公之一，位在上公之下、大將軍及三公之上，高級將帥，多爲大臣加官。一品。

[4]苻堅：字永固，本書卷一一三有載記。苻，原本、宋本作"符"，殿本作"苻"，據其載記及殿本改。本卷下文此姓字同。

[5]淮南：郡名，治所在壽春縣（今安徽省壽縣）。

[6]督豫州之十二郡揚州之江西五郡軍事：即督數郡諸軍事，豫州轄下十二個郡及揚州轄下江西五個郡軍事行政長官，位低於都督和監。

[7]謝玄：字幼度，本書卷七九有傳。　張蚝：十六國前秦戰將，任後將軍、驃騎將軍等職。苻堅死後，被苻丕任爲侍中、司空，封上黨郡公。

[8]都督豫州諸軍事：豫州地區最高軍事行政長官。　西中郎將：官名，東漢末所置四中郎將之一。帥師征伐或鎮守。曹魏、西晋多兼凉州刺史，東晋多兼豫州刺史。四品。

[9]冠軍將軍：官名，曹魏、孫吴、西晋皆置。西晋時領營兵。三品。　謝琰：字瑗度，本書卷七九有傳。　肥水：即淝水，源出今安徽省肥西縣西北，北流至壽縣城東，復折西北入淮河。今名東淝河。

[10]右軍將軍：官名，與前軍、後軍、左軍將軍合稱四軍將軍，領營兵千人，掌宿衛。初屬中軍將軍，後屬領軍將軍。四品。

伊性謙素，雖有大功，而始終不替。善音樂，盡一時之妙，爲江左第一。有蔡邕柯亭笛，常自吹之。王徽之赴召京師，[1]泊舟青溪側。[2]素不與徽之相識。伊於岸上過，船中客稱伊小字曰："此桓野王也。"徽之便令人謂伊曰："聞君善吹笛，試爲我一奏。"伊是時已貴顯，素聞徽之名，便下車，踞胡床，[3]爲作三調，弄畢，便上車去，客主不交一言。

[1]王徽之：字子猷，本書卷八〇有傳。

[2]青溪：六朝時京師漕運要道。故道自今江蘇省南京市東北紫金山西南流，經南京市區入秦淮河。

[3]胡床：魏晋時傳入中原的少數民族用的輕便坐具，又稱交床。朱大渭先生《中古漢人由跪坐到垂脚高坐》一文中有論述。(參見朱大渭《六朝史論》，中華書局 1998 年版)

時謝安女婿王國寶專利無檢行，[1]安惡其爲人，每抑制之。及孝武末年，嗜酒好内，而會稽王道子昏醬尤甚，[2]惟狎昵諂邪，於是國寶讒諛之計稍行於主相之間。而好利險詖之徒，[3]以安功名盛極，而構會之，嫌隙遂成。帝召伊飲讌，安侍坐。帝命伊吹笛。伊神色無迕，即吹爲一弄，乃放笛云："臣於箏分乃不及笛，然自足以韵合歌管，請以箏歌，并請一吹笛人。"帝善其調達，乃敕御妓奏笛。伊又云："御府人於臣必自不合，臣有一奴，善相便串。"帝彌賞其放率，乃許召之。奴既吹笛，伊便撫箏而歌《怨詩》曰："爲君既不易，爲臣良獨難。忠信事不顯，乃有見疑患。周旦佐文武，[4]金縢功不刊。推心輔王政，二叔反流言。"[5]聲節慷慨，俯仰可觀。安泣下沾衿，乃越席而就之，捋其鬚曰："使君於此不凡!"帝甚有愧色。

[1]謝安：字安石，本書卷七九有傳。　王國寶：王坦之第三子，本書卷七五有傳。

[2]會稽王道子：司馬道子，字道子，本書卷六四有傳。　昏醟（yòng）：昏沉酗酒。

[3]好利險詖：逐利陰險邪僻。

[4]周旦：即周公旦，亦稱文公、叔旦。周武王弟，與吕尚同爲西周開國元勳。以魯公封於曲阜。武王去世，輔佐成王，平定叛亂，營建洛邑，制禮作樂，功勛卓著。

[5]二叔：管叔和蔡叔。管叔又稱叔鮮，姬姓，名鮮，西周初三監之一。周武王之弟，被封於管，以監視武庚及殷商遺民。後與蔡叔、武庚起兵反對周公，失敗身亡。蔡叔又稱叔度，姬姓，名度，西周初三監之一。周武王之弟，被封於蔡，以監視殷遺民。後聯合管叔、武庚起兵反對周公，失敗，被流放而死。二人均爲周武王之弟，因起兵作亂失敗身亡。

伊在州十年，綏撫荒雜，甚得物情。桓冲卒，[1]遷都督江州荆州十郡豫州四郡軍事，[2]江州刺史，將軍如故，假節。伊到鎮，以邊境無虞，宜以寬恤爲務，[3]乃上疏以江州虚耗，加連歲不登，今餘户有五萬六千，宜并合小縣，除諸郡逋米，移州還鎮豫章，詔令移州尋陽，其餘皆聽之。伊隨宜拯撫，百姓賴焉。在任累年，徵拜護軍將軍，以右軍府千人自隨，配護軍府。卒官。贈右將軍，[4]加散騎常侍，謚曰烈。

[1]桓冲：字幼子，本書卷七四有傳。

[2]都督江州荆州十郡豫州四郡軍事：即都督數郡諸軍事，江州及荆州轄下十個郡、豫州轄下四個郡最高軍事行政長官。

[3]寬恤：寬，原本、宋本作“宰”，殿本作“寬”，據殿本改。

[4]右將軍：官名，漢代重號將軍之一，與前、左、後將軍並爲上卿。魏晋時常設，權位漸低，僅爲武官名號，略高於一般雜號將軍。三品。

初，伊有馬步鎧六百領，豫爲表令，死乃上之。表曰：“臣過蒙殊寵，受任西藩。淮南之捷，逆兵奔北，人馬器鎧，隨處放散。于時收拾破敗，[1]不足貫連。比年營繕，並已修整。今六合雖一，[2]餘燼未滅，臣不以朽邁，猶欲輸效力命，仰報皇恩。此志永絶，銜恨泉壤。謹奉輸馬具裝百具、步鎧五百領，[3]並在尋陽，請勒所屬領受。”詔曰：“伊忠誠不遂，益以傷懷，仍受其所上之鎧。”

[1]破敗：殿本乙作“敗破”。

[2]六合：天下。

[3]步鎧：鎧，宋本作“鎧”。

子肅之嗣。卒，子陵嗣。宋受禪，國除。伊弟不才，亦有將略，討孫恩，[1]至冠軍將軍。

[1]孫恩：字靈秀，本書卷一〇〇有傳。

朱伺

朱伺，字仲文，安陸人。[1]少爲吴牙門將陶丹給使。[2]吴平，内徙江夏。伺有武勇，而訥口，不知書，爲郡將督，見鄉里士大夫，揖稱名而已。及爲將，遂以謙恭稱。

[1]安陸：縣名，治所在今湖北省雲夢縣。

[2]牙門將：官名，簡稱牙門，三國魏晋南北朝皆置，統兵武職，位在裨將軍下、郡守上。五品。　給使：軍中職役。

張昌之逆，[1]太守弓欽走灄口，[2]伺與同輩郴寶、布興合衆討之，不克，乃與欽奔武昌。後更率部黨攻滅之。轉騎部曲督，[3]加綏夷都尉。[4]伺部曲等以諸縣附昌，惟本部唱義討逆，逆順有嫌，求别立縣，因此遂割安陸東界爲灄陽縣而貫焉。[5]

[1]張昌：少爲平氏縣吏，有武力，好論戰。太安二年（303），更名李辰，聚衆立山都縣吏丘沉爲天子，建元神鳳，自任相國。後失敗被殺。

[2]灄口：位於今湖北省武漢市黄陂區南，爲灄水入長江之口。

[3]騎部曲督：部曲督一種。部曲督，官名，軍中及州郡皆設，統兵，屬官有部曲將、副散部曲將等。三國魏及晋初，須留家屬作爲質任，晋武帝咸寧五年（279）始除部曲督以下質任。

[4]綏夷都尉：官名，統兵武職，不常置。

[5]灄陽縣：治所在今湖北省武漢市黄陂區西南。

其後陳敏作亂，[1]陶侃時鎮江夏，以伺能水戰，曉作舟艦，乃遣作大艦，署爲左甄，[2]據江口，[3]摧破敏前鋒。敏弟恢稱荆州刺史，在武昌，侃率伺及諸軍進討，破之。敏、恢既平，伺以功封亭侯，領騎督。時西陽夷賊抄掠江夏，太守楊珉每請督將議距賊之計，[4]伺獨不言。珉曰："朱將軍何以不言？"伺答曰："諸人以舌擊賊，伺惟以力耳。"珉又問："將軍前後擊賊，何以每得勝邪？"伺曰："兩敵共對，惟當忍之。彼不能忍，我能忍，是以勝耳。"珉大笑。

[1]陳敏：字令通，本書卷一〇〇有傳。

[2]左甄：古代作戰陣形的左翼。

[3]江口：即夏口，位於今湖北省武漢市，漢江入長江之口。

[4]楊珉：中華本校勘記："《石勒載記》作'楊岠'。"

永嘉中，石勒破江夏，伺與楊珉走夏口。及陶侃來戍夏口，伺依之，加明威將軍。[1]隨侃討杜弢，[2]有殊功，語在《侃傳》。夏口之戰，伺用鐵面自衛，以弩的射賊大帥數人，皆殺之。賊挽船上岸，於水邊作陣。伺逐水上下以邀之，箭中其脛，氣色不變。諸軍尋至，賊潰，追擊之，皆棄船投水，[3]死者太半。[4]賊夜還長沙，[5]侗追至蒲圻，[6]不及而反。加威遠將軍，[7]赤幢、曲蓋。[8]

[1]明威將軍：官名，屬雜號將軍名號。

[2]杜弢：字景文，本書卷一〇〇有傳。

[3]棄船：棄，原本、宋本作“乘”，殿本作“棄”，據殿本改。

[4]死者太半：太，殿本作“大”。

[5]長沙：郡名，治所在臨湘縣（今湖南省長沙市）。

[6]蒲圻：縣名，治所在今湖北省嘉魚縣西北。

[7]威遠將軍：官名，屬將軍名號，三國吴時權任很重，三國魏、兩晋時地位稍低。五品。

[8]赤幢：車輿上紅色的帷幔。　曲蓋：曲柄傘蓋。

建興中，陳聲率諸無賴二千餘家斷江抄掠，侃遣侗爲督護討聲。[1]聲衆雖少，侗容之不擊，求遣弟詣侃降，侗外許之。及聲去，侗乃遣勁勇要聲弟斬之，潛軍襲聲。聲正旦並出祭祀飲食，侗軍入其門，方覺。聲將閻晋、鄭進皆死戰，[2]侗軍人多傷，乃還營。聲東走，保董城。[3]侗又率諸軍圍守之，遂重柴繞城，作高櫓，以勁弩下射之。及斷其水道，城中無水，殺牛飲血。閻晋，聲婦弟也，乃斬聲首出降。又以平蜀賊襲高之功，加侗廣威將軍，[4]領竟陵内史。

[1]督護：官名，州郡及出鎮方面將軍府皆設，掌兵事。兩晋時常統軍征伐，衹督一軍。

[2]鄭進：原本、宋本無“進”字，殿本有，據殿本補。

［3］董城：地名，即今湖北省安陸市東北吉陽城。

［4］廣威將軍：官名，三國魏始置。四品。

時王敦欲用從弟廙代侃爲荆州，[1]侃故將鄭攀、馬儁等乞侃於敦，[2]敦不許。攀等以侃始滅大賊，[3]人皆樂附，又以廙忌戾難事，[4]謀共距之。遂屯結涢口，[5]遣使告伺。伺外許之，而稱疾不赴。攀等遂進距廙。既而士衆疑阻，復散還横桑口，[6]欲入杜曾。[7]時朱軌、趙誘、李桓率衆將擊之，攀等懼誅，以司馬孫景造謀距廙，[8]因斬之，降軌等。

［1］廙：字世將，本書卷七六有傳。

［2］馬儁：儁，殿本作“雋”，本卷下文此人名同。

［3］大賊：賊，宋本作“敗”。

［4］忌戾難事：猜忌暴戾難以侍奉。

［5］涢口：位於今湖北省武漢市漢陽區西北，即涢水入漢江之口。

［6］横桑口：《資治通鑑》卷九〇《晋紀》元帝建武元年胡三省注：“《水經》：沔水東南逕江夏雲杜縣，又東逕左桑，周昭王溺死處也。村老云：百姓佐昭王喪事於此，故曰佐桑；左桑，字失體耳。又東，謂之横桑，言得昭王喪處也。”

［7］杜曾：西晋新野（今河南省新野縣）人，始爲新野王司馬歆鎮南參軍，有勇力。永嘉之亂中任胡亢竟陵太守，後殺胡亢，併其衆，自號南中郎將。後被周訪打敗，被殺。

［8］孫景：景，原本、宋本作“晨”，殿本作“景”，據殿本改。　造謀：設計謀劃。

廙將西出，遣長史劉浚留鎮揚口壘。[1]時杜曾請討第五猗於襄陽，[2]伺謂廙曰："曾是猾賊，外示西還，以疑衆心，欲誘引官軍使西，然後兼道襲揚口耳。宜大部分，未可便西。"廙性矜厲自用，兼以伺老怯難信，遂西行。曾等果馳還。廙乃遣伺歸，裁至壘，即爲曾等所圍。劉浚以壘北門危，欲令伺守之。或説浚云："伺與鄭攀同者。"乃轉守南門。賊知之，攻其北門。時鄭攀黨馬儁等亦來攻壘，儁妻子先在壘内，或請皮其面以示之。伺曰："殺其妻子，未能解圍，但益其怒耳。"乃止。伺常所調弩忽噤不發，伺甚惡之。及賊攻陷北門，伺被傷退入船。初，浚開諸船底，以木掩之，名爲船械。伺既入，賊舉鋋擿伺，伺逆接得鋋，反以擿賊。賊走上船屋，大喚云："賊帥在此！"伺從船底沉行五十步，乃免。遇醫療，創小差。杜曾遣説伺云："馬儁等感卿恩，妻孥得活。盡以卿家外内百口付儁，儁已盡心收視，卿可來也。"伺答曰："賊無白首者，今吾年六十餘，不能復與卿作賊。吾死，當歸南，妻子付汝。"乃還甑山。[3]時王廙與李桓、杜曾相持，累戰甑山下。軍士數驚喚云："賊欲至！"伺驚創而卒。因葬甑山。

[1]長史：官名，掌顧問參謀，爲所在官署掾屬之長。魏晋南北朝時王府、公府、軍府、邊郡均置。八至六品。　揚口壘：位於今湖北省潛江市西北。

[2]第五猗：愍帝時任侍中、征南大將軍及監荆、梁、益、寧四州等職。受杜曾等迎奉，聚兵數萬。後被周訪斬殺。

[3]甑山：一名小别山，位於今湖北省漢川市東南漢江南岸。

毛寶

毛寶，字碩真，滎陽陽武人也。[1]王敦以爲臨湘令。[2]敦卒，爲温嶠平南參軍。[3]蘇峻作逆，嶠將赴難，而征西將軍陶侃懷疑不從。[4]嶠屢説不能回，更遣使順侃意曰："仁公且守，僕宜先下。"遣信已二日，會寶别使還，聞之，説嶠曰："凡舉大事，當與天下共同，衆克在和，不聞有異。假令可疑，猶當外示不覺，況自作疑邪！便宜急追信，改舊書，説必應俱征。若不及前信，宜更遣使。"嶠意悟，即追信改書，侃果共征峻。寶領千人爲嶠前鋒，俱次茄子浦。[5]

[1]滎陽：郡名，治所在滎陽縣（今河南省滎陽市東北）。陽武：縣名，治所在今河南省原陽縣東南。

[2]臨湘：縣名，治所在今湖南省長沙市。

[3]平南參軍：官名，平南將軍府屬官。參軍，亦作參軍事，謂參謀軍事。兩晋公府、軍府皆置。

[4]征西將軍：官名，東漢永元年間置，地位與雜號將軍、偏將軍、裨將軍等同。建安年間與征東、征南、征北將軍合稱四征將軍，地位提高。三品，加持節都督者二品。

[5]茄子浦：《讀史方輿紀要》卷二〇《南直二》："茄子洲，在府西南十三里。亦曰茄子浦，昔時周回十一里。陶侃等討蘇峻，軍於茄子浦，郗鑒自廣陵帥衆渡江，與侃會於此。"

初，嶠以南軍習水，峻軍便步，欲以所長制之，宣令三軍，有上岸者死。時蘇峻送米萬斛饋祖約，約遣司馬桓撫等迎之。寶告其衆曰："兵法，軍令有所不從，豈可不上岸邪！"乃設變力戰，悉獲其米，[1]虜殺萬計，約用大飢。[2]嶠嘉其勛，上爲廬江太守。[3]

[1]其米：米，殿本作“人”。

[2]約用大飢：祖約軍因此大飢。用，因此。

[3]廬江：郡名，三國魏、吴於境内各置廬江郡，魏治所在六安縣（今安徽省六安市北），吴治所在皖縣（今安徽省潛山市）。西晋合爲一，治所在舒縣（今安徽省廬江縣西南）。

約遣祖焕、桓撫等欲襲湓口，陶侃將自擊之，寶曰：“義軍恃公，公不可動，寶請討之。”侃顧謂坐客曰：“此年少言可用也。”乃使寶行。先是，[1]桓宣背約，南屯馬頭山，爲焕、撫所攻，求救於寶。寶衆以宣本是約黨，疑之。宣遣子戎重請，寶即隨戎赴之。未至，而賊已與宣戰。寶軍懸兵少，器杖濫惡，大爲焕、撫所破。寶中箭，貫髀徹鞍，使人蹋鞍拔箭，血流滿鞾，夜奔船所百餘里，望星而行。到，先哭戰亡將士，洗瘡訖，夜還救宣。寶至宣營，而焕、撫亦退。寶進攻祖約，軍次東關，[2]破合肥，[3]尋召歸石頭。[4]

[1]先是：宋本無“是”字。

[2]東關：三國吴諸葛恪築。《三國志》卷二八《魏書·諸葛誕傳》：“諸葛恪興東關，（司馬懿）遣（諸葛）誕督諸軍討之，與戰，不利。”此關位於今安徽省含山縣西南裕溪河東岸濡須山上。

[3]合肥：縣名，治所在今安徽省合肥市西。

[4]石頭：石頭城，故址在今江蘇省南京市清凉山。

陶侃、温嶠未能破賊，侃欲率衆南還。寶謂嶠曰：

“下官能留之。”乃往説侃曰：“公本應領蕪湖，[1]爲南北勢援，[2]前既已下，勢不可還。且軍政有進無退，非直整齊三軍，示衆必死而已，亦謂退無所據，終至滅亡。往者杜弢非不强盛，公竟滅之，何至於峻獨不可破邪！賊亦畏死，非皆勇健，公可試與寶兵，使上岸斷賊資糧，出其不意，使賊困蹙。若寶不立效，然後公去，人心不恨。”侃然之，加寶督護。寶燒峻句容、湖孰積聚，[3]峻頗乏食，侃遂留不去。

[1]蕪湖：縣名，治所在今安徽省蕪湖市東。

[2]爲南北勢援：爲，宋本作“無”。

[3]句容：縣名，治所在今江蘇省句容市。　湖孰：縣名，治所在今江蘇省南京市江寧區東南湖熟鎮。

峻既死，匡術以苑城降。[1]侃使寶守南城，鄧嶽守西城。賊遣韓晃攻之，寶登城射殺數十人。晃問寶曰：“君是毛廬江邪？”寶曰：“是。”晃曰：“君名壯勇，何不出鬥！”寶曰：“君若健將，何不入鬥！”晃笑而退。賊平，封州陵縣開國侯，千六百户。

[1]苑城：又名臺城，位於今江蘇省南京市鷄鳴山南，乾河沿北。

庾亮西鎮，請爲輔國將軍、江夏相、督隨義陽二郡，[1]鎮上明。[2]又進南中郎。[3]隨亮討郭默。默平，與亮司馬王愆期等救桓宣於章山，[4]擊賊將石遇，破之，進征虜將軍。亮謀北伐，上疏解豫州，請以授寶。於是詔以寶監揚州之江西諸軍事、豫州刺史，[5]將軍如故，與西陽太守樊峻以萬人守邾城。[6]石季龍惡之，乃遣其子鑒與其將夔安、李菟等五萬人來寇，張狢渡二萬騎攻邾城。[7]寶求救於亮，亮以城固，不時遣軍，城遂陷。寶、峻等率左右突圍出，赴江死者六千人，寶亦溺死。亮哭之慟，因發疾，遂薨。

[1]督隨義陽二郡：即督隨義陽二郡諸軍事，隨、義陽二郡軍事行政長官，位次於都督和監。

[2]上明：即上明城，東晉太元二年（377）以後爲荆州州治。位於今湖北省松滋市西北長江南岸。

[3]南中郎：官名，即南中郎將。

[4]章山：位於今湖北省安陸市東。

[5]監揚州之江西諸軍事：揚州之江西地區軍事行政長官，位低於都督。

[6]西陽太守樊峻：中華本校勘記："《成紀》及《水經·江水》注作'樊俊'。"　邾城：即繹邑，位於今山東省鄒城市東南。

[7]張狢渡：中華本校勘記："周校：《成帝紀》作'張貉'，《石季龍載記》作'張賀度'。《斠注》：《水經·江水》注作'張格度'，實一人。"

詔曰："寶之傾敗，宜在貶裁。然蘇峻之難，致力王室。今咎其過，故不加贈，祭之可也。"其後公卿言寶有重勛，加死王事，不宜奪爵。升平三年，乃下詔復本封。

初，寶在武昌，軍人有於市買得一白龜，長四五寸，養之漸大，放諸江中。邾城之敗，養龜人被鎧持刀，自投於水中，如覺墮一石上，視之，乃先所養白龜，長五六尺，送至東岸，遂得免焉。

寶二子：穆之、安之。

穆之，字憲祖，小字武生，[1]名犯王靖后諱，故行字，後又以桓温母名憲，[2]乃更稱小字。穆之果毅有父風，安西將軍庾翼以爲參軍，襲爵州陵侯。翼等專威陜西，以子方之爲建武將軍，[3]守襄陽。方之年少，翼選武將可信杖者爲輔弼，乃以穆之爲建武司馬。俄而翼薨，大將干瓚、戴羲等作亂，[4]穆之與安西長史江虨、司馬朱燾等共平之。[5]

[1]小字武生：中華本校勘記："李校：'武生'，《宋書》作'虎生'。按：《通鑑》一〇二亦作'虎生'。蓋本名'虎生'，唐人避諱改作'武生'。"

[2]桓温：字元子，本書卷九八有傳。

[3]建武將軍：官名，東漢末曹操置，統兵征伐。四品。

[4]干瓚：干，原本、殿本作"于"，宋本作"干"，據宋本改。

[5]安西長史：官名，安西將軍府長史。掌顧問參謀，爲所在官署掾屬之長。八品。　江虨：字思玄，本書卷五六有傳。

桓温代翼，復取爲參軍。從温平蜀，以功賜次子都鄉侯。尋除揚威將軍、潁川太守，[1]隨温平洛，入關。温將旋師，以謝尚未至，[2]留穆之以二千人衛山陵。[3]升平初，遷督寧州諸軍事、揚威將軍、寧州刺史。[4]以桓温封南郡，徙穆之爲建安侯，復爲温太尉參軍，[5]加冠軍將軍，以所募兵配之。温伐慕容暐，[6]使穆之監鑿鉅野百餘里，[7]引汶會于濟川。[8]及温焚舟步歸，使穆之督東燕四郡軍事，[9]領東燕太守，本官如故。袁真以壽陽叛，[10]温將征之。穆之以冠軍領淮南太守，守歷陽。真平，餘黨分散，乃以穆之督揚州之江西軍事，[11]復領陳郡太守。[12]俄而徙督揚州之義成荆州五郡雍州之京兆軍事、襄陽義成河南三郡太守，[13]將軍如故。尋進領梁州刺史。頃之，以疾解職，詔以冠軍徵還。

[1]揚威將軍：中華本校勘記："周校：《穆帝紀》'揚威'作'揚武'。下文云'升平初，遷督寧州諸軍事、揚威將軍'，可知先除'揚武'，後進'揚威'，此當作'揚武'爲是。"　潁川：郡名，治所在許昌縣（今河南省許昌市東）。潁，原本作"穎"，宋本、殿本作"潁"，據宋本、殿本改。

[2]謝尚：字仁祖，本書卷七九有傳。

[3]山陵：帝王或皇后墳墓。

[4]督寧州諸軍事：寧州地區軍事行政長官，位低於都督和監。

[5]太尉參軍：官名，太尉府屬官。參軍，亦作參軍事，謂參謀軍事。兩晋公府、軍府皆置。

[6]慕容暐：字景茂，本書卷一一一有載記。

[7]鉅野：縣名，治所在今山東省巨野縣東北。

[8]汶：汶水，即今山東省西部大汶河。　濟川：即濟水，古代四瀆之一。包括黄河南、北兩部分。河北部分仍名濟水，源出今河南省濟源市西王屋山。河南部分原係黄河所分支流，其分流出在今河南省滎陽市北，東流至今山東省菏澤市定陶區西，折東北入巨

野澤，又自澤北出經梁山縣東，折東北經今平陰、長清、齊河、歷城、鄒平、博興等縣區而入於海。

[9]督東燕四郡軍事：東燕四郡軍事行政長官，位低於都督和監。東燕，郡名，治所在東燕縣（今河南省延津縣東北）。

[10]袁真：東晋人。歷任廬江太守、龍驤將軍、西中郎將、豫州刺史等職。桓温北伐失利，歸罪袁真，將其廢黜。因懷恨叛降前燕。　壽陽：縣名，治所在今安徽省壽縣東南。

[11]督揚州之江西軍事：即督揚州之江西諸軍事，揚州轄下江西地區軍事行政長官，位低於都督和監。

[12]陳郡：治所在陳縣（今河南省周口市淮陽區）。

[13]督揚州之義成荆州五郡雍州之京兆軍事：即督數郡諸軍事，上述七郡軍事行政長官，位低於都督和監。　義成：郡名，東晋置，治所在襄陽縣（今湖北省襄陽市）。　河南：郡名，治所在洛陽縣（今河南省洛陽市東北）。

苻堅别將寇彭城，復以將軍假節、監江北軍事，[1]鎮廣陵。[2]遷右將軍、宣城内史、假節，[3]鎮姑孰。[4]穆之以爲戍在近畿，無復軍警，不宜加節，上疏辭讓，許之。苻堅别將圍襄陽，詔穆之就上明受桓冲節度。冲使穆之游軍沔中。穆之始至，而朱序陷没，引軍還郡。堅衆又寇蜀漢，梁州刺史楊亮、益州刺史周仲孫奔退，[5]冲使穆之督梁州之三郡軍事、右將軍、西蠻校尉、益州刺史、領建平太守、假節，[6]戍巴郡。[7]以子球爲梓潼太守。[8]穆之與球伐堅，至于巴西郡，[9]以糧運乏少，退屯巴東，[10]病卒。追贈中軍將軍，[11]謚曰烈。子珍嗣，位至天門太守。[12]珍弟璩、球、璠、瑾、瑗，[13]璩最知名。

［1］監江北軍事：即監江北諸軍事，江北地區軍事行政長官，位低於都督。

［2］廣陵：郡名，治所在廣陵縣（今江蘇省揚州市西北蜀岡上）。

［3］宣城：郡名，治所在宛陵縣（今安徽省宣城市宣州區）。

［4］姑孰：姑孰城，位於今安徽省當塗縣。

［5］楊亮：東晉弘農（今河南省靈寶市）人，任諮議參軍、輔國將軍、梁州刺史等職。　益州：治所在成都縣（今四川省成都市）。

［6］督梁州之三郡軍事：即督數郡諸軍事，梁州轄下三個郡軍事行政長官，位低於都督和監。　西蠻校尉：官名，掌益州、寧州、梁州等州中少數民族事務。領兵，有時兼任刺史。　建平：郡名，治所在巫縣（今重慶市巫山縣）。

［7］巴郡：治所在江州縣（今重慶市）。

［8］梓潼：郡名，治所在梓潼縣（今四川省梓潼縣）。

［9］巴西郡：治所在閬中縣（今四川省閬中市）。

［10］巴東：郡名，東漢建安六年（201）以固陵郡改名，治所在魚復縣（今重慶市奉節縣東）。

［11］中軍將軍：官名，西晉時統左右衛、前後左右驍騎等宿衛七營禁軍，主管京師及朝廷警衛。泰始四年（268）罷，置北軍中候代其職。後爲將軍名號，與鎮軍將軍、撫軍將軍並爲三名號將軍，不統禁兵。三品。

［12］天門：郡名，三國孫吴置，治所在漊中縣（今湖南省慈利縣），西晉治所在澧陽縣（今湖南省石門縣）。

［13］珍弟璩、球、璠、瑾、瑗：中華本校勘記：“李校：下云‘璩兄球’，則‘球’當在‘璩’之上。”

璩，字叔璉。[1]弱冠，[2]右將軍桓豁以爲參軍。[3]尋遭父憂。服闋,[4]爲謝安衛將軍參軍,[5]除尚書郎。[6]安復請爲參軍，轉安子琰征虜司馬。[7]淮淝之役,[8]苻堅迸走，璩與田次之共躡堅，至中陽,[9]不及而歸。遷寧朔將軍、淮南太守。[10]尋補鎮北將軍、譙王恬司馬。[11]海陵縣界地名青蒲,[12]四面湖澤，皆是菰葑,[13]逃亡所聚，威令不能及。璩建議率千人討之。時大旱，璩因放火，菰葑盡然，亡户窘迫，悉出詣璩自首，近有萬户，皆以補兵，朝廷嘉之。轉西中郎司馬、龍驤將軍、譙梁二郡内史。[14]尋代郭銓爲建威將軍、益州刺史。

[1]叔璉：璉，原本、殿本作“連”，宋本作“璉”，據宋本改。

[2]弱冠：指男子二十歲時。《禮記·曲禮上》:“二十曰弱，冠。”年少爲弱，待至二十，即爲成年，舉行冠禮。

[3]桓豁：字朗子，本書卷七四有傳。

[4]服闋：守喪期滿除去孝服。

[5]衛將軍參軍：官名，衛將軍府屬官。參軍，亦作參軍事，謂參謀軍事。兩晋公府、軍府皆置。

[6]尚書郎：官名。東漢之制，取孝廉中之有才能者入尚書臺，在皇帝左右處理政務，初入臺稱守尚書郎中，滿一年稱尚書郎，滿三年稱侍郎。魏晋以後尚書各曹有侍郎、郎中等官，綜理職務，通稱爲尚書郎。六品。

[7]征虜司馬：官名，征虜將軍府高級幕僚。參讚軍務、管理府内武職，位次於長史。七品。司馬，原本作“將軍”，宋本、殿本作“司馬”，據宋本、殿本改。

[8]淮淝：淝，宋本作“肥”。

[9]中陽：縣名，治所在今山西省中陽縣。

［10］寧朔將軍：官名，西晋時多駐幽州，爲幽州地區軍政長官，兼管烏丸事務。四品。

［11］鎮北將軍：官名，東漢建安年間置，與鎮西、鎮南、鎮東將軍合稱四鎮將軍，多爲持節都督，出鎮方面。曹魏二品。晋三品，加持節都督者二品。　譙王恬：司馬恬，字元愉，本書卷三七有傳。

［12］海陵縣：治所在今江蘇省泰州市。

［13］菰葑：何超《晋書音義》："《珠叢》云：菰草叢生，其根盤結，名曰葑。"

［14］西中郎司馬：官名，西中郎將軍府高級幕僚。參讚軍務、管理府内武職，位次於長史。　龍驤將軍：官名，高級軍事將領。三品。　梁：郡名，治所在睢陽縣（今河南省商丘市南）。

安帝初，進征虜將軍。及桓玄篡位，[1]遣使加璩散騎常侍、左將軍。[2]璩執留玄使，不受命。玄以桓希爲梁州刺史，王异據涪，[3]郭法戍宕渠，[4]師寂戍巴郡，周道子戍白帝以防之。[5]璩傳檄遠近，列玄罪狀，遣巴東太守柳約之、建平太守羅述、征虜司馬甄季之擊破希等，[6]仍率衆次于白帝。武陵王令曰：[7]"益州刺史毛璩忠誠慤亮，[8]自桓玄萌禍，常思躡其後。今若平殄凶逆，[9]肅清荆郢者，便當即授上流之任。"

［1］桓玄：字敬道，本書卷九九有傳。

［2］左將軍：官名，漢代爲重號將軍，與前、後、右將軍並爲上卿。魏晋時爲常設官職，權位較兩漢漸低，僅爲武官名號，略高於一般雜號將軍，不典禁兵。三品。

［3］涪：涪縣，治所在今四川省綿陽市東涪江東岸。

[4]宕渠：郡名，劉備分巴西郡置，治所在宕渠縣（今四川省渠縣東北）。

[5]白帝：即白帝城，位於今重慶市奉節縣。

[6]征虜司馬：官名，征虜將軍府高級幕僚。參讚軍務、管理府内武職，位次於長史。七品。

[7]武陵王：司馬晞，字道叔，本書卷六四有傳。

[8]慇亮：慇，宋本作“殷”。

[9]今若平殄凶逆：今，宋本作“若”。

初，璩弟寧州刺史璠喪官，璩兄球孫祐之及參軍費恬以數百人送喪，葬江陵。會玄敗，謀奔梁州。璩弟瑾子修之時爲玄屯騎校尉，[1]誘玄使入蜀。既而修之與祐之、費恬及漢嘉人馮遷共殺玄。[2]約之等聞玄死，進軍到枝江，[3]而桓振復攻没江陵。[4]劉毅等還尋陽，[5]約之亦退。俄而季之、述皆病，[6]約之詣振僞降，因欲襲振。事泄，被害。約之司馬時延祖、涪陵太守文處茂等撫其餘衆，[7]保涪陵。振遣桓放之爲益州，屯西陵。[8]處茂距擊，破之。振死，安帝反正。詔曰：“夫貞松標於歲寒，[9]忠臣亮於國危。益州刺史璩體識弘正，誠契義旗，受命偏師，次于近畿，匡翼之勛，實感朕心。可進征西將軍，[10]加散騎常侍，都督益梁秦凉寧五州軍事，[11]行宜都、寧蜀太守。[12]文處茂宣讚蕃牧，蒙險夷難，可進輔國將軍，西夷校尉，[13]巴西、梓潼二郡太守。”又詔西夷校尉瑾爲持節、監梁秦二州軍事、征虜將軍、梁秦二州刺史，[14]略陽、武都太守。[15]瑾弟蜀郡太守瑗爲輔國將軍、寧州刺史。[16]

［1］修之：修，宋本作“脩”。　屯騎校尉：官名，北軍五校尉之一，隸屬中領軍，掌本營騎士，戍衛京師。四品。

［2］修之：修，宋本、殿本作“脩”。

［3］枝江：縣名，治所在今湖北省枝江市東北。

［4］桓振：字道全，本書卷七四有傳。

［5］劉毅：字希樂，本書卷八五有傳。

［6］俄而季之、述皆病：述，原本、宋本作“述之”，殿本作“述等”，據中華本校勘記删。

［7］涪陵：縣名，治所在今重慶市彭水苗族土家族自治縣。

［8］西陵：地名，在今湖北省宜昌市西陵區。

［9］標於歲寒：標，原本、宋本作“摽”，殿本作“標”，據殿本改。

［10］可進征西將軍：宋本、殿本無“進”字。

［11］都督益梁秦涼寧五州軍事：即都督數州諸軍事，上述五州最高軍事行政長官。

［12］宜都：郡名，治所在夷陵縣（今湖北省宜昌市東南長江北岸）。　寧蜀：郡名，治所在廣都縣（今四川省成都市雙流區）。

［13］西夷校尉：官名，亦稱護西夷校尉。晉武帝太康三年（282）置，治寧州，寧州併入益州後以益州刺史兼領。東晉平蜀後復置，持節統兵，掌益州少數民族事務。立府，置長史、司馬，可與刺史一樣舉秀才、廉吏、良吏。四品。十六國前秦亦置，掌益州及西部地區少數民族事務。北涼段業亦置，掌涼興以西少數民族事務。

［14］監梁秦二州軍事：即監數州諸軍事，上述二州軍事行政長官，位低於都督。　秦：秦州，治所在冀縣（今甘肅省甘谷縣東）。

［15］略陽：郡名，西晉泰始中以廣魏郡改名，治所在臨渭縣（今甘肅省天水市東北渭河北岸）。　武都：郡名，治所在下辯縣（今甘肅省成縣西）。

［16］蜀郡：治所在成都縣（今四川省成都市）。

初，璩聞振陷江陵，率衆赴難，使瑾、瑗順外江而下，使參軍譙縱領巴西、梓潼二郡軍下涪水，[1]當與璩軍會於巴郡。蜀人不樂東征，縱因人情思歸，於五城水口反，[2]還襲涪，害瑾，瑾留府長史鄭純之自成都馳使告璩。[3]璩時在略城，[4]去成都四百里，遣參軍王瓊討反者，相距於廣漢。[5]僰道令何林聚黨助縱，[6]而璩下人受縱誘説，遂共害璩及瑗，并子侄之在蜀者，一時殄没。璩子弘之嗣。

[1]譙縱：巴西南充（今四川省南充市）人，本書卷一〇〇有傳。　涪水：今四川省境内的涪江，嘉陵江支流。

[2]五城水口：五城水即今羅江，源出四川省綿竹市北，東流入涪江。五城水口即羅江入涪江之口。

[3]留府長史：官名，三國兩晋諸公、軍府皆置長史，爲幕僚之長。府主出征，則權置留府長史，掌留守府事。八至六品。　成都：縣名，治所在今四川省成都市。

[4]略城：略陽縣城。

[5]廣漢：郡名，治所在廣漢縣（今四川省射洪市南）。

[6]僰道：縣名，治所在今四川省宜賓市西南安邊場。

義熙中，時延祖爲始康太守，[1]上疏訟璩兄弟，於是詔曰："故益州刺史璩、西夷校尉瑾、蜀郡太守瑗勤王忠烈，事乖慮外。葬送日近，益懷惻愴。可皆贈先所授官，給錢三十萬、布三百匹。"論璩討桓玄功，追封歸鄉公，千五百户。又以祐之斬玄功，封夷道縣侯。

[1]始康：東晋末安帝時所置郡，寄治成都縣（今四川省成都

市）。

自寶至璩三葉，擁旄開國者四人，將帥之家，與尋陽周氏爲輩，而人物不及也。

瑾子修之，[1]頻歷清顯，至右衛將軍，[2]從劉裕平姚泓。[3]後爲安西司馬，[4]没于魏。

[1]修之：修，宋本、殿本作“脩”。

[2]右衛將軍：官名，三國魏咸熙二年（265），司馬炎即晋王位，分中衛將軍爲左、右衛將軍。掌佽飛虎賁及前驅、由基、强弩三部司馬，屬下還有虎賁、羽林、上騎、異力、命中共五部督，負責宫禁侍衛。西晋屬中軍將軍，後屬領軍將軍。爲禁衛軍主要統帥之一，權任很重。四品。

[3]劉裕：字德輿，小名寄奴，彭城（今江蘇省徐州市）人，南朝宋開國皇帝。世居京口，初爲東晋冠軍司馬，後被劉牢之任爲參軍。歷任鎮軍將軍、都督十六州諸軍事，官至相國，受封宋王。元熙二年（420）代晋稱帝。卒謚武皇帝，廟號高祖。　姚泓：字元子，本書卷一一九有載記。

[4]安西司馬：官名，安西將軍府高級幕僚。參讚軍務、管理府内武職，位次於長史。八品。

安之，字仲祖，亦有武幹，累遷撫軍參軍、魏郡太守。[1]簡文輔政，委以爪牙。及登祚，[2]安之領兵從駕，使止宿宫中。尋拜游擊將軍。[3]時庾希入京口，[4]朝廷震動，命安之督城門諸軍事。孝武即位，妖賊盧悚突入殿廷。安之聞難，率衆直入雲龍門，[5]手自奮擊。既而左衛將軍殷康、領軍將軍桓祕等至，[6]與安之并力，悚因剿滅。遷右衛將軍。定后崩，[7]領將作大匠。[8]卒官。追贈光禄勳。

[1]撫軍參軍：官名，撫軍將軍府屬官。參軍，亦作參軍事，謂參謀軍事。兩晋公府、軍府皆置。　魏郡：東晋僑置郡，寄居京邑（今江蘇省南京市附近）。

[2]登祚：祚，宋本、殿本作“阼”。

[3]游擊將軍：官名，禁軍將領，與驍騎將軍分領命中虎賁，掌宿衛之任。隸屬中領軍（領軍將軍）。四品。

[4]京口：地名，即今江蘇省鎮江市。

[5]雲龍門：《景定建康志》卷二〇《今城郭·門闕》引《宫苑記》：“建康宫城内有兩重，宫墻南面開二門，西曰衙門，隱不見南西掖門。東曰應門，晋改名正車門，南直對端門，即晋南掖門也。東面正中曰雲龍門。”

[6]左衛將軍：官名，三國魏咸熙二年（265），司馬炎即晋王位，分中衛將軍爲左、右衛將軍。掌佽飛虎賁及前驅、由基、强弩三部司馬，屬下還有虎賁、羽林、上騎、異力、命中共五部督，負責宫禁侍衛。西晋屬中軍將軍，後屬領軍將軍。爲禁衛軍主要統帥之一，權任很重。四品。　殷康：東晋人，曾任左衛將軍、右衛將軍等職。　領軍將軍：官名，三國曹丕置，職掌同於中領軍，但任職者資位重於中領軍，簡稱領軍。爲禁衛軍最高統帥，常由皇帝親信或宗室擔任。兩晋沿置。三品。　桓祕：字穆子，本書卷七四有傳。

[7]定后：孝武王皇后，名王法慧，本書卷三二有傳。

[8]將作大匠：官名，掌領徒隸修建宫室、宗廟、陵墓及其他土木工程。

四子：潭、泰、邃、遁。潭嗣爵，官至江夏相。泰歷太傅從事中郎、後軍諮議參軍，[1]與遼俱爲會稽王父子所昵，[2]乃追論安之討盧悚勛，賜爵平都子，命潭襲爵。元顯嘗宴泰家，既而欲去，泰苦留之曰："公若遂去，當取公脚。"元顯大怒，奮衣而出，遂與元顯有隙。及元顯敗，泰時爲冠軍將軍，堂邑、太山二郡太守。[3]遼爲游擊將軍，遁爲太傅主簿。桓玄得志，使泰收元顯，送于新亭，[4]泰因宿恨，手加歐辱。俄並爲玄所殺，惟遁被徙廣州。[5]義熙初，得還，至宜都太守。

[1]太傅：官名，晋爲八公之一。位上公，太宰之下、太保之上。一品。　從事中郎：官名，東漢時爲大將軍屬官，地位較高。魏晋時爲將軍府或公府屬官。六品。此爲太傅府從事中郎。　後軍諮議參軍：官名，後軍將軍府屬官。掌咨詢謀議軍事，位在諸參軍之上。

[2]會稽王父子：司馬道子和司馬元顯。

[3]堂邑：郡名，東晋僑置郡，治所在堂邑縣（今江蘇省南京市六合區東），安帝時改爲秦郡。

[4]新亭：又名中興亭，位於今江蘇省南京市西南。

[5]廣州：治所在番禺縣（今廣東省廣州市）。

德祖，璩宗人也。父祖並没于賊中。德祖兄弟五人，相携南渡，皆有武幹。荆州刺史劉道規以德祖爲建武將軍、始平太守，[1]又徙涪陵太守。盧循之役，[2]道規又以爲參軍，伐徐道覆於始興。[3]尋遭母憂。

[1]劉道規：字道則，劉裕少弟，東晋末任振武將軍、義昌太守等職，隨劉裕征桓玄，破孫恩，屢立戰功。死後追封臨川王。

始平：郡名，治所在槐里縣（今陝西省興平市）。

［2］盧循：字于先，小名元龍，本書卷一〇〇有傳。

［3］徐道覆：東晉人，盧循姊夫。隨盧循起兵反晋，大敗東晋衛將軍劉毅。後被劉裕打敗，被殺。　始興：郡名，治所在曲江縣（今廣東省韶關市東南蓮花嶺下）。

劉裕伐司馬休之，[1]版補太尉參軍、義陽太守，[2]賜爵遷陵縣侯，轉南陽太守。從劉裕伐姚泓，頻攻滎陽、扶風、南安、馮翊數郡，[3]所在克捷。裕嘉之，以爲龍驤將軍、秦州刺史。裕留第二子義真爲安西將軍、雍州刺史。[4]以德祖爲中兵參軍，領天水太守，[5]從義真還。裕以德祖督河東平陽二郡軍事、輔國將軍、河東太守，[6]代劉遵考守蒲坂。[7]及河北覆敗，德祖全軍而歸。裕方欲蕩平關洛，先以德祖督九郡軍事，[8]冠軍將軍，滎陽、京兆太守，[9]以前後功，賜爵灌陽縣男，[10]尋遷督司雍并三州諸軍事，[11]冠軍將軍，司州刺史，戍武牢，[12]爲魏所没。

［1］司馬休之：晋宗室，字季豫，譙王司馬恬子。任襄城太守，鎮歷陽。受桓玄圍攻，投奔南燕。桓玄敗後南歸，又與劉裕交惡，投奔後秦。劉裕滅後秦，又投奔北魏。

［2］太尉參軍：官名，太尉府屬官。參軍，亦作參軍事，謂參謀軍事。兩晋公府、軍府皆置。

［3］扶風：封國名，治所在郿縣（今陝西省眉縣東北渭河北岸）。　南安：郡名，治所在獂道縣（今甘肅省隴西縣東南）。　馮翊：郡名，三國魏以左馮翊改置，治所在臨晋縣（今陝西省渭南市大荔縣）。

［4］裕留：殿本無“留”字。　義真：劉義真，劉裕第二子，關中平定後，任雍州刺史。劉宋建立後，封廬陵王。　安西將軍：官名，東漢建安年間置，與安東、安南、安北將軍合稱四安將軍，爲出鎮某一地區的軍事長官，或作爲刺史等兼理軍務的加官，權任頗重。三品，加持節都督者二品。　雍州：治所在姑臧縣（今甘肅省武威市）。東漢建安十八年（213）移治長安縣（今陝西省西安市西北）。

［5］天水：郡名，治所在上邽縣（今甘肅省天水市）。

［6］督河東平陽二郡軍事：即督數郡諸軍事，河東、平陽二郡軍事行政長官，位低於都督和監。　河東：郡名，治所在安邑縣（今山西省夏縣西北禹王城）。

［7］劉遵考：南朝宋人，劉裕族弟。東晋末爲振武參軍，從劉裕討盧循。以建威將軍、彭城内史隨劉裕。長安平定，任督并州、司州之北河東北平陽北、雍州之新平安定五郡諸軍事，輔國將軍，并州刺史，領河東太守，鎮蒲阪。劉宋建立後歷任彭城、沛二郡太守，征虜將軍，淮南太守，使持節，督雍梁南北秦四州、荆州之南陽竟陵順陽襄陽新野隨六郡諸軍事，征虜將軍，寧蠻校尉，雍州刺史，襄陽、新野二郡太守，散騎常侍，五兵尚書，侍中，特進，右光禄大夫，左光禄大夫等職。　蒲坂：縣名，治所在今山西省永濟市西南蒲州鎮。坂，宋本作“阪”。

［8］督九郡軍事：即督九郡諸軍事，九郡軍事行政長官，位低於都督和監。

［9］京兆：郡名，治所在長安縣（今陝西省西安市西北）。

［10］賜爵灌陽縣男：中華本校勘記：“李校：前已賜爵遷陵縣侯，此不當反賜男爵，疑有誤。《斠注》：《魏書·太宗紀》作觀陽縣伯毛德祖。疑此‘男’字當作‘伯’。”

［11］督司雍并三州諸軍事：上述三州軍事行政長官，位低於都督和監。

［12］武牢：即虎牢關，位於今河南省滎陽市汜水鎮。

德祖次弟嶷，[1]嶷弟辯，並有志節。嶷死於盧循之難，辯没於魯宗之役，[2]並奮不顧命，爲世所嘆。

[1]次弟：弟，宋本作“第”。

[2]辯没於魯宗之役：中華本校勘記：“李校：當重‘之’字。按：《通志》一二九重‘之’字。”

劉遐

劉遐，字正長，廣平易陽人也。[1]性果毅，便弓馬，開豁勇壯。值天下大亂，遐爲塢主，每擊賊，率壯士陷堅摧鋒，冀方比之張飛、關羽。[2]鄉人冀州刺史邵續深器之，以女妻焉，遂壁于河濟之間，賊不敢逼。遐間道遣使受元帝節度，[3]朝廷嘉之，璽書慰勉，以爲龍驤將軍、平原内史。[4]建武初，元帝令曰：“遐忠勇果毅，義誠可嘉。以遐爲下邳内史，將軍如故。”

[1]廣平：郡名，治所在曲梁侯國（今河北省邯鄲市永年區東南）。　易陽：縣名，治所在今河北省邯鄲市永年區東南。

[2]張飛：三國時涿郡（今河北省涿州市）人，字益德。少與關羽從劉備起兵，與關羽並有“萬人敵”之稱。隨劉備入荆州、奪益州，歷任宜都太守、征虜將軍、巴西太守、車騎將軍等職。後被部將刺殺。　關羽：東漢末河東解縣（今山西省運城市）人，字雲長，本字長生。東漢末亡命涿郡，與劉備、張飛起兵。赤壁之戰後，任襄陽太守、蕩寇將軍，駐守荆州。建安二十四年（219）率兵攻打曹魏襄陽，被孫吴背後襲取江陵。關羽回軍欲奪回江陵，於麥城被俘，遭殺害。

[3]間道：小道。

［4］平原：郡國名，治所在平原縣（今山東省平原縣西南）。

初，沛人周堅，[1]一名撫，與同郡周默因天下亂，各爲塢主，以寇抄爲事。默降祖逖，撫怒，遂襲殺默，以彭城叛，石勒遣騎援之。詔遐領彭城内史，與徐州刺史蔡豹、太山太守徐龕共討撫，戰於寒山，撫敗走。詔徙遐爲臨淮太守。徐龕復反，事平，以遐爲北中郎將、兖州刺史。[2]

［1］沛：縣名，治所在今江蘇省沛縣。

［2］北中郎將：官名，與東、西、南中郎將並稱四中郎將，統兵征戰，權職甚重。四品。

太寧初，自彭城移屯泗口。[1]王含反，遐與蘇峻俱赴京都。含敗，隨丹楊尹温嶠追含至于淮南，[2]遐頗放兵虜掠。嶠曰："天道助順，故王含剿絶，不可因亂爲亂也。"遐深自陳而拜謝。事平，以功封泉陵公，遷散騎常侍、監淮北軍事、北中郎將、徐州刺史、假節，[3]代王邃鎮淮陰。[4]咸和元年卒，追贈安北將軍。

［1］泗口：古泗水入淮河之口，位於今江蘇省淮安市淮陰區西南。

［2］丹楊尹：楊，原本、宋本、殿本皆作"陽"，據中華本改。

［3］監淮北軍事：即監淮北諸軍事，淮北地區軍事行政長官，位低於都督。　北中郎將：原本、宋本作"北軍中郎將"，據中華本校勘記删"軍"字。殿本省"監淮北軍事、北中郎將"作"監淮北軍中郎將"。

[4]王邃：王敦從弟，歷任征北將軍、徐州刺史等職。　淮陰：縣名，治所在今江蘇省淮安市淮陰區西南。

子肇年幼，成帝以徐州授郗鑒，[1]以郭默爲北中郎將，領遐部曲。遐妹夫田防及遐故將史迭、卞咸、李龍等不樂他屬，共立肇襲遐故位以叛。成帝遣郭默等率諸郡討之。默等始上道，而臨淮太守劉矯率將士數百掩襲遐營，迭等迸走，斬田防及督護卞咸等，追斬迭、龍於下邳，傳首詣闕。遐母妻子、參佐將士悉還建康。

[1]郗鑒：郗，殿本作"郄"。

遐妻驍果有父風。遐嘗爲石季龍所圍，妻單將數騎，[1]拔遐出於萬衆之中。及田防等欲爲亂，遐妻止之，不從，乃密起火燒甲杖都盡。

[1]將數騎：將，原本作"爲"，宋本、殿本作"將"，據宋本、殿本改。

肇襲爵，官至散騎侍郎。[1]肇卒，子舉嗣。[2]卒，子遵之嗣。卒，子伯齡嗣。宋受禪，國除。

[1]散騎侍郎：官名，三國魏置。隸屬散騎省，侍從皇帝左右，顧問應對，諫諍拾遺，與散騎常侍、侍中等共平尚書奏事。五品。

[2]子舉嗣：舉，原本、宋本作"奉"，殿本作"舉"，據殿本改。

鄧嶽

鄧嶽，字伯山，陳郡人也。本名岳，以犯康帝諱，改爲嶽，後竟改名爲岱焉。少有將帥才略，爲王敦參軍，轉從事中郎、西陽太守。王含構逆，嶽領兵隨含向京都。及含敗，嶽與周撫俱奔蠻王向蠶。後遇赦，與撫俱出。久之，司徒王導命爲從事中郎，後復爲西陽太守。

及蘇峻反，平南將軍温嶠遣嶽與督護王愆期、鄱陽太守紀睦等率舟軍赴難。[1]峻平，還郡。郭默之殺劉胤也，大司馬陶侃使嶽率西陽之衆討之。默平，遷督交廣二州軍事、建武將軍、領平越中郎將、廣州刺史、假節，[2]録前後勛，封宜城縣伯。咸康三年，[3]嶽遣軍伐夜郎，破之，加督寧州，進征虜將軍，遷平南將軍。卒，子遐嗣。

[1]鄱陽：郡名，治所在廣晋縣（今江西省鄱陽縣東北）。紀睦：原本、宋本作“紀陸”，殿本作“紀睦”，據殿本改。

[2]督交廣二州軍事：即督交廣二州諸軍事，上述二州軍事行政長官，位低於都督和監。　平越中郎將：官名，主管南越事務，設府置僚佐，治廣州，多兼任廣州刺史。

[3]咸康三年：中華本校勘記：“《校文》：《帝紀》在咸康二年。按：《通鑑》九五亦列事於二年，疑此‘三’爲‘二’之誤。”

遐，字應遠。勇力絶人，氣蓋當時，時人方之樊噲。[1]桓温以爲參軍，數從温征伐。歷冠軍將軍，數郡太守，號爲名將。襄陽城北沔水中有蛟，常爲人害，遐遂拔劍入水，蛟繞其足，遐揮劍截蛟數段而出。枋頭之役，[2]温既懷耻忿，且忌憚遐之勇果，因免遐官，尋卒。寧康中，追贈廬陵太守。[3]

[1]樊噲：秦末泗水沛（今江蘇省沛縣）人，秦末隨劉邦起兵，屢立戰功，尤其在鴻門宴上氣概英勇。歷任郎中騎將、將軍、左丞相、相國等職。娶吕后妹妹爲妻。

[2]枋頭：地名，在今河南省浚縣西南淇門渡。

[3]廬陵：郡名，治所在石陽縣（今江西省吉水縣東北）。

嶽弟逸，字茂山，亦有武幹。嶽卒後，以逸監交廣州、建威將軍、平越中郎將、廣州刺史、假節。[1]

[1]監交廣州：上述二州軍事行政長官，位低於都督。

朱序

朱序，字次倫，義陽人也。[1]父燾，以才幹歷西蠻校尉、益州刺史。序世爲名將，累遷鷹揚將軍、江夏相。[2]興寧末，梁州刺史司馬勳反，桓温表序爲征討都護往討之，[3]以功拜征虜將軍，封襄平子。

[1]義陽：宋本無“陽”字。

[2]鷹揚將軍：官名，雜號將軍中地位較高者，曾作爲荆州、兖州等州刺史的加官。五品。

[3]征討都護：征討部隊的統帥。

太和中，遷兖州刺史。[1]時長城人錢弘聚黨百餘人，[2]藏匿原鄉山。以序爲中軍司馬、吴興太守。[3]序至郡，討擒之。事訖，還兖州。

[1]據熊賢漢先生考證，此段記載有兩個錯誤：第一，朱序任兖州刺史並非在“太和中”。本書卷八《哀帝紀》載，興寧三年（365）冬十月，梁州刺史司馬勳反，桓温遣江夏相朱序救之，直至太和四年（369）九月，朱序還任大司馬桓温裨將。本書卷七四《桓冲傳》載，寧康三年（375）桓冲“改授都督徐兖豫青揚五州之六郡軍事”，又據《資治通鑑》卷一〇四《晋紀》孝武帝太元元年載，桓冲聞秦攻凉州，遣兖州刺史朱序、江州刺史桓石秀與荆州都護桓羆游軍沔漢，爲凉州聲援。可證朱序任荆州刺史的時間在寧康三年五月至太元元年（376）九月期間。第二，錢弘聚黨藏匿原鄉山的時間是孝武帝寧康二年（374）冬十一月，朱序時爲吴興太守參與討伐。（參見熊賢漢《〈晋書〉辨誤三題》，《咸寧師專學報》1984年第1期）

[2]長城：縣名，治所在今浙江省長興縣東。

[3]中軍司馬：官名，中軍將軍府高級幕僚。參讚軍務、管理府内武職，位次於長史。七品。　吴興：郡名，治所在烏程縣（今浙江省湖州市南）。

寧康初，拜使持節、監沔中諸軍事、南中郎將、梁州刺史，[1]鎮襄陽。是歲，苻堅遣其將苻丕等率衆圍序，[2]序固守，賊糧將盡，率衆苦攻之。初，苻丕之來攻也，序母韓自登城履行，謂西北角當先受弊，遂領百餘婢并城中女丁於其角邪築城二十餘丈。[3]賊攻西北角，果潰，衆便固新築城。丕遂引退。襄陽人謂此城爲夫人城。序累戰破賊，人情勞懈，又以賊退稍遠，疑未能來，守備不謹。督護李伯護密與賊相應，襄陽遂没，序陷於苻堅。[4]堅殺伯護徇之，以其不忠也。序欲逃歸，潛至宜陽，[5]藏夏揆家。堅疑揆，收之，序乃詣苻暉自首，[6]堅嘉而不問，以爲尚書。

[1]“寧康初”至“梁州刺史”：朱序任梁州刺史在太元二年（377年）三月，並非寧康初年。至於拜朱序“使持節”，本書卷九《孝武帝紀》載，“（太元）十三年（388）夏四月戊午，以青、兗二州刺史朱序爲持節、都督雍梁沔中九郡諸軍事、雍州刺史”，可見更晚。（參見熊賢漢《〈晋書〉辨誤三題》，《咸寧師專學報》1984年第1期）

[2]苻丕：字永叔，本書卷一一五有載記。

[3]邪築城：邪，殿本作“斜”。

[4]序陷於苻堅：此事亦非發生在寧康初年，本書卷九《孝武帝紀》載：“（太元四年）二月戊午，苻堅使其子苻丕攻陷襄陽，執南中郎將朱序。”（參見熊賢漢《〈晋書〉辨誤三題》，《咸寧師專學報》1984年第1期）

[5]宜陽：縣名，治所在今河南省宜陽縣西。

[6]苻暉：十六國前秦人，苻堅子，歷任鎮東大將軍、豫州牧、持節、散騎常侍、都督中外諸軍事、車騎大將軍、司隸校尉、録尚書等職。後因兵敗被苻堅指責，自殺。

太元中，苻堅南侵，謝石率衆距之。[1]時堅大兵尚在項，[2]苻融以三十萬衆先至。[3]堅遣序説謝石，稱己兵威。序反謂石曰：“若堅百萬之衆悉到，莫可與敵。及其未會，擊之，可以得志。”於是石遣謝琰選勇士八千人涉肥水挑戰。堅衆小却，序時在其軍後，唱云：“堅敗!”衆遂大奔，序乃得歸。拜龍驤將軍、琅邪内史，轉揚州豫州五郡軍事、豫州刺史，[4]屯洛陽。[5]

[1]謝石：字石奴，本書卷七九有傳。

[2]項：縣名，治所在今河南省沈丘縣。

[3]苻融：字博休，本書卷一一四有載記。

[4]揚州豫州五郡軍事：中華本校勘記："李校：'轉'下當脱一'監'字。"

[5]洛陽：古都名，位於今河南省洛陽市東北。

後丁零翟遼反，[1]序遣將軍秦膺、童斌與淮泗諸郡共討之。又監兖青二州諸軍事、二州刺史，[2]將軍如故，進鎮彭城。序求鎮淮陰，帝許焉。翟遼又使其子釗寇陳潁，序還遣秦膺討釗，走之，拜征虜將軍。表求運江州米十萬斛、布五千匹以資軍費，詔聽之。加都督司雍梁秦四州軍事。[3]帝遣廣威將軍、河南太守楊佺期，[4]南陽太守趙睦，各領兵千人隸序。序又表求故荆州刺史桓石生府田百頃，[5]并穀八萬斛，給之。仍戍洛陽，衛山陵也。

[1]丁零：古民族名。又稱丁令、丁靈。漢時爲匈奴屬國，游牧於我國北部和西北部廣大地區。魏晋南北朝時有部分進入中原。翟遼：中華本校勘記："《商榷》：據《苻堅載記》，'翟遼'當是'翟斌'。按：《通鑑》一〇五亦作'翟斌'。"

[2]監兖青二州諸軍事：上述二州軍事行政長官，位低於都督。

[3]都督司雍梁秦四州軍事：即都督數州諸軍事，上述四州最高軍事行政長官。

[4]楊佺期：本書卷八四有傳。

[5]桓石生：桓玄從兄，本書卷七四有傳。

其後慕容永率衆向洛陽，[1]序自河陰北濟，[2]與永僞將王次等相遇，乃戰於沁水，[3]次敗走，斬其支將勿支首。參軍趙睦、江夏相桓不才追永，[4]破之于太行。[5]永歸上黨。[6]時楊楷聚衆數千，在湖陝，聞永敗，遣任子詣序乞降。序追永至上黨之白水，[7]與永相持二旬。聞翟遼欲向金墉，[8]乃還，遂攻翟釗於石門，[9]遣參軍趙蕃破翟遼於懷縣，[10]遼宵遁。序退次洛陽，留鷹揚將軍朱黨戍石門。序仍使子略督護洛城，趙蕃爲助。序還襄陽。會稽王道子以序勝負相補，不加褒貶。

[1]慕容永：字叔明，十六國時西燕國主，被後燕慕容垂攻殺。

[2]河陰：縣名，治所在今河南省洛陽市東北。

[3]沁水：縣名，治所在今河南省濟源市東北。

[4]參軍：軍，原本、宋本作“首”，殿本作“軍”，據殿本改。

[5]太行：太行關，一名天井關，位於今山西省晋城市南太行山上。

[6]上黨：郡名，治所在潞縣（今山西省黎城縣南）。

[7]白水：即今山西省晋城市境丹水支流白河。

[8]金墉：金墉城，三國魏明帝時築。位於今河南省洛陽市東北漢魏洛陽故址西北角。三面開門，南曰乾光門，東曰含春門，北曰遲門。城内又置西宫，西晋改爲永昌宫。魏晋時被廢的皇帝及后妃都安置於此。城小而固，爲攻占戍守要地。

[9]石門：地名，在今河南省滎陽市東北。

［10］懷縣：治所在今河南省武陟縣西南。

其後東羌校尉竇衝欲入漢川，[1]安定人皇甫釗、京兆人周勛等謀納之。[2]梁州刺史周瓊失巴西三郡，衆寡力弱，告急於序，序遣將軍皇甫貞率衆赴之。衝據長安東，釗、勛散走。

［1］東羌校尉：官名，亦稱護東羌校尉，掌管雍、秦、梁等州內羌族事務，領兵，下設東羌督、東羌獵將等部屬。四品。　竇衝：十六國前秦人，任苻堅左將軍、車騎大將軍、南秦州牧、大司馬、驃騎將軍、前鋒大都督、都督隴東諸軍事等職。苻堅死後，苻登任之爲右丞相。後叛變，自稱秦王，建年號。　漢川：泛指今陝西省漢中平原。

［2］安定：郡名，西漢置，治所在高平縣（今寧夏回族自治區固原市），東漢治所在臨涇縣（今甘肅省鎮原縣東南），東晋改治安定縣（今甘肅省涇川縣北）。

序以老病，累表解職，不許。詔斷表，遂輒去任。數旬，歸罪廷尉，詔原不問。太元十八年卒，贈左將軍、散騎常侍。

史臣曰：晋氏淪喪，播遷江表，[1]內難薦臻，[2]外虞不息，經略之道，是所未弘，將帥之功，無聞焉爾。遜、豹、宣、胤服勤於太興之間，毛、鄧、劉、朱馳騖乎咸和之後。雖人不逮古，亦足列於當世焉。

［1］江表：江外，指長江以南地區。

［2］内難薦臻：内難接連而至。

贊曰：氣分淮海，灾流瀍澗。覆類玄蚖，[1]興微《鴻雁》。[2]鼓鞞在聽，《兔罝》有作。[3]赳赳群英，勤兹王略。

［1］覆類玄蚖：指隱藏的灾難。事見《列女傳·周幽褒姒傳》："夏之衰也，褒人之神化爲二龍，同於王庭而言曰：'余，褒之二君也。'夏后卜殺之與去，莫吉。卜請其漦藏之而吉，乃布幣焉。龍忽不見，而藏漦櫝中，乃置之郊，至周，莫之敢發也。及周厲王之末，發而觀之，漦流於庭，不可除也。王使婦人裸而譟之，化爲玄蚖，入後宫。"

［2］《鴻雁》：比喻灾亂流離之民。典出《詩·小雅·鴻雁序》："《鴻鴈》，美宣王也；萬民離散，不安其居，而能勞來還定，安集之，至於矜寡，無不得其所焉。"

［3］《兔罝》有作：武臣起來效國。典出《詩·周南·兔罝》："肅肅兔罝，椓之丁丁。赳赳武夫，公侯干城。肅肅兔罝，施于中逵。赳赳武夫，公侯好仇。肅肅兔罝，施于中林。赳赳武夫，公侯腹心。"

晋書　卷八二

列傳第五十二

陳壽　王長文　虞溥　司馬彪　王隱 兄瑚　虞預　孫盛 子潛 放　干寶　鄧粲　謝沉　習鑿齒　徐廣[1]

陳壽

陳壽，字承祚，巴西安漢人也。[2]少好學，師事同郡譙周，[3]仕蜀爲觀閣令史。[4]宦人黄皓專弄威權，[5]大臣皆曲意附之，壽獨不爲之屈，由是屢被譴黜。遭父喪，有疾，使婢丸藥，客往見之，鄉黨以爲貶議。[6]及蜀平，坐是沉滯者累年。司空張華愛其才，[7]以壽雖不遠嫌，原情不至貶廢，舉爲孝廉，[8]除佐著作郎，[9]出補陽平令。[10]撰《蜀相諸葛亮集》，奏之。除著作郎，[11]領本郡中正。[12]撰魏吴蜀《三國志》，凡六十五篇。時人稱其善叙事，有良史之才。夏侯湛時著《魏書》，[13]見壽所作，便壞己書而罷。張華深善之，謂壽曰："當以《晋書》相付耳。"其爲時所重如此。或云丁儀、丁廙有盛名於魏，[14]壽謂其子曰："可覓千斛米見與，當爲尊公作佳傳。”丁不與之，竟不爲立傳。壽父爲馬謖參軍，[15]謖爲諸葛亮所誅，壽父亦坐被髡，[16]諸葛瞻又輕壽。[17]壽爲亮立傳，[18]謂亮將略非長，[19]無應敵之才，言瞻惟工書，名過其實。議者以此少之。

[1]原本卷首目録“虞溥”作“虞浦”，“干寶”作“于寶”，且無附傳人名“兄瑚”及“子潛”“放”，據正文及中華本目録改、補。

[2]巴西：郡名，治所在閬中縣（今四川省閬中市）。　安漢：縣名，治所在今四川省南充市東北。

[3]譙周：三國蜀漢巴西西充（今四川省閬中市西南）人，字允南。蜀中儒學大師，歷任蜀漢勸學從事、典學從事、太子家令、光禄大夫等職。後勸後主降魏。西晋時任騎都尉、散騎常侍等職。

[4]觀閣令史：官名，蜀漢置，掌文書典籍，兼有史官職能。

[5]黄皓：三國時蜀漢人，宦官，受後主劉禪寵愛，董允在位時，正色匡正後主，數責於皓。皓畏允，不敢爲非。終允之世，皓位不過黄門丞。董允去世後，陳祗代允爲侍中，與黄皓互相表裏，皓始預政事。祗死後，皓從黄門令爲中常侍、奉車都尉，操弄威柄，終至覆國。

[6]鄉黨：同鄉，鄉親。

[7]司空：官名，魏晋南北朝爲名譽宰相，多爲大臣加官。晋八公之一，位在三公之末。一品。　張華：字茂先，本書卷三六有傳。

[8]孝廉：漢代選拔人才的科目。

[9]佐著作郎：官名，三國時隸屬中書省，西晋改隸屬秘書省，協助著作郎修撰國史及起居注，整理秘書省所藏典籍。七品。

[10]出補陽平令：中華本校勘記：“《考異》：泰始十年壽上表稱‘平陽侯相’，此云‘陽平令’，恐誤。《斠注》：《華陽國志》一

一正作‘平陽候相’。”

［11］著作郎：官名，三國時爲著作局長官，隸屬中書省。西晋時著作局别自置省，長官仍爲著作郎，改隸屬秘書省。西晋後亦稱大著作郎、大著作、著作，掌國史及起居注的修撰。兩晋南北朝時爲清要之官，多由有名望的文學之士擔任，也用司空、侍中、尚書等官典領。職閑位重，南朝時多爲貴族起家官。六品。

［12］中正：魏晋時期評定士人品第的官員。郡設中正，州設大中正。朝廷根據中正所評士人的品第授予官職。

［13］夏侯湛：字孝若，本書卷五五有傳。

［14］丁儀：三國曹魏沛郡（今江蘇省沛縣）人，字正禮，曹操末年黨附曹植，助其與曹丕争太子位。曹丕即位後將其殺害。丁廙：字敬禮，丁儀之弟。廙少有才姿，博學洽聞。初辟公府，東漢建安中爲黄門侍郎。與丁儀一起被殺。

［15］馬謖：三國時襄陽宜城（今湖北省宜城市）人，字幼常。隨劉備入蜀，歷任綿竹令、成都令、越嶲太守等職。好論軍事，受諸葛亮器重。建興六年（228）任先鋒隨諸葛亮北伐，由於違背諸葛亮節度致使北伐失敗。下獄而死。謖，宋本作“上”。　參軍：官名，亦作參軍事，謂參謀軍事。兩晋公府、軍府皆置。

［16］髡：剃去毛髮。爲古代刑罰。

［17］諸葛瞻：三國時琅邪陽都（今山東省沂南縣南）人，字思遠，諸葛亮子。歷任蜀漢騎都尉、侍中、尚書僕射、軍師將軍等職。曹魏征蜀，軍至綿竹。諸葛瞻率蜀郡在綿竹與曹魏軍大戰，陣亡。

［18］壽爲亮立傳：宋本無“壽”字。

［19］謂亮將略非長：宋本無“謂”字。

張華將舉壽爲中書郎，[1]荀勖忌華而疾壽，[2]遂諷吏部遷壽爲長廣太守。[3]辭母老不就。杜預將之鎮，[4]復薦之於帝，宜補黃散。[5]由是授御史治書。[6]以母憂去職。母遺言令葬洛陽，[7]壽遵其志。又坐不以母歸葬，竟被貶議。初，譙周嘗謂壽曰："卿必以才學成名，當被損折，亦非不幸也。宜深慎之。"壽至此，再致廢辱，皆如周言。後數歲，起爲太子中庶子，[8]未拜。

[1]中書郎：官名，隸屬中書令。掌草擬詔書、外出執行重要使命等。亦作爲中書通事郎、中書侍郎的省稱。五品。

[2]荀勖：字公曾，本書卷三九有傳。

[3]吏部：官署名，掌官吏選舉任免等事。東漢屬尚書臺，稱吏曹。三國魏改稱吏部。兩晋沿置，所領曹郎或有增減。南朝定制，爲尚書省六曹之一。　長廣：郡名，治所在不其縣（今山東省即墨市西南）。

[4]杜預：字元凱，本書卷三四有傳。

[5]黃散：官名，黃門侍郎、散騎侍郎等門下官員統稱。五品。

[6]御史治書：官名，即治書侍御史，簡稱治書御史、御史治書、侍書。屬諸侍御史之一種，亦簡稱侍御史、侍御、御史。西漢時掌圖籍文書，東漢時屬御史臺，職掌也變爲審理疑獄、平廷尉奏事。魏晋南北朝時爲御史中丞佐貳，掌監察、彈劾高級官員，也奉命出使，緝拿犯官。六品。

[7]洛陽：古都名，位於今河南省洛陽市東北。

[8]太子中庶子：官名，太子侍從，掌侍從、奏事、諫議等。五品。

元康七年，病卒，時年六十五。梁州大中正、尚書郎范頵等上表曰：[1]"昔漢武帝詔曰：'司馬相如病甚，[2]可遣悉取其書。'使者得其遺書，言封禪事，天子異焉。

臣等按：故治書侍御史陳壽作《三國志》，辭多勸誡，明乎得失，有益風化，雖文艷不若相如，[3]而質直過之，[4]願垂采録。”於是詔下河南尹、洛陽令，[5]就家寫其書。壽又撰《古國志》五十篇、《益都耆舊傳》十篇，餘文章傳於世。

[1]梁州大中正：大，宋本作“太”。

[2]司馬相如：西漢蜀郡成都（今四川省成都市）人，字長卿，少名犬子，後更名相如。文學家，所作《子虛賦》深受漢武帝賞識。

[3]不若相如：宋本無“若”字。

[4]質直過之：宋本無“直”字。

[5]河南尹：官名，京都洛陽所在河南郡長官，主管京都事務。三品。

王長文

王長文，字德叡，廣漢郪人也。[1]少以才學知名，而放蕩不羈，州府辟命皆不就。州辟别駕，[2]乃微服竊出，舉州莫知所之。後於成都市中蹲踞齧胡餅。[3]刺史知其不屈，禮遣之。閉門自守，不交人事。著書四卷，擬《易》，名曰《通玄經》，有《文言》《卦象》，可用卜筮，時人比之揚雄《太玄》。[4]同郡馬秀曰：“揚雄作《太玄》，惟桓譚以爲必傳後世。[5]晚遭陸績，[6]玄道遂名。[7]長文《通玄經》未遭陸績、君山耳。”[8]

[1]廣漢：郡名，治所在廣漢縣（今四川省射洪市南）。　郪：縣名，治所在今四川省中江縣東南。

[2]別駕：官名，别駕從事、别駕從事史省稱。州部佐官，因從刺史行部，别乘傳車，故稱。位居州吏之右。

[3]成都：縣名，治所在今四川省成都市。　市中：宋本無“中”字。　胡餠：猶今之燒餠。《釋名·釋飲食》：“胡餠，作之大漫沍也，亦言以胡麻著上也。”

[4]揚雄：西漢蜀郡成都（今四川省成都市）人，字子雲。成帝時任侍郎、給事黄門。文學家，善辭賦。揚，宋本、殿本作“楊”，本卷下文此人名同。

[5]桓譚：東漢沛國相（今安徽省濉溪縣）人，字君山。好音律，博學多識，遍及《五經》。西漢哀帝、平帝時任爲郎，後任更始政權太中大夫。東漢初被徵爲待詔。因反對讖緯神學被貶爲六安郡丞。

[6]陸績：三國時吴郡吴縣（今江蘇省蘇州市）人，字公紀。博學多識，任孫權奏曹掾，以直諫見嫌。後出爲鬱林太守，加偏將軍。在天文、《易》學、玄學方面均有著述。

[7]玄道遂名：名，宋本、殿本作“明”。

[8]君山：山，原本作“出”，宋本、殿本作“山”，據宋本、殿本、中華本校勘記改。

太康中，蜀土荒饉，開倉振貸。長文居貧，貸多，後無以償。郡縣切責，送長文到州。刺史徐幹捨之，不謝而去。後成都王穎引爲江源令。[1]或問：“前不降志，今何爲屈？”長文曰：“禄以養親，非爲身也。”梁王肜爲丞相，[2]引爲從事中郎。[3]在洛出行，輒著白旃小鄣以載車，[4]當時異焉。後終於洛。

[1]成都王穎：司馬穎，字章度，本書卷五九有傳。　江源：縣名，治所在今四川省崇慶縣東南江源鎮東。

［2］梁王肜：司馬肜，字子徽，本書卷三八有傳。　丞相：官名，原爲最高國務長官，魏晋時省置無常，或分置左、右，或稱大丞相，多用來安置權臣。

［3］從事中郎：官名，東漢時爲大將軍屬官，地位較高。魏晋時爲將軍府或公府屬官。六品。此爲丞相府從事中郎。

［4］白旃小鄣：白氈做的小屏風。

虞溥

虞溥，字允源，高平昌邑人也。[1]父祕，爲偏將軍，[2]鎮隴西。[3]溥從父之官，專心墳籍。時疆埸閲武，人争視之，溥未嘗寓目。郡察孝廉，除郎中，[4]補尚書都令史。[5]尚書令衛瓘、尚書褚䂮並器重之。[6]溥謂瓘曰："往者金馬啓符，[7]大晋應天，宜復先王五等之制，以綏久長。不可承暴秦之法，遂漢魏之失也。"瓘曰："歷代嘆此，而終未能改。"

［1］高平：郡名，治所在昌邑縣（今山東省巨野縣南）。

［2］偏將軍：官名，主將之副，在雜號將軍中地位較低。八品。

［3］隴西：郡名，治所原在狄道縣（今甘肅省臨洮縣），曹魏時徙治襄武縣（今甘肅省隴西縣東南）。

［4］郎中：官名，尚書省郎曹長官。位次尚書、左右丞，分曹執行政務。與"尚書郎"互稱。六品。

［5］尚書都令史：官名，兩晋南北朝皆置，位在令史上，屬尚書省。協助尚書左、右丞管理都省事務，監督諸曹尚書、尚書郎。八品。

［6］尚書令：官名，秦漢時爲尚書署長官。秩位雖低，權力甚重。魏晋時沿置，爲尚書省長官，綜理全國政務，參議大政，爲高

級政務長官。三品。　衛瓘：字伯玉，本書卷三六有傳。　尚書：官名，東漢尚書臺六曹各置尚書，秩六百石。魏晋出爲朝官，分掌尚書省諸曹，品秩提高。三品。　褚䂮：褚裒的祖父，任尚書、都督揚州諸軍事、安東將軍等職。

[7]金馬啓符：指晋朝建立。金爲晋朝的五行，故言。

稍遷公車司馬令，[1]除鄱陽内史。[2]大修庠序，[3]廣招學徒，移告屬縣曰：“學所以定情理性而積衆善者也。情定於内而行成於外，積善於心而名顯於教，故中人之性隨教而移，善積則習與性成。唐虞之時，皆比屋而可封，及其廢也，而云可誅，豈非化以成俗，教移人心者哉！自漢氏失御，天下分崩，江表寇隔，[4]久替王教，庠序之訓，廢而莫修。今四海一統，萬里同軌，熙熙兆庶，[5]咸休息乎太和之中，宜崇尚道素，廣開學業，以讚協時雍，[6]光揚盛化。”乃具爲條制。於是至者七百餘人。溥乃作誥以奬訓之，曰：

文學諸生皆冠帶之流，[7]年盛志美，始涉學庭，講修典訓，此大成之業、立德之基也。夫聖人之道淡而寡味，故始學者不好也。及至期月，所觀彌博，所習彌多，日聞所不聞，日見所不見，然後心開意朗，敬業樂群，忽然不覺大化之陶己，至道之入神也。故學之染人，甚於丹青。丹青吾見其久而渝矣，[8]未見久學而渝者也。

[1]公車司馬令：官名，省稱公車令。執掌皇宫司馬門警衛。

[2]鄱陽：郡名，治所在廣晋縣（今江西省鄱陽縣東北）。

内史：官名，西晋武帝太康十年（289）改諸王國相爲内史，掌管民政。五品。周家禄《晋書校勘記》認爲："晋制，以郡爲國，内史治民事，若郡太守。國除爲郡，復稱太守。然二名往往混淆，史家亦互稱之。"

[3]庠序：學校。

[4]江表：江外，指長江以南地區。

[5]熙熙兆庶：衆多百姓。

[6]讚協時雍：輔佐太平之世。

[7]冠帶：官紳。

[8]渝：掉色。

夫工人之染，先修其質，後事其色，質修色積，而染工畢矣。學亦有質，孝悌忠信是也。君子内正其心，外修其行，行有餘力，則以學文，文質彬彬，然後爲德。夫學者不患才不及，而患志不立，故曰希驥之馬，亦驥之乘，希顔之徒，[1]亦顔之倫也。又曰鍥而舍之，朽木不知；鍥而不舍，金石可虧。斯非其效乎！

[1]希顔之徒：希慕顔回的人。

今諸生口誦聖人之典，體閑庠序之訓，比及三年，可以小成。而令名宣流，雅譽日新，朋友欽而樂之，朝士敬而嘆之。於是州府交命，擇官而仕，不亦美乎！若乃含章舒藻，揮翰流離，稱述世務，探賾究奇，使楊班韜筆，[1]仲舒結舌，[2]亦惟才所居，固無常人也。然積一勺以成江河，累微塵以崇峻極，匪志匪勤，理無由濟也。諸生若絶人間之務，心專親學，累一以貫之，積漸以進之，則亦或遲或速，[3]或先或後耳。何滯而不通，何遠而不至邪！

時祭酒求更起屋行禮，[4]溥曰："君子行禮，無常處也，故孔子射於矍相之圃，而行禮於大樹之下。况今學庭庠序，高堂顯敞乎！"

[1]楊班：揚雄和班固。班固，東漢扶風安陵（今陝西省咸陽市東北）人，字孟堅，班彪子。任蘭臺令史，奉命撰寫東漢以來的史事，寫成《漢書》。和帝時隨竇憲出擊匈奴。後因竇憲失勢，受牽連而被捕入獄，死於獄中。　韜筆：把筆收藏起來，指不寫文章。

[2]仲舒：西漢廣川（今河北省景縣西南廣川鎮）人，少治《春秋》。景帝時任博士，武帝時任江都王相、中大夫。提出"罷黜百家、獨尊儒術"，被武帝采納。主治《公羊春秋》學，宣傳天人感應。

[3]或遲或速：速，宋本作"近"。

[4]祭酒：官名，此爲國子祭酒，國子學的長官，主管國子學，掌教授儒學、參議禮制。五品。

溥爲政嚴而不猛，風化大行，有白烏集于郡庭。注《春秋》經、傳，撰《江表傳》及文章詩賦數十篇。卒於洛，時年六十二。[1]子勃，過江上《江表傳》於元帝，詔藏于秘書。

[1]六十二：二，宋本作"三"。

司馬彪

司馬彪，字紹統，高陽王睦之長子也。[1]出後宣帝弟敏。少篤學不倦，然好色薄行，爲睦所責，故不得爲嗣，雖名出繼，實廢之也。彪由此不交人事，而專精學習，故得博覽群籍，終其綴集之務。初拜騎都尉。[2]泰始中，爲秘書郎，[3]轉丞。[4]注《莊子》，作《九州春秋》。以爲“先王立史官以書時事，載善惡以爲沮勸，撮教世之要也。是以《春秋》不修，則仲尼理之；《關雎》既亂，則師摯修之。[5]前哲豈好煩哉？蓋不得已故也。漢氏中興，訖于建安，忠臣義士亦以昭著，[6]而時無良史，記述煩雜，譙周雖已删除，然猶未盡，安順以下，[7]亡缺者多”。彪乃討論衆書，綴其所聞，起於世祖，終于孝獻，編年二百，録世十二，通綜上下，旁貫庶事，爲紀、志、傳凡八十篇，號曰《續漢書》。泰始初，武帝親祠南郊，[8]彪上疏定議，語在《郊祀志》。[9]後拜散騎侍郎。[10]惠帝末年卒，時年六十餘。

[1]高陽王睦：司馬睦，字子友，本書卷三七有傳。

[2]騎都尉：官名，最高位領騎兵之武職，不領兵時爲侍衛武官。因親近皇帝，多以侍中兼任。與駙馬都尉、奉車都尉並爲三都尉。六品。

[3]秘書郎：官名，秘書令屬官，掌管文書機要，亦掌整理典籍、考核舊文。六品。

[4]丞：官名，此爲秘書丞，秘書監次官。負責典籍圖書的管理和整理，爲清要之官，多由士族高門擔任。六品。

[5]師摯：春秋時魯國人，任太師。《論語·泰伯》：“子曰：

‘師摯之始，《關雎》之亂，洋洋乎盈耳哉！’”鄭玄注：“師摯，魯大師之名。始，猶首也。周道衰微，鄭、衛之音作，正樂廢而失節。魯大師摯識《關雎》之聲而首理其亂者，有洋洋盈耳，聽而美之。”

[6]亦以昭著：宋本無“以”字。

[7]安順：東漢安帝和順帝。漢安帝名劉祜，章帝孫。公元106至125年在位。漢順帝名劉保，安帝子，公元125至144年在位。

[8]南郊：祭天場所。

[9]語在《郊祀志》：中華本校勘記：“周校：本書有《禮志》，無《郊祀志》。《禮志》亦不載彪議。”

[10]散騎侍郎：官名，三國魏置。隸屬散騎省，侍從皇帝左右，顧問應對，諫諍拾遺，與散騎常侍、侍中等共平尚書奏事。五品。

初，譙周以司馬遷《史記》書周秦以上，或采俗語百家之言，不專據正經，周於是作《古史考》二十五篇，皆憑舊典，以糾遷之謬誤。彪復以周爲未盡善也，條《古史考》中凡百二十二事爲不當，多據《汲冢紀年》之義，亦行於世。

王隱

王隱，字處叔，陳郡陳人也。[1]世寒素。父銓，歷陽令，[2]少好學，有著述之志，每私録晋事及功臣行狀，[3]未就而卒。隱以儒素自守，不交勢援，博學多聞，受父遺業，西都舊事多所諳究。[4]

[1]陳郡：治所在陳縣（今河南省周口市淮陽區）。

[2]歷陽：縣名，治所在今安徽省和縣。

[3]晋事：事，宋本作“書”。

[4]西都：指洛陽。

建興中，過江，丞相軍諮祭酒涿郡祖納雅相知重。[1]納好博弈，[2]每諫止之。納曰：“聊用忘憂耳。”隱曰：“蓋古人遭時，則以功達其道；不遇，則以言達其才，故否泰不窮也。當今晋未有書，天下大亂，舊事蕩滅，非凡才所能立。君少長王都，[3]游宦四方，華夷成敗皆在耳目，何不述而裁之！應仲遠作《風俗通》，[4]崔子真作《政論》，[5]蔡伯喈作《勸學篇》，[6]史游作《急就章》，[7]猶行於世，便爲没而不朽。當其同時，人豈少哉？而了無聞，皆由無所述作也。故君子疾没世而無聞，《易》稱自强不息，况國史明乎得失之迹，何必博弈而後忘憂哉！”納喟然嘆曰：“非不説子之道，[8]力不足也。”乃上疏薦隱。元帝以草創務殷，未遑史官，遂寢不報。

[1]丞相軍諮祭酒：官名，丞相府屬官。參謀軍事，位在軍府諸僚佐之上。　涿郡：治所在涿縣（今河北省涿州市）。　祖納：字士言，本書卷六二有傳。

[2]博弈：弈，原本作“奕”，宋本、殿本作“弈”，據宋本、殿本改。本卷下文此字同。

[3]王都：王，宋本作“五”。

[4]應仲遠：應劭，三國時汝南南頓（今河南省項城市西南）人，字仲遠，應奉之子。博覽多聞，歷任車騎將軍掾、泰山太守等

職。撰《風俗通》傳於世。

［5］崔子真：崔寔，東漢博陵安平（今河北省安平縣）人，字子真，一名臺，字元始。歷任議郎、大將軍司馬、五原太守等職。著有《政論》《四民月令》傳世。

［6］蔡伯喈：蔡邕，東漢陳留圉（今河南省杞縣西南）人，字伯喈。好詞章、數術、天文，善音律、工琴藝。靈帝時任郎中、議郎。董卓擅政時召爲祭酒，遷尚書，拜左中郎將。董卓被誅後，王允將其收付廷尉，死於獄中。

［7］史游：西漢人，元帝時曾任黄門令。編撰《急就篇》，爲童蒙頌習識字讀物。

［8］説子之道：説，宋本、殿本作“悦”。

太興初，典章稍備，乃召隱及郭璞俱爲著作郎，[1]令撰晋史。豫平王敦功，[2]賜爵平陵鄉侯。時著作郎虞預私撰《晋書》，而生長東南，不知中朝事，數訪於隱，并借隱所著書竊寫之，所聞漸廣。是後更疾隱，形于言色。預既豪族，交結權貴，共爲朋黨，以斥隱，竟以謗免，黜歸于家。貧無資用，書遂不就，乃依征西將軍庾亮於武昌。[3]亮供其紙筆，書乃得成，詣闕上之。隱雖好著述，而文辭鄙拙，蕪舛不倫。其書次第可觀者，皆其父所撰；文體混漫義不可解者，隱之作也。年七十餘，卒於家。

［1］郭璞：字景純，本書卷七二有傳。

［2］王敦：字處仲，本書卷九八有傳。

［3］征西將軍：官名，東漢永元年間置，地位與雜號將軍、偏將軍、裨將軍等同。建安年間與征東、征南、征北將軍合稱四征將

軍，地位提高。三品，加持節都督者二品。　庾亮：字元規，本書卷七三有傳。　武昌：郡名，治所在武昌縣（今湖北省鄂州市鄂城區）。

隱兄瑚，字處仲。少重武節，成都王穎舉兵向洛，以爲冠軍參軍，[1]積功，累遷游擊將軍，[2]與司隸滿奮、河南尹周馥等俱屯大司馬門，[3]以衛宫掖。時上官巳縱暴，瑚與奮等共謀除之，反爲所害。

[1]冠軍參軍：官名，冠軍將軍府屬官。爲所在府署幕僚之長。七品。參軍，亦作參軍事，謂參謀軍事。兩晋公府、軍府皆置。

[2]游擊將軍：官名，禁軍將領，與驍騎將軍分領命中虎賁，掌宿衛之任。隸屬中領軍（領軍將軍）。四品。

[3]司隸：官名，即司隸校尉，三國魏時先治弘農，後治河南，轄司州所屬河南、河東、河内、弘農、平陽五郡。掌監察京師、糾察京都百官。西晋沿置。三品。　滿奮：西晋人，歷任司隸校尉、尚書令等職。　周馥：字祖宣，本書卷六一有傳。滿，宋本作“蒲”，殿本作“蒲”。　大司馬門：即司馬門，皇宫外門。

虞預

虞預，字叔寧，徵士喜之弟也，[1]本名茂，犯明穆皇后母諱，[2]故改焉。預十二而孤，少好學，有文章。餘姚風俗，[3]各有朋黨，宗人共薦預爲縣功曹，[4]欲使沙汰穢濁。預書與其從叔父曰：“近或聞諸君以預入仕，[5]便應委質，則當親事，不得徒已。然預下愚，過有所懷。邪黨互瞻，異同蜂至，一旦差跌，[6]衆鼓交鳴。毫釐之失，差以千里，此古人之炯戒，而預所大恐也。”

卒如預言，未半年，遂見斥退。

［1］徵士：不接受朝廷徵聘的隱士。　喜：虞喜，字仲寧，本書卷九一有傳。

［2］明穆皇后：庾文君，本書卷三二有傳。

［3］餘姚：縣名，治所在今浙江省餘姚市。

［4］縣功曹：官名，即縣功曹史。縣府屬官，執掌人事，參與縣政務。功曹史，官名，兩晋時，不開府將軍、太子二傅、特進、郡縣皆置。

［5］入仕：仕，宋本作“寺”。

［6］差跌：失足跌倒。

太守庾琛命爲主簿，[1]預上記陳時政所失，曰：“軍寇以來，賦役繁數，兼值年荒，百姓失業，是輕徭薄斂，[2]寬刑省役之時也。自頃長吏輕多去來，送故迎新，交錯道路。受迎者惟恐船馬之不多，見送者惟恨吏卒之常少。窮奢竭費謂之忠義，省煩從簡呼爲薄俗，轉相放效，流而不反，雖有常防，莫肯遵修。加以王塗未夷，所在停滯，送者經年，永失播植。一夫不耕，十夫無食，況轉百數，[3]所妨不訾。愚謂宜勒屬縣，若令尉先去官者，人船吏侍皆具條列，到當依法減省，使公私允當。又今統務多端，動加重制，每有特急，輒立督郵。[4]計今直兼三十餘人，人船吏侍皆當出官，益不堪命，宜復減損，嚴爲之防。”琛善之，即皆施行。太守紀瞻到，[5]預復爲主簿，轉功曹史。[6]察孝廉，不行。安東從事中郎諸葛恢、參軍庾亮等薦預，[7]召爲丞相行參軍兼記室。[8]遭母憂，服竟，除佐著作郎。

[1]庾琛：字子美，本書卷九三有傳。　主簿：官名，此爲郡府屬官。典領文書籍簿、省録衆事，職權甚重。

[2]輕傜薄斂：傜，宋本、殿本作“繇”。

[3]沉轉百數：沉，宋本、殿本作“況”。

[4]督郵：官名，郡府屬吏。本名督郵書掾，或謂督郵曹掾，省稱郵掾、督郵。掌督送郵書，此外還代表郡守督查諸縣、宣達教令，兼及按擊盜賊、點録囚徒、催繳租賦等。不由朝廷任命，守相自辟，職權甚重。督郵分部，有二部、三部、四部、五部不等。其職名或冠以東、西、南、北、中，或稱五部督郵。

[5]紀瞻：字思遠，本書卷六八有傳。

[6]功曹史：官名，晋朝不開府將軍、太子二傅、特進、郡縣皆置的屬官，掌吏員賞罰任免事宜。

[7]安東：官名，即安東將軍，東漢建安年間置，與安西、安南、安北將軍合稱四安將軍，爲出鎮某一地區的軍事長官，或作爲刺史等兼理軍務的加官，權任頗重。三品，加持節都督者二品。東，宋本作“惠”。　諸葛恢：字道明，本書卷七七有傳。

[8]行：兼攝官職。　記室：官名，記室令史、記室督、記室參軍、中記室參軍等官職的省稱。

太興二年，大旱，詔求讜言直諫之士。預上書諫曰：

大晋受命，于今五十餘載。自元康以來，王德始闕，[1]戎翟及於中國，[2]宗廟焚爲灰燼，千里無烟爨之氣，華夏無冠帶之人，自天地開闢，書籍所載，大亂之極未有若兹者也。

[1]始闕：闕，宋本作“缺”。

[2]戎翟：即戎狄，泛指北方和西北地區的少數民族。

陛下以聖德先覺，超然遠鑒，作鎮東南，聲教遐被，上天眷顧，人神贊謀，雖云中興，其實受命，少康、宣王誠未足喻。[1]然《南風》之歌可著，[2]而陵遲之俗未改者，[3]何也？臣愚謂爲國之要在於得才，得才之術在於抽引。苟其可用，仇賤必舉。高宗、文王思佐發夢，[4]拔巖徒以爲相，載釣老而師之。下至列國，亦有斯事，故燕重郭隗而三士競至，[5]魏式干木而秦兵退舍。[6]今天下雖弊，人士雖寡，十室之邑，必有忠信，世不乏驥，求則可致。而束帛未賁於丘園，[7]蒲輪頓轂而不駕，[8]所以大化不洽而雍熙有闕者也。

[1]少康：夏王，相之子。夏太康失位，后羿取代夏政，寒浞又殺后羿。夏相之后緡逃回母家，生少康。後夏臣伯靡聚衆殺寒浞，迎少康復位。史稱少康中興。　宣王：西周王，姬姓，名静。厲王之子，公元前827至前782年在位。早年勵精圖治，有宣王中興之譽，晚年窮兵黷武，國勢漸衰。

[2]《南風》之歌：古代樂曲名，相傳爲虞舜所作。《禮記·樂記》：“昔者舜作五弦之琴，以歌《南風》。”《孔子家語·辨樂解》：“昔者舜彈五弦之琴，造《南風》之詩。其詩曰：‘南風之薰兮，可以解吾民之愠兮；南風之時兮，可以阜吾民之財兮。’”

[3]陵遲之俗：頽廢的風俗。

[4]高宗、文王思佐發夢：殷高宗和周文王渴求人才之事。高宗即殷王武丁，又稱殷武，商王，名昭，小乙之子。《史記》卷三

《殷本紀》載，武丁夜夢得聖人，名曰説。群臣百官都不是夢中人，便命人在朝廷以外尋求，結果發現一個版築城墻的刑徒，與夢中所見一樣，便舉以爲相，使殷國大治。《史記》卷三二《齊太公世家》載，周文王將出獵，占卜，得知將得人才，乃出獵，果遇太公於渭之陽，與語大説，曰："自吾先君太公曰'當有聖人適周，周以興'。子真是邪？吾太公望子久矣。"故號之曰"太公望"，載與俱歸，立爲師。

[5]燕重郭隗而三士競至：《史記》卷三四《燕召公世家》："燕昭王於破燕之後即位，卑身厚幣以招賢者。謂郭隗曰：'齊因孤之國亂而襲破燕，孤極知燕小力少，不足以報。然誠得賢士以共國，以雪先王之耻，孤之願也。先生視可者，得身事之。'郭隗曰：'王必欲致士，先從隗始。况賢於隗者，豈遠千里哉！'於是昭王爲隗改築宫而師事之。樂毅自魏往，鄒衍自齊往，劇辛自趙往，士争趨燕。"

[6]魏式干木而秦兵退舍：事見《吕氏春秋·期賢篇》：魏文侯請段干木出仕相國，段干木不肯，於是魏文侯乃致禄百萬並時常去看他。於是國人皆喜，相與誦之曰："吾君好正，段干木之敬。吾君好忠，段干木之隆。"不久，秦國興兵欲攻魏，司馬唐諫秦君曰："段干木，賢者也，而魏禮之，天下莫不聞，無乃不可加兵乎？"秦君以爲然，乃按兵輟不敢攻之。

[7]束帛未賁於丘園：没有用絹帛去請隱居的人才。丘園，隱居。

[8]蒲輪頓轂而不駕：没有用安車延請人才。蒲輪，用蒲草裹在車輪上，以防顛簸。安車蒲輪常用爲延請人才之典。

預以寇賊未平，當須良將，又上疏曰：

臣聞承平之世，其教先文，撥亂之運，非武不克；故牧野之戰，[1]吕望杖鉞；[2]淮夷作難，召伯專征；[3]玁狁爲暴，[4]衛霍長驅。[5]故陰陽不和，擢士爲相；三軍不勝，拔卒爲將。漢帝既定天下，猶思猛士以守四方；孝文志存鉅鹿，[6]馮唐進説，魏尚復守。[7]《詩》稱“赳赳武夫，公侯干城”，[8]折衝之佐，[9]豈可忽哉！况今中州荒弊，百無一存，牧守官長非戎貊之族類，即寇竊之幸脱。陛下登阼，威暢四遠，故令此等反善向化。然狼子獸心，輕薄易動，羯虜未殄，益使難安。周撫、陳川相係背叛；[10]徐龕驕黠，[11]無所拘忌，放兵侵掠，罪已彰灼。

[1]牧野：指今河南省淇縣以西、衛輝市以北地區。周武王與商軍曾在此大戰。《尚書·武成》：“會於牧野，罔有敵於我師，前徒倒戈，攻於後以北，血流漂杵。”

[2]吕望：又稱太公望、吕尚。西周開國大臣，姜姓，吕氏，字子牙。助文王興國，佐武王滅商。

[3]召伯：周召公，姬姓，名奭，成王時三公之一。

[4]玁狁：古代北方少數民族名，即後來的匈奴。

[5]衛：衛青，西漢河東平陽（今山西省臨汾市西南）人，字仲卿。本姓鄭，因父以縣吏給事平陽侯家，與主家婢女衛氏私通，生青，遂冒衛姓。少爲平陽侯家騎從，後因姊衛子夫受漢武帝寵幸，因得爲侍中。後任車騎將軍擊匈奴有功，官至大將軍、大司馬。　霍：霍去病，西漢河東平陽（今山西省臨汾市西南）人。漢武帝衛皇后姊少兒之子。初爲侍中，從大將軍衛青擊匈奴有功，封冠軍侯。後任驃騎將軍、大司馬，寵信在衛青之上。卒謚景桓侯。　長驅：驅，殿本作“樞”。

[6]鉅鹿：郡名，秦始皇時置，治所在巨鹿縣（今河北省平鄉

縣西南)。

[7]“馮唐進説”句:馮唐,西漢安陵(今陝西省咸陽市西北)人,文帝時任郎中屬長。文帝曾對馮唐説自己在代郡的時候,尚食監高袪多次向其講述趙將李齊戰於鉅鹿的事,至今自己每當吃飯時,就想起李齊和鉅鹿之戰。馮唐表示李齊不如廉頗、李牧之爲將。文帝於是感慨得不到廉頗、李牧這樣的將領。馮唐便藉此批評文帝有廉頗、李牧而不能用,並以對魏尚處賞罰不當爲例。文帝接受了馮唐的批評,重新啓用了魏尚。

[8]“赳赳武夫”句:語見《詩·周南·兔罝》:“肅肅兔罝,椓之丁丁。赳赳武夫,公侯干城。肅肅兔罝,施于中逵。赳赳武夫,公侯好仇。肅肅兔罝,施于中林。赳赳武夫,公侯腹心。”

[9]折衝之佐:制敵取勝之將佐。

[10]周撫:東晋彭城内史,太興元年(318)殺沛國内史周默反叛,次年被太山太守徐龕斬殺。　陳川:東晋龍驤將軍,太興二年叛投石勒。

[11]徐龕:東晋太山太守,太興二年以郡叛,自號兖州刺史。數次降而復叛。

昔葛伯違道,湯獻之牛;[1]吴濞失禮,錫以几杖,[2]惡成罪著,方復加戮。龕之小醜,可不足滅。[3]然豫備不虞,古之善教,矧乃有虞,可不爲防!爲防之術,宜得良將。將不素簡,難以應敵。壽春無鎮,[4]祖逖孤立,[5]前有勁虜,後無係援,雖有智力,非可持久。願陛下諮之群公,博舉於衆。若當局之才,必允其任,[6]則宜獎厲,使不顧命。旁料冗猥,[7]或有可者,厚加寵待,足令忘身。昔英布見慢,[8]恚欲自裁,出觀供置,然後致力。禮遇之恩，可不隆哉！

［1］“葛伯違道”句：《孟子·滕文公下》載孟子曰：“湯居亳，與葛爲鄰。葛伯放而不祀，湯使人問之曰：‘何爲不祀？’曰：‘無以供犧牲也。’湯使遺之牛羊，葛伯食之，又不以祀。湯又使人問之曰：‘何爲不祀？’曰：‘無以供粢盛也。’湯使亳衆往爲之耕，老弱饋食。葛伯率其民，要其有酒食黍稻者奪之，不授者殺之。有童子以黍肉餉，殺而奪之。《書》曰‘葛伯仇餉’，此之謂也。”

［2］“吴濞失禮”句：《史記》卷一〇六《吴王濞列傳》：西漢吴王劉濞因太子死怨恨於孝文帝，多次稱病不朝，失朝覲之禮。文帝知其以子故稱病不朝，驗問實不病，諸吴使來，輒繫責治之。吴王恐，爲謀滋甚。後來吴王使者對文帝説：“王實不病，漢繫治使者數輩，以故遂稱病。且夫‘察見淵中魚，不祥’。今王始詐病，及覺，見責急，愈益閉，恐上誅之，計乃無聊。唯上棄之而與更始。”於是文帝赦吴使者歸之，而賜吴王几杖，允許其不朝。吴得釋其罪，謀亦益解。

［3］可不足滅：可不足，宋本作“何足不”。

［4］壽春：縣名，治所在今安徽省壽縣東南。

［5］祖逖：字士稚，本書卷六二有傳。

［6］必允其任：任，宋本作“往”，殿本作“仕”。

［7］旁料冗猥：近旁低微卑賤的雜役。

［8］英布見慢：英布，秦末人，因受過黥刑，又名黥布。先爲項羽手下，後投劉邦。漢王五年，與劉賈入九江，誘降楚王大司馬周殷，舉九江兵會垓下，大破楚軍。被封爲九江王，後被劉邦所殺。《史記》卷九一《黥布列傳》載：“淮南王至，上方踞床洗，召布入見，布大怒，悔來，欲自殺。”

誠知山河之量非塵露可益，神鑒之慮非愚淺所測；然匹夫嫠婦猶有憂國之言，況臣得厠朝堂之末，[1]蒙冠帶之榮者乎！

轉琅邪國常侍，[2]遷秘書丞、著作郎。

[1]朝堂之末：宋本作“朝者末”。

[2]琅邪國：封國名，東晋僑置於今江蘇省南京市栖霞區。常侍：此爲王國常侍，王公等國所置的屬官，侍從王公左右，備顧問應對，贊相禮儀，獻替諫諍。八品。

咸和初，夏旱，詔衆官各陳致雨之意。預議曰：

臣聞天道貴信，地道貴誠。誠信者，蓋二儀所以生植萬物，人君所以保乂黎蒸。是以殺伐擬於震電，推恩象於雲雨。刑罰在於必信，慶賞貴於平均。臣聞間者以來，刑獄轉繁，多力者則廣牽連逮，以稽年月；無援者則嚴其檟楚，[1]期於入重。是以百姓嗷然，感傷和氣。臣愚以爲輕刑耐罪，宜速决遣，殊死重囚，重加以請。寬徭息役，務遵節儉，砥礪朝臣，使各知禁。

[1]檟楚：用檟木荆條制成的刑具，用以笞打。

蓋老牛不犧，[1]禮有常制，而自頃衆官拜授祖贈，轉相夸尚，屠殺牛犢，動有十數，醉酒流湎，[2]無復限度，傷財敗俗，所虧不少。

[1]老牛不犧：不殺老牛作爲祭祀的犧牲。

[2]流湎：流，殿本作“沉”。

昔殷宗修德以消桑穀之異，[1]宋景善言以退熒惑之變，[2]楚國無灾，莊王是懼。[3]盛德之君，未嘗無眚，[4]應以信順，天祐乃隆。臣學見淺暗，言不足采。

[1]殷宗修德以消桑穀之異：殷宗即殷高宗，又稱太戊。《史記》卷三《殷本紀》：“亳有祥桑穀共生於朝，一暮大拱。帝太戊懼，問伊陟。伊陟曰：‘臣聞妖不勝德，帝之政其有闕與？帝其修德。’太戊從之，而祥桑枯死而去。”

[2]宋景善言以退熒惑之變：宋景公時，火星出現在心宿的位置上。占星者子韋對景公表示心宿代表着宋國的版圖，火星出現在那裏，預示天要懲罰宋國君主。但是占星者有辦法把灾禍轉移到宰相身上。景公説宰相是治理國家的重臣，不可。子韋又説可以移禍於百姓，宋景公反問百姓都死了，他當誰的君主。子韋又説移禍於當年的收成，宋景公説收成受禍必發生饑荒，發生饑荒百姓必被餓死。作爲君主用殺害百姓的辦法使自己活命，誰還以其爲君主。子韋便景公恭恭敬敬地施了個禮，説天居高而聽卑，王剛剛所作的三種回答，都是至德至善之言，天一定都聽見了，一定會加以賞賜。當夜火星一定會移開心宿三舍，景公的生命也將延長二十一年。事見《史記》卷三八《宋微子世家》。

[3]“楚國無灾”句：事見《説苑·君道》：“楚莊王既服鄭伯，敗晋師，將軍子重三言而不當。莊王歸，過申侯之邑，申侯進飯，日中而王不食，申侯請罪，莊王喟然嘆曰：‘吾聞之：其君賢者也，而又有師者王；其君中君也，而又有師者霸；其君下君也，而群臣又莫若君者亡。今我，下君也，而群臣又莫若不穀，不穀恐亡。且世不絶聖，國不絶賢，天下有賢而我獨不得，若吾生者，何

以食爲!’”

[4]無眚：没有灾難。

從平王含,[1]賜爵西鄉侯。蘇峻作亂,[2]預先假歸家，太守王舒請爲諮議參軍。[3]峻平，進爵平康縣侯，遷散騎侍郎，著作如故。除散騎常侍,[4]仍領著作。以年老歸，卒于家。

[1]王含：字處弘，王敦兄，歷任衛將軍、都督沔南軍事、領南蠻校尉、荆州刺史、征東將軍、都督揚州江西諸軍事等職，王敦兵敗後，被王舒沉江淹死。

[2]蘇峻：字子高，本書卷一〇〇有傳。

[3]王舒：字處明，本書卷七六有傳。　諮議參軍：官名，兩晋時大將軍府、丞相府、公府、位從公府、州軍府均有置者，掌顧問謀議。

[4]散騎常侍：官名，三國魏文帝黄初年間置，侍從皇帝左右，諫諍得失，顧問應對，與侍中等共平尚書奏事。也用作宰相、諸公等加官，入宫議政。三品。

預雅好經史，憎疾玄虚，其論阮籍裸袒,[1]比之伊川被髮,[2]所以胡虜遍於中國，以爲過衰周之時。著《晋書》四十餘卷、《會稽典録》二十篇、《諸虞傳》十二篇，皆行於世。所著詩賦碑誄論難數十篇。

[1]阮籍：字嗣宗，本書卷四九有傳。

[2]伊川被髮：事見《左傳・僖公二十二年》：“初，平王之東遷也，辛有適伊川，見被發而祭於野者，曰：‘不及百年，此其戎

乎！其禮先亡矣。’”

孫盛

孫盛，字安國，太原中都人。[1]祖楚，馮翊太守。[2]父恂，[3]潁川太守。[4]恂在郡遇賊，被害。盛年十歲，避難渡江。及長，博學，善言名理。于時殷浩擅名一時，[5]與抗論者，惟盛而已。盛嘗詣浩談論，對食，奮擲麈尾，毛悉落飯中，食冷而復暖者數四，至暮忘餐，理竟不定。盛又著醫卜及《易象妙於見形論》，浩等竟無以難之，由是遂知名。

[1]太原：郡名，治所在晋陽縣（今山西省太原市西南）。中都：縣名，治所在今山西省平遥縣西南。

[2]馮翊：郡名，三國魏以左馮翊改置，治所在臨晋縣（今陝西省大荔縣）。

[3]恂：孫恂，本書卷三八《司馬歆傳》、卷五六《孫楚傳》皆作“孫洵”。

[4]潁川：郡名，治所在許昌縣（今河南省許昌市東）。潁，原本作“穎”，宋本、殿本作“潁”，據宋本、殿本改。

[5]殷浩：字深源，本書卷七七有傳。

起家佐著作郎，以家貧親老，求爲小邑，出補瀏陽令。[1]太守陶侃請爲參軍。[2]庾亮代侃，引爲征西主簿，[3]轉參軍。[4]時丞相王導執政，[5]亮以元舅居外，南蠻校尉陶稱讒構其間，[6]導、亮頗懷疑貳。盛密諫亮曰：“王公神情朗達，常有世外之懷，豈肯爲凡人事邪！此必佞邪之徒欲間内外耳。”亮納之。庾翼代亮，[7]以盛爲安西諮議參軍,[8]尋遷廷尉正。[9]會桓温代翼,[10]留盛爲參軍,與俱伐蜀。軍次彭模,[11]温自以輕兵入蜀。盛領羸老輜重在後,賊數千忽至,衆皆遑遽。盛部分諸將,并力距之,應時敗走。蜀平,賜爵安懷縣侯,累遷温從事中郎。從入關平洛,以功進封吴昌縣侯,出補長沙太守。[12]以家貧,頗營資貨,部從事至部察知之,[13]服其高名而不劾之。[14]盛與温箋,而辭旨放蕩,稱州遣從事觀采風聲,進無威鳳來儀之美,退無鷹鸇搏擊之用,徘徊湘川,將爲怪鳥。温得盛箋,復遣從事重按之,贓私狼籍,檻車收盛到州,捨而不罪。累遷秘書監,[15]加給事中。年七十二卒。

[1]瀏陽:縣名,治所在今湖南省瀏陽市東北官渡。

[2]陶侃:字士行,本書卷六六有傳。

[3]征西主簿:官名,征西將軍府屬官。典領文書籍簿,省録衆事,職權甚重。

[4]轉參軍:宋本無"轉"字。

[5]王導:字茂弘,本書卷六五有傳。

[6]南蠻校尉:官名,又稱護南蠻校尉,府鎮襄陽,東晋改鎮江陵。掌荆州及江州少數民族事務,統兵。四品。　陶稱:陶侃子,本書卷六六有傳。

[7]庾翼:字稚恭,本書卷七三有傳。

[8]安西諮議參軍:官名,安西將軍府屬官。掌咨詢謀議軍事,位在諸參軍之上。

[9]廷尉正:官名,廷尉副貳,高級審判官員,地位相當於列卿丞。可代表廷尉參加詔獄會審,或獨立决斷疑獄、平反冤案,參議案例律條。六品。

[10]桓温：字元子，本書卷九八有傳。

[11]彭模：彭模城，又稱彭亡城、彭亡聚、平模城，位於今四川省眉山市彭山區東南岷江東岸。

[12]長沙：郡名，治所在臨湘縣（今湖南省長沙市）。

[13]部從事：官名，即州部從事，州部屬吏。東漢稱從事史，由州部長官自己選拔任命。部，宋本、殿本作“郡”。

[14]高名：名，殿本作“明”。

[15]秘書監：官名，秘書省長官，掌管藝文圖籍、課試署吏，統著作局，掌國史修撰並管理中外三閣圖書。三品。

盛篤學不倦，自少至老，手不釋卷。著《魏氏春秋》《晋陽秋》，[1]并造詩賦論難復數十篇。《晋陽秋》詞直而理正，咸稱良史焉。既而桓温見之，怒謂盛子曰：“枋頭誠爲失利，何至乃如尊君所説！若此史遂行，自是關君門户事。”其子遽拜謝，謂請删改之。[2]時盛年老還家，性方嚴有軌憲，雖子孫班白，[3]而庭訓愈峻。至此，諸子乃共號泣稽顙，請爲百口切計。盛大怒。諸子遂爾改之。[4]盛寫兩定本，寄於慕容儁。[5]太元中，孝武帝博求異聞，始於遼東得之，[6]以相考校，多有不同，書遂兩存。子潛、放。[7]

[1]《晋陽秋》：即《晋春秋》。東晋時因避簡文帝母鄭太后阿春諱，改春爲“陽”。

[2]謂請：謂，宋本作“因”。

[3]班白：白，殿本作“曰”。

[4]遂爾改之：爾，殿本作“竊”。

[5]寄於慕容儁：儁，殿本作“雋”。中華本校勘記：“《考

異》：枋頭之役在慕容暐時，儁已先死久矣。”

[6]遼東：郡名，治所在襄平縣（今遼寧省遼陽市）。

[7]子潛、放：宋本無“放”字。

潛，[1]字齊由，爲豫章太守。[2]殷仲堪之討王國寶也，[3]潛時在郡，仲堪逼以爲諮議參軍，固辭不就，以憂卒。

[1]潛：宋本無此字。

[2]豫章：郡名，治所在南昌縣（今江西省南昌市）。

[3]殷仲堪：本書卷八四有傳。　王國寶：王坦之第三子，本書卷七五有傳。

放，[1]字齊莊，幼稱令慧。年七八歲，在荆州，[2]與父俱從庾亮獵，亮謂曰：“君亦來邪？”應聲答曰：“無小無大，從公于邁。”[3]亮又問：“欲齊何莊邪？”放曰：“欲齊莊周。”亮曰：“不慕仲尼邪？”答曰：“仲尼生而知之，非希企所及。”亮大奇之，曰：“王輔嗣弗過也。”[4]庾翼子爰客嘗候盛，[5]見放而問曰：“安國何在？”放答曰：“庾稚恭家。”[6]爰客大笑曰：“諸孫大盛，[7]有兒如此也！”放又曰：“未若諸庾翼翼。”既而語人曰：[8]“我故得重呼奴父也。”終於長沙相。[9]

[1]放：宋本於“放”字上有“次子”二字。

[2]荆州：三國時曹魏治所在新野縣（今河南省新野縣），孫吴治所在江陵縣（今湖北省江陵縣），西晋統一後治所在江陵縣（今湖北省江陵縣）。

［3］從公于邁：語出《詩·魯頌·泮水》："思樂泮水，薄采其芹。魯侯戾止，言觀其旂。其旂茷茷，鸞聲噦噦。無小無大，從公于邁。"孫放借用此詩句意爲人無論大小，都跟隨父親的脚步。

［4］王輔嗣：王弼：三國魏山陽高平（今山東省鄒城市西南）人，字輔嗣。玄學家，與何晏、夏侯玄等開玄學清談之風，史稱"正始之音"。著有《老子注》《老子指略》《周易注》《周易略例》等。

［5］爰客：宋本作"愛客"。中華本校勘記："《庾翼傳》作'爰之'。"

［6］庾稚恭：古人當面稱其父的名字爲無禮行爲，此處孫放稱庾翼字，作爲庾爰客無禮在先的回擊。

［7］大盛：大，宋本作"太"。

［8］既而語人曰：宋本無"既"字。

［9］相：官名，郡國相，也稱内史。五品。

干寶

干寶，字令升，新蔡人也。[1]祖統，吴奮武將軍、都亭侯。[2]父瑩，丹楊丞。[3]寶少勤學，博覽書記，以才器召爲著作郎。[4]平杜弢有功，[5]賜爵關内侯。

［1］新蔡：郡名，治所在新蔡縣（今河南省新蔡縣）。

［2］奮武將軍：官名，雜號將軍，地位較高。四品。

［3］丹楊丞：官名，一作丹楊尹丞，丹楊尹屬官。七品。楊，原本、殿本作"陽"，宋本作"楊"，據宋本改。

［4］以才器召爲著作郎：中華本校勘記："周校：'著作'上脱'佐'字。按：下文王導疏可證。"

［5］杜弢：字景文，本書卷一〇〇有傳。

中興草創，未置史官，中書監王導上疏曰：[1]“夫帝王之迹，莫不以書，[2]著爲令典，垂之無窮。宣皇帝廓定四海，武皇帝受禪於魏，至德大勛，等踪上聖，[3]而紀傳不存於王府，德音未被乎管絃。陛下聖明，當中興之盛，宜建立國史，撰集帝紀，上敷祖宗之烈，下紀佐命之勛，務以實録，爲後代之準，厭率土之望，[4]悦人神之心，斯誠雍熙之至美，王者之弘基也。宜備史官，敕佐著作郎干寶等漸就撰集。”元帝納焉。寶於是始領國史。以家貧，求補山陰令，[5]遷始安太守。[6]王導請爲司徒右長史，[7]遷散騎常侍。著《晋紀》，自宣帝迄于愍帝五十三年，凡二十卷，[8]奏之。其書簡略，直而能婉，咸稱良史。

[1]中書監：官名，中書省長官之一。三國魏文帝初年分秘書置中書省，長官爲中書監、中書令。掌收納奏章、草擬詔令。平常不分高下，入朝時監略高於令。三品。

[2]莫不以書：以，宋本、殿本作“必”。

[3]等踪上聖：宋本無“上”字。

[4]厭率土之望：滿足全國百姓的盼望。

[5]山陰：縣名，治所在今浙江省紹興市。

[6]始安：郡名，孫吴孫皓置，治所在始安縣（今廣西壯族自治區桂林市）。

[7]司徒右長史：官名，司徒府置長史，分左、右，領府中各曹。六品。

[8]凡二十卷：二，宋本作“三”。

性好陰陽術數，留思京房、夏侯勝等傳。[1]寶父先有所寵侍婢，母甚妒忌，及父亡，母乃生推婢於墓中。寶兄弟年小，不之審也。後十餘年，母喪，開墓，而婢伏棺如生，載還，經日乃蘇。言其父常取飲食與之，恩情如生。在家中吉凶輒語之，考校悉驗，地中亦不覺爲惡。既而嫁之，生子。又寶兄嘗病氣絶，積日不冷，後遂悟，[2]云見天地間鬼神事，如夢覺，不自知死。寶以此遂撰集古今神祇靈異人物變化，名爲《搜神記》，凡二十卷。[3]以示劉惔，[4]惔曰："卿可謂鬼之董狐。"[5]寶既博采異同，遂混虚實，因作序以陳其志曰：

雖考先志於載籍，收遺逸於當時，蓋非一耳一目之所親聞睹也，亦安敢謂無失實者哉！衛朔失國，二《傳》互其所聞；[6]吕望事周，子長存其兩説，[7]若此比類，往往有焉。從此觀之，聞見之難一，由來尚矣。夫書赴告之定辭，據國史之方策，猶尚若兹，況仰述千載之前，記殊俗之表，綴片言於殘闕，[8]訪行事於故老，將使事不二迹，言無異塗，然後爲信者，固亦前史之所病。然而國家不廢注記之官，學士不絶誦覽之業，豈不以其所失者小，所存者大乎！今之所集，設有承於前載者，則非余之罪也。若使采訪近世之事，苟有虚錯，願與先賢前儒分其譏謗。及其著述，亦足以明神道之不誣也。

[1]京房：西漢東郡頓丘（今河南省清豐縣西南）人，字君明。本姓李。善治《易》。元帝時多次以灾異推論時政。後被中書令石顯誹謗治罪，下獄死。著作甚多，《漢書》卷三〇《藝文志》

著録其《孟氏京房》十一篇、《灾異孟氏京房》六十六篇、《京氏段嘉》十二篇。　夏侯勝：西漢東平（今山東省東平縣）人，字長公。從夏侯始昌學《尚書》《洪範五行傳》，學問精湛，世稱“大夏侯”。昭帝時爲博士、光禄大夫。一度因非議武帝政策而入獄，被赦後復任諫大夫、給事中、長信少府、太子太傅等職。

[2]後遂悟：悟，殿本作“寤”。

[3]凡二十卷：二，宋本作“三”。

[4]劉惔：字真長，本書卷七五有傳。

[5]鬼之董狐：董狐，亦稱史狐，春秋時晋國太史。《左傳·宣公二年》晋靈公十四年（前 607），晋靈公謀害趙盾，趙盾逃亡。剛逃到邊境，聽説晋靈公已被趙穿殺死，就返回朝廷。董狐記道：“趙盾弑其君。”趙盾否認，董狐説：“子爲正卿，亡不越境，反不討賊，非子而誰？”孔子稱之爲“古之良史”。此處稱干寶爲記載靈異事件的史家。

[6]“衛朔失國”句：衛朔即春秋時衛惠公，名朔，公元前 699 至前 697 年、前 686 至前 669 年兩度在位。其間因違王命出奔齊，公子黔牟當國。後惠公復位，黔牟奔周。此事《春秋公羊傳》和《春秋穀梁傳》均有記載。

[7]“吕望事周”句：吕望輔佐周王之事，除文王發現吕望於渭水之濱，司馬遷《史記》還記載其他兩種説法：或曰，吕望曾侍奉商紂王，見其無道，去之。游説諸侯，無所遇，而卒西歸周西伯。或曰，吕尚處士，隱海濱。周文王被拘羑里，散宜生、閎夭、吕尚三人獻給紂王美女奇物，將周文王贖出。

[8]綴片言於殘闕：宋本作“又片言於殘缺”。

群言百家不可勝覽，耳目所受不可勝載，今粗取足以演八略之旨，[1]成其微説而已。幸將來好事之士録其根體，有以游心寓目而無尤焉。

寶又爲《春秋左氏義外傳》，注《周易》《周官》凡數十篇，及雜文集皆行於世。

［1］演：宋本作“寅”。　八略：關於“八略”，有梁啓超“小説略説”、李劍國“佛道略説”和小南一郎“篇目總稱説”三種。雲南大學王婧璿認爲“篇目總稱説”可取。（參見王婧璿《〈搜神記序〉“八略”考釋》，《河北北方學院學報》2015年第6期）

鄧粲

鄧粲，長沙人。少以高絜著名，與南陽劉驎之、南郡劉尚公同志友善，[1]並不應州郡辟命。荊州刺史桓冲卑辭厚禮請粲爲别駕，[2]粲嘉其好賢，乃起應召。驎之、尚公謂之曰：“卿道廣學深，衆所推懷，忽然改節，誠失所望。”粲笑答曰“足下可謂有志於隱而未知隱。夫隱之爲道，朝亦可隱，市亦可隱。隱初在我，不在於物。”尚公等無以難之，然粲亦於此名譽減半矣。後患足疾，不能朝拜，求去職，不聽，令卧視事。後以病篤，乞骸骨，許之。

［1］南陽：郡名，治所在宛縣（今河南省南陽市）。　劉驎之：字子驥，本書卷九四有傳。　南郡：治所在江陵縣（今湖北省江陵縣）。

［2］桓冲：字幼子，本書卷七四有傳。

粲以父騫有忠信言而世無知者，乃著《元明紀》十篇，注《老子》，並行於世。

謝沉

謝沉，字行思，會稽山陰人也。[1]曾祖斐，吴豫章太守。父秀，吴翼正都尉。[2]沉少孤，事母至孝，博學多識，明練經史。郡命爲主簿、功曹，察孝廉，太尉郗鑒辟，[3]並不就。會稽内史何充引爲參軍，[4]以母老去職。平西將軍庾亮命爲功曹，[5]征北將軍蔡謨版爲參軍，[6]皆不就。閑居養母，不交人事，[7]耕耘之暇，研精墳籍。康帝即位，朝議疑七廟迭毁，[8]乃以太學博士徵，[9]以質疑滯。以母憂去職。服闋，[10]除尚書度支郎。[11]

[1]會稽：郡名，治所在山陰縣（今浙江省紹興市）。

[2]翼正都尉：官名，三國孫吴置，與左輔都尉、右弼都尉、輔正都尉合稱太子四友，共同輔佐太子。

[3]太尉：官名，曹操爲丞相後，太尉府屬官歸相府，晋時太尉雖爲八公之一、三公之首，實爲名譽宰相，多爲大臣加官。一品。　郗鑒：字道徽，本書卷六七有傳。郗，原本、宋本、殿本作“郄”，據其本傳及中華本改。

[4]何充：字次道，本書卷七七有傳。

[5]平西將軍：官名，與平北、平南、平東將軍合稱四平將軍，權任很重，多持節都督或監某一地區的軍事，有時亦作爲刺史等地方官員兼理軍務的加官。三品，加持節都督者二品。　庾亮：亮，宋本作“冰”。

[6]征北將軍：官名，與征東、征西、征南將軍合稱四征將軍。三國魏蜀吴兩晋皆置，出鎮方面，地位顯要。三品，加持節都督者二品。　蔡謨：字道明，本書卷七七有傳。　版爲參軍：版，宋本作“牒”。

[7]不交人事：交，殿本作“受”。

[8]七廟：古代禮制，天子七廟。魏晋南北朝以前，無嚴格意義的皇家七廟制度。三國以後鄭玄、王肅又對七廟制度有各自的解釋。鄭玄認爲七廟包括始祖、二祧、兩昭、兩穆。王肅認爲是太祖、二祧、兩昭、兩穆。實踐中按照王肅主張的居多。

[9]太學博士：學官，掌經學傳授、參議禮儀制度。六品。

[10]服闋：守喪期滿除去孝服。

[11]尚書度支郎：官名，簡稱度支郎，亦稱度支郎中，尚書省度支曹屬官，資深勤能者可轉爲侍郎。隸屬度支尚書。六品。

何充、庾冰並稱沉有史才，遷著作郎，撰《晋書》三十餘卷。會卒，時年五十二。沉先著《後漢書》百卷及《毛詩》《漢書外傳》，所著述及詩賦文論皆行於世。其才學在虞預之右云。

習鑿齒

習鑿齒，字彦威，襄陽人也。[1]宗族富盛，世爲鄉豪。鑿齒少有志氣，博學洽聞，以文筆著稱。荆州刺史桓温辟爲從事，江夏相袁喬深器之，[2]數稱其才於温，轉西曹主簿，[3]親遇隆密。

[1]襄陽：郡名，東漢建安十三年（208）置，治所在襄陽縣（今湖北省襄陽市），西晋移治宜城縣（今湖北省宜城市南）。

[2]江夏：郡名，此指曹魏所置江夏郡，治所在上昶城（今湖北省雲夢縣）。

[3]西曹主簿：官名，桓温將軍府西曹屬官。典領文書籍簿，省録衆事，職權甚重。

時温有大志，追蜀人知天文者至，夜執手問國家祚運修短。答云：“世祀方永。”温疑其難言，乃飾辭云：“如君言，豈獨吾福，乃蒼生之幸。然今日之語自可令盡，必有小小厄運，亦宜説之。”星人曰：“太微、紫微、文昌三宫氣候如此，[1]决無憂虞。至五十年外不論耳。”温不悦，乃止。異日，送絹一匹、錢五千文以與之。星人乃馳詣鑿齒曰：“家在益州，[2]被命遠下，今受旨自裁，無由致其骸骨。緣君仁厚，乞爲標碣棺木耳。”[3]鑿齒問其故，星人曰：“賜絹一匹，令僕自裁，惠錢五千，以買棺耳。”鑿齒曰：“君幾誤死！君嘗聞干知星宿有不覆之義乎？[4]此以絹戲君，以錢供道中資，是聽君去耳。”星人大喜，明便詣温别。温問去意，以鑿齒言答。温笑曰：“鑿齒憂君誤死，君定是誤活。然徒三十年看儒書，[5]不如一詣習主簿。”

[1]太微：古代星宫名。三垣之一。位於北斗之南，軫、翼之北，大角之西，軒轅之東。　紫微：星宫名，三垣之一。有星十五顆，分兩列，以北極爲中樞，成屏藩狀。　文昌：星座名。共六星，上將、次將、貴相、司命、司中、司禄。　三宫：宫，宋本作“官”。

[2]益州：治所在成都縣（今四川省成都市）。

[3]標碣棺木：製作墓碣、棺木，即準備後事。

[4]君嘗聞干知星宿有不覆之義乎：干知，原本、宋本作“千知”，殿本作“前知”，此據中華本改。《册府元龜》卷七八八作“干支”，《通志》卷一二九下作“子知”。

[5]三十年：宋本無“年”字。

累遷别駕。温出征伐，鑿齒或從或守，所在任職，每處機要，蒞事有績，善尺牘論議，温甚器遇之。時清談文章之士韓伯、伏滔等並相友善，[1]後使至京師，簡文亦雅重焉。既還，温問："相王何似？"答曰："生平所未見。"[2]以此大忤温旨，左遷户曹參軍。[3]時有桑門釋道安，[4]俊辯有高才，自北至荆州，與鑿齒初相見。道安曰："彌天釋道安。"鑿齒曰："四海習鑿齒。"時人以爲佳對。

[1]韓伯：字康伯，本書卷七五有傳。　伏滔：字玄度，本書卷九二有傳。

[2]生平所未見：平，原本、宋本作"年"，殿本作"平"，據殿本、中華本校勘記改。

[3]左遷：降職。　户曹參軍：官名，又作户曹參軍事。户曹長官，西晋始置於公府、將軍府，主户曹事。

[4]桑門：沙門，僧人。　釋道安：東晋常山扶柳（今河北省冀州市）人，俗姓衛，家世儒宗，遭亂世衰微。十二歲出家，後至鄴縣，師事佛圖澄。興寧三年（365）赴襄陽，在那里十五年，整理校閲東漢光和以來禪學與般若學新舊譯經典，制定佛教戒規，主張僧侣以釋爲姓。太元四年（379）至長安，翻譯並講授般若學經典。

初，鑿齒與其二舅羅崇、羅友俱爲州從事。[1]及遷别駕，以坐越舅右，屢經陳請。温後激怒既盛，乃超拔其二舅，相繼爲襄陽都督，[2]出鑿齒爲滎陽太守。[3]

[1]州從事：官名，州部屬吏。東漢稱從事史，由州部長官自

己選拔任命。

[2]襄陽都督：襄陽地區最高軍事行政長官。

[3]滎陽：郡名，治所在滎陽縣（今河南省滎陽市東北）。

温弟祕亦有才氣，[1]素與鑿齒相親善。鑿齒既罷郡歸，與祕書曰：

吾以去五月三日來達襄陽，觸目悲感，略無歡情，痛惻之事，故非書言之所能具也。每定省家舅，從北門入，西望隆中，[2]想卧龍之吟；[3]東眺白沙，[4]思鳳雛之聲；[5]北臨樊墟，存鄧老之高；[6]南眷城邑，懷羊公之風；[7]縱目檀溪，[8]念崔徐之友；[9]肆睇魚梁，[10]追二德之遠。[11]未嘗不徘徊移日，惆悵極多，撫乘躊躇，[12]慨爾而泣。曰若乃魏武之所置酒，[13]孫堅之所隕斃，[14]裴杜之故居，[15]繁王之舊宅，[16]遺事猶存，星列滿目。瑣瑣常流，[17]碌碌凡士，焉足以感其方寸哉！

[1]祕：桓祕，字穆子，本書卷七四有傳。

[2]隆中：地名，在今湖北省襄陽市西。

[3]卧龍：指諸葛亮。三國時琅邪陽都（今山東省沂南縣南）人，字孔明。東漢末隨叔父諸葛玄依附荆州劉表，隱居躬耕於隆中。後加入劉備集團，協助劉備占領荆州、益州，實現三分之勢。劉備死後輔佐劉禪，南征南中，北伐曹魏，最終病逝於北伐前綫。

[4]白沙：即白沙里，位於今湖北省襄陽市東北。

[5]鳳雛：指龐統，三國時襄陽（今湖北省襄陽市）人，字士元。劉備統領荆州，任其爲從事，守耒陽令。後爲治中從事、軍師中郎將。隨劉備入蜀，在圍攻雒縣時中流矢而死。

[6]鄧老：鄧遐，字應遠，本書卷八一有傳。

[7]羊公：羊祜，字叔子，本書卷三四有傳。

[8]檀溪：源出今湖北省襄陽市西柳子山，北流入漢江。

[9]崔徐：崔州平和徐庶。二人均爲諸葛亮隱居隆中時的好友。

[10]肆睇：極目眺望。

[11]二德：龐德公和司馬德操，二人均爲東漢末襄陽地區的名士。

[12]躊躇：躇，殿本作“躕”。

[13]曰若乃魏武之所置酒：中華本校勘記：“《商榷》：衍‘曰’字。”

[14]孫堅：東漢末吴郡富春（今浙江省富陽市）人，字文臺。少爲縣吏。後任長沙太守。值董卓專權，乃率兵北上，與袁術聯合攻打董卓。袁術表之爲行破虜將軍，領豫州刺史。在陽人大破董卓軍，進入洛陽，得傳國璽。後還軍魯山。初平二年（191）率軍攻荆州劉表，被劉表將黄祖部下射殺。

[15]裴杜指故居：裴杜即裴潛和杜襲，二人在東漢末都曾來荆州避難，住在襄陽，故言。

[16]繁王之舊宅：繁王即繁欽和王粲，二人在東漢末都曾來荆州避難，住在襄陽，故言。

[17]瑣瑣常流：低微常人。

夫芬芳起於椒蘭，清響生乎琳琅。[1]命世而作佐者，必垂可大之餘風；高尚而邁德者，必有明勝之遺事。若向八君子者，千載猶使義想其爲人，况相去之不遠乎！彼一時也，此一時也，焉知今日之才不如疇辰，[2]百年之後，吾與足下不並爲景升乎！[3]

其風期俊邁如此。

[1]琳琅：精美的玉石。

[2]疇辰：往昔。

[3]景升：劉表，東漢末山陽高平（今山東省鄒城市西南）人，字景升。少知名，爲"八俊"之一。東漢末黨人，後任荆州刺史。依靠當地名士大族的支持，南收零、桂，北據漢水，控地數千里，帶甲十餘萬。建學校、求儒士，保江漢間以觀天下之變。

是時温覬覦非望，鑿齒在郡，著《漢晋春秋》以裁正之。起漢光武，終於晋愍帝。於三國之時，蜀以宗室爲正，魏武雖受漢禪晋，尚爲篡逆，至文帝平蜀，乃爲漢亡而晋始興焉。引世祖諱炎興而爲禪受，[1]明天心不可以勢力强也。凡五十四卷。後以脚疾，遂廢于里巷。

[1]引世祖諱炎興而爲禪受：中華本校勘記："李校：語有脱落，當作'引世祖諱炎爲炎興，而後主諱禪爲禪受'，文義方明。"

及襄陽陷於苻堅，[1]堅素聞其名，與道安俱輿而致焉。既見，與語，大悦之，賜遺甚厚。又以其蹇疾，與諸鎮書："昔晋氏平吴，利在二陸；[2]今破漢南，獲士裁一人有半耳。"俄以疾歸襄陽。尋而襄、鄧反正，朝廷欲徵鑿齒，使典國史，會卒，不果。臨終上疏曰：

臣每謂皇晋宜越魏繼漢，不應以魏後爲三恪。[3]而身微官卑，無由上達，懷抱愚情，三十餘年。今沉淪重疾，性命難保，遂嘗懷此，當與之朽爛，區區之情，切所悼惜，謹力疾著論一篇，寫上如左。願陛下考尋古義，求經常之表，超然遠覽，不以臣微賤廢其所言。論曰：

[1]苻堅：字永固，本書卷一一三有載記。苻，原本、殿本作“符”，宋本作“苻”，據其載記及宋本改。

[2]二陸：陸機和陸雲，本書卷五四有傳。

[3]三恪：周朝新立，封前代三王朝的子孫，給以王侯名號，稱三恪，以示敬重。後成爲歷代王朝的禮儀制度。

或問：“魏武帝功蓋中夏，文帝受禪於漢，而吾子謂漢終有晋，豈實理乎？且魏之見廢，晋道亦病，晋之臣子寧可以同此言哉！”

答曰：“此乃所以尊晋也。但絶節赴曲，[1]非常耳所悲，見殊心異，雖奇莫察，請爲子言焉。

[1]但：宋本作“伹”。　絶節赴曲：不打節奏却能應和曲調的節拍。

昔漢氏失御，九州殘隔，三國乘間，鼎跱數世，干戈日尋，流血百載，雖各有偏平，而其實亂也。宣皇帝勢逼當年，力制魏氏，蠖屈從時，遂羈戎役，晦明掩耀，龍潛下位，俛首重足，[1]鞠躬屏息，道有不容之難，躬蹈履霜之險，可謂危矣！魏武既亡，大難獲免，始南擒孟達，[2]東蕩海隅，西抑勁蜀，旋撫諸夏，摧吴人入侵之鋒，掃曹爽見忌之黨，[3]植靈根以跨中岳，樹群才以翼子弟，命世之志既恢，非常之業亦固。景文繼之，靈武冠世，克伐貳違，以定厥庸，[4]席卷梁益，[5]奄征西極，功格皇天，勛侔古烈，豐規顯祚，故以灼如也。至於武皇，遂并强吴，混一宇宙，乂清四海，同軌二漢。除三國之大害，静漢末之交争，開九域之蒙晦，定千載之盛功者，皆司馬氏也。而推魏繼漢，以晋承魏，比義唐虞，自託純臣，豈不惜哉！

[1]俛首重足：首，宋本、殿本作“眉”。

[2]孟達：三國時扶風郿（今陝西省眉縣東渭河北岸）人，初依劉璋，後附劉備。因與劉封不和，降魏。後與諸葛亮通好，謀反，爲司馬懿所殺。

[3]掃：原本、宋本、殿本作“埽”，同“掃”，此據中華本改。　曹爽：三國時沛國譙縣（今安徽省亳州市）人，字昭伯，曹真子。明帝死，受遺詔與司馬懿共同輔政。後與司馬懿争權，爲司馬懿所殺。

[4]以定厥庸：以奠定其功績。

[5]梁益：梁州和益州。梁州，三國曹魏治所在沔陽縣（今陝西省勉縣東），西晋移治南鄭縣（今陝西省漢中市東）。

今若以魏有代王之德，則其道不足；有静亂之功，則孫劉鼎立。道不足則不可謂制當年，當年不制於魏，則魏未曾爲天下之主；王道不足於曹，則曹未始爲一日之王矣。昔共工伯有九州，[1]秦政奄平區夏，[2]鞭撻華戎，專總六合，[3]猶不見序於帝王，淪没於戰國，何况暫制數州之人，威行境内而已，便可推爲一代者乎！

[1]共工：又稱共工氏，相傳爲上古部落首領，曾與顓頊争爲帝，侵凌諸侯，怒而觸不周之山，時“天柱折，地維絶”，“天傾西北”，“地不滿東南”。語見《淮南子·天文訓》。　伯：同“霸”。

[2]秦政：秦王嬴政。　奄平區夏：平定華夏。

[3]六合：天下。

若以晋嘗事魏，懼傷皇德，拘惜禪名，謂不可割，則惑之甚者也。何者？隗囂據隴，[1]公孫帝蜀，[2]蜀隴之人雖服其役，取之大義，於彼何有！且吴楚僭號，周室未亡，子文、延陵不見貶絶。[3]宣皇帝官魏，逼於性命，舉非擇木，何虧德美，禪代之義，不同堯舜，校實定名，必彰於後，人各有心，事胡可掩！定空虚之魏以屈於己，孰若杖義而以貶魏哉！夫命世之人正情遇物，假之際會，必兼義勇。宣皇祖考立功于漢，世篤爾勞，思報亦深。魏武超越，志在傾主，德不素積，義險冰薄，宣帝與之，情將何重！雖形屈當年，意申百世，降心全己，憤慨於下，非道服北面，有純臣之節，畢命曹氏，忘濟世之功者也。

[1]隗囂：西漢末天水成紀（今甘肅省静寧縣西南）人，字季孟。新莽末年起兵，攻占隴西、武都、酒泉等地。東漢建立後歸附劉秀，但内心圖謀割據。公孫述割據蜀地，隗囂予以響應配合，後手下大將王遵等率兵十餘萬歸降東漢，因大勢已去，憂憤而死。

[2]公孫帝蜀：公孫即公孫述，陝西茂陵（今陝西省興平市東北）人，字子陽。西漢末任更始政權蜀郡太守，後自立爲蜀王，旋

又稱帝，建都成都，國號成家，建元龍興。後爲劉秀派兵所滅。

[3]子文：令尹子文，楚大夫，姓鬬名穀，字於菟。　延陵：即春秋吴國人季札，吴王壽夢少子，先封於延陵，故稱延陵季札。

夫成業者係於所爲，不係所藉；立功者言其所濟，不言所起。是故漢高稟命於懷王，[1]劉氏乘斃於亡秦，超二僞以遠嗣，不論近而計功，考五德於帝典，不疑道於力政，季無承楚之號，[2]漢有繼周之業，取之既美，而已德亦重故也。凡天下事有可借喻於古以曉於今，定之往昔而足爲來證者。當陽秋之時，[3]吴楚二國皆僭號之王也，若使楚莊推鄢郢以尊有德，[4]闔閭舉三江以奉命世，[5]命世之君、有德之主或藉之以應天，或撫之而光宅，彼必自係於周室，不推吴楚以爲代明矣。况積勛累功，静亂寧衆，數之所録，衆之所與，不資於燕噲之授，[6]不賴於因藉之力，[7]長轡廟堂，吴蜀兩斃，運奇二紀而平定天下，服魏武之所不能臣，蕩累葉之所不能除者哉！

[1]懷王：楚懷王之孫熊心，楚亡後藏匿民間。秦末被項梁等人擁立爲懷王，以爲號召。秦亡後項羽密令殺之。

[2]季：《史記》載“季”是劉邦的字。司馬貞索隱按：“《漢書》‘名邦，字季’，此單云字，亦又可疑。按：漢高祖長兄名伯，次名仲，不見别名，則季亦是名也。故項岱云‘高祖小字季，即位易名邦，後因諱邦不諱季，所以季布猶稱姓也’。”

[3]陽秋：即春秋。東晋時因避簡文帝母鄭太后阿春諱，改春爲“陽”。

［4］楚莊：楚莊王，春秋時楚國國君，名旅。楚穆王之子。春秋五霸之一。公元前 613 至前 591 年在位。

［5］闔閭：春秋末吴國君，名光。得伍子胥之助，用專諸刺殺吴王僚後自立爲王。任用伍子胥、孫武等人，强國强兵，曾一度攻破楚國郢都。在攻打越國戰爭中兵敗傷重而死。　命世：宋本無此二字，作方框。

［6］燕噲：戰國時燕王噲。燕噲曾讓國於子之，造成燕國大亂。

［7］因藉之力：憑藉别人的力量。因藉，宋本作“世籍”。

自漢末鼎沸五六十年，吴魏犯順而强，蜀人杖正而弱，三家不能相一，萬姓曠而無主。夫有定天下之大功，爲天下之所推，孰如見推於暗人，受尊於微弱？配天而爲帝，方駕於三代，[1]豈比俛首於曹氏，側足於不正？即情而恒實，[2]取之而無慚，何與詭事而託僞，開亂於將來者乎？是故故舊之恩可封魏後，三恪之數不宜見列。以晋承漢，功實顯然，正名當事，情體亦厭，又何爲虚尊不正之魏而虧我道於大通哉！

［1］方駕於三代：駕，宋本作“篤”。

［2］即情而恒實：中華本校勘記：“‘恒’疑‘衡’字之誤。”

昔周人咏祖宗之德，追述翦商之功；仲尼明大孝之道，高稱配天之義。然后稷勤於所職，聿來未以翦商，異於司馬氏仕乎曹族，三祖之寓於魏世矣。且夫魏自君之道不正，則三祖臣魏之義未盡。義未盡，故假塗以運高略；道不正，故君臣之節有殊。然則弘道不以輔魏而無逆取之嫌，高拱不勞汗馬而有静亂之功者，蓋勛足以王四海，義可以登大位，[1]雖我德慚於有周，而彼道異於殷商故也。

[1]登大位：大，宋本、殿本作“天”。

今子不疑共工之不得列於帝王，不嫌漢之係周而不係秦，何至於一魏猶疑滯而不化哉！夫欲尊其君而不知推之於堯舜之道，欲重其國而反厝之於不勝之地，[1]豈君子之高義！若猶未悟，請於是止矣。”

[1]厝之於：厝，同“措”，置。之，宋本無此字。

子辟强，才學有父風，位至驃騎從事中郎。[1]

[1]從事中郎：官名，東漢時爲大將軍屬官，地位較高。魏晋時爲將軍府或公府屬官。六品。此爲驃騎將軍府從事中郎。

徐廣

徐廣，字野民，東莞姑幕人，[1]侍中邈之弟也。[2]世好學，至廣尤爲精純，百家數術無不研覽。謝玄爲兖州，[3]辟從事。譙王恬爲鎮北，[4]補參軍。孝武世，除秘書郎，典校秘書省。[5]增置省職，[6]轉員外散騎侍郎，[7]仍領校書。尚書令王珣深相欽重，[8]舉爲祠部郎。[9]會稽世子元顯時録尚書，[10]欲使百僚致敬，内外順之，使廣爲議，廣常以爲愧焉。元顯引爲中軍參軍，[11]遷領軍長史。[12]桓玄輔政，[13]以爲大將軍文學祭酒。[14]義熙初，奉詔撰車服儀注，除鎮軍諮議，[15]領記室，[16]封樂成侯，轉員外散騎常侍，[17]領著作。尚書奏："左史述言，右官書事，《乘》《志》顯於晋鄭，《春秋》著乎魯史。自聖代有造《中興記》者，道風帝典，焕乎史策。而太和以降，世歷三朝，玄風聖迹，儵爲疇古。[18]臣等參詳，宜敕著作郎徐廣撰成國史。"於是敕廣撰集焉。遷驍騎將軍，[19]領徐州大中正，[20]轉正員常侍、大司農，[21]仍領著作如故。十二年，勒成《晋紀》，凡四十六卷，表上之。因乞解史任，不許。遷秘書監。

[1]東莞：郡名，東漢建安初置，治所在今山東省沂水縣東北，西晋元康間移治莒縣（今山東省莒縣）。　姑幕：縣名，治所在今山東省諸城市西北。

[2]侍中：官名，東漢建安中與給事黄門侍郎出入禁中，省尚書事。曹魏時爲門下之侍中省長官，常侍衛皇帝左右，掌顧問應對、諫諍糾察、平議奏事、駁奏異議等，權力甚重。三品。　邈：徐邈，字仙民，本書卷九一有傳。

[3]謝玄：字幼度，本書卷七九有傳。　兖州：三國魏治所在廩丘縣（今山東省鄆城縣西北），晋惠帝末，兖州闔境淪没於石勒。東晋元帝僑置兖州，治京口（今江蘇省鎮江市）。

[4]譙王恬：字元愉，本書卷三七有傳。　鎮北：官名，即鎮北將軍。東漢建安年間置，與鎮西、鎮南、鎮東將軍合稱四鎮將軍，多爲持節都督，出鎮方面。曹魏二品。晋三品，加持節都督者二品。

[5]典校秘書省：在秘書省主持校勘書籍。秘書省，官署名，

掌管國史的修撰及圖書管理。長官爲秘書監，官屬有秘書丞、秘書郎、著作郎、著作佐郎、校書郎等。

[6]省職：宋本無“省”字。

[7]員外散騎侍郎：官名，西晋武帝始置。初爲正員之外添差之散騎侍郎，無員數，後成定員官。五品。

[8]王珣：字元琳，本書卷六五有傳。

[9]祠部郎：官名，亦稱祠部郎中。尚書祠部曹長官，多以明禮通儒擔任，掌宗廟祭祀禮樂制度。六品。

[10]會稽世子元顯：司馬元顯，司馬道子之子，本書卷六四有傳。　録尚書：官名，即録尚書事。初爲職銜名，重臣加此名義始得總知國事，綜理政務，成爲真宰相。魏晋多以公卿權重者居之，總領尚書省政務，凡重號將軍、刺史皆得命曹授用，位在三公之上。

[11]中軍參軍：官名，中軍將軍府佐官。參軍，亦作參軍事，謂參謀軍事。兩晋公府、軍府皆置。

[12]領軍長史：官名，領軍將軍府長史。掌顧問參謀，爲所在官署掾屬之長。七品。

[13]桓玄：字敬道，本書卷九九有傳。

[14]大將軍：官名，高級軍事統帥。曹魏時多以之屯駐長安，對付蜀漢，蜀漢以其爲最高軍事長官，孫吴則別置上大將軍居其上。西晋時爲八公之一，位居上公、大司馬下，三公之上。東晋時常專擅軍政事務。一品。　文學祭酒：官名，大將軍府屬官，掌教授生徒。

[15]鎮軍諮議：官名，鎮軍將軍府諮議參軍。將軍府的屬官，掌咨詢謀議軍事，位在諸參軍之上。

[16]領：以地位較高的官員兼理較低的職務。

[17]員外散騎常侍：官名，初爲正員之外添差之散騎常侍，無定員，三國魏後爲固定官員。職閑位顯。三品。

[18]儵爲疇古：一下子就變成了往昔。

[19]驍騎將軍：官名，三國魏爲内軍將領，統營兵。兩晋與領軍、護軍、左右衛、游擊諸將軍合稱六軍，擔當宿衛之任，是護衛宫廷的主要將領。四品。宋本無“驍”字。

[20]徐州：治所在彭城縣（今江蘇省徐州市）。　大中正：州一級評定士人品第的官員。

[21]正員常侍：即非員外的散騎常侍。徐廣此前任員外散騎常侍，故言。　大司農：官名，掌管全國財政和各地的屯田。三品。

初，桓玄篡位，帝出宫，廣陪列，悲動左右。及劉裕受禪，[1]恭帝遜位，廣獨哀感，涕泗交流。謝晦見之，[2]謂曰：“徐公將無小過也。”廣收淚而言曰：“君爲宋朝佐命，吾乃晋室遺老，憂喜之事固不同時。”乃更歔欷。因辭衰老，[3]乞歸桑梓。[4]性好讀書，老猶不倦。年七十四，卒于家。廣《答禮問》行於世。

[1]劉裕：字德輿，小名寄奴，彭城（今江蘇省徐州市）人，南朝宋開國皇帝。世居京口，初爲東晋冠軍司馬，後被劉牢之任爲參軍。歷任鎮軍將軍、都督十六州諸軍事，官至相國，受封宋王。元熙二年（420）代晋稱帝。卒謚武皇帝，廟號高祖。

[2]謝晦：南朝宋陳郡陽夏（今河南省太康縣）人，字宣明。初爲晋建武府中兵參軍，爲太尉劉裕參軍。因善斷刑獄，署刑獄賊曹。後任豫州治中從事、太尉主簿。入宋後歷任右衛將軍、侍中、領軍將軍、中書令、荆州刺史等職。劉裕去世後，與徐羨之等人廢殺少帝。文帝即位後，因受追究弑君之罪，起兵失敗後被殺。

[3]衰老：老，宋本作“耄”。

[4]桑梓：家鄉。

史臣曰：古之王者咸建史官，昭法立訓，莫近於此。若夫原始要終，紀情括性，其言微而顯，其義皎而明，然後可以茵藹緹油，[1]作程遐世者也。[2]丘明既没，[3]班馬迭興，[4]奮鴻筆於西京，[5]騁直詞於東觀。[6]自斯已降，分明競爽，可以繼明先典者，陳壽得之乎！江漢英靈，信有之矣。允源將率之子，篤志典墳；紹統戚藩之胤，研機載籍：咸能綜緝遺文，垂諸不朽，豈必克傳門業，方擅箕裘者哉！處叔區區，勵精著述，混淆蕪舛，[7]良不足觀。叔寧寡聞，穿窬王氏，[8]雖勒成一家，[9]未足多尚。令升、安國有良史之才，而所著之書惜非正典。悠悠晋室，斯文將墜。鄧粲、謝沉祖述前史，葺宇重軒之下，施床連榻之上。[10]奇詞異義，罕見稱焉。習氏、徐公俱云筆削，彰善癉惡，以爲懲勸。夫蹈忠履正，貞士之心；背義圖榮，君子不取。而彦威迹淪寇壤，逡巡於僞國；野民運遭革命，流連於舊朝。行不違言，廣得之矣。

[1]然後：原本、宋本無“後”字，殿本有，據殿本、中華本校勘記補。　茵藹緹油：特殊裝飾的車子。《漢書》卷八九《循吏傳》：“居官賜車蓋，特高一丈，别駕主簿車，緹油屏泥於軾前，以章有德。”此喻特殊待遇。

[2]作程遐世：爲後世作楷模。

[3]丘明：左丘明，春秋末魯國人，一説姓左名丘明，一説姓左丘名明。曾任魯國太史。著《左氏春秋》，爲中國第一部完整的編年史。

[4]班：班固，東漢扶風安陵（今陝西省咸陽市東北）人，字孟堅，班彪子。任蘭臺令史，奉命撰寫東漢以來的史事，寫成《漢書》。和帝時隨竇憲出擊匈奴。後因竇憲失勢，受牽連而被捕入獄，

死於獄中。　馬：司馬遷，西漢左馮翊夏陽（今陝西省韓城市南）人，字子長。繼承父親遺志著史。因替李陵投降匈奴辯解，受腐刑。受刑後忍辱發憤，完成《史記》，成爲偉大的史學家。

［5］西京：指長安。

［6］東觀：東漢洛陽南宮内觀名。明帝詔班固等修撰《漢記》於此，書成名爲《東觀漢記》。章、和二帝時爲皇宮藏書之府。後因以稱國史修撰之所。

［7］混淆蕪舛：混亂不清雜蕪舛錯。

［8］穿窬：剽竊。

［9］勒成一家：一，宋本作“之”。

［10］“葺宇重軒之下”句：指重複累贅。

贊曰：陳壽含章，[1]巖巖孤峙。[2]彪、溥勵節，摛辭綜理。王恧雅才，虞慚惇史。干、孫撫翰，[3]前良可擬。鄧、謝懷鉛，[4]異聞無紀。習亦研思，徐非絢美。咸被簡册，共傳遥祀。

［1］含章：包含美質。

［2］巖巖孤峙：高聳獨立。

［3］干、孫：干，原本作“于”，宋本作“千”，殿本作“干”，據上文及殿本改。　撫翰：持筆。

［4］懷鉛：從事著述。

晋書　卷八三

列傳第五十三

顧和　袁瓌 子喬 喬孫山松 瓌弟猷 瓌從祖準 準孫耽 耽子質 質子湛 湛弟豹[1]　江逌 從弟灌 灌子績　車胤　殷顗　王雅

顧和

顧和，字君孝，侍中衆之族子也。[2]曾祖容，吴荆州刺史。[3]祖相，臨海太守。[4]和二歲喪父，總角便有清操，[5]族叔榮雅重之，[6]曰："此吾家麒麟，[7]興吾宗者，必此子也。"時宗人球亦有令聞，爲州别駕，[8]榮謂之曰："卿速步，君孝超卿矣！"

[1]原本卷首目録將"袁準"列爲主傳人名，據正文及中華本目録將"袁準"及附傳四人附於"袁瓌"。

[2]侍中：官名，東漢建安中與給事黄門侍郎出入禁中，省尚書事。曹魏時爲門下之侍中省長官，常侍衛皇帝左右，掌顧問應對、諫諍糾察、平議奏事、駁奏異議等，權力甚重。三品。　衆：顧衆，字長始，本書卷七六有傳。

[3]荆州：三國時曹魏治所在新野縣（今河南省新野縣），孫

吴治所在江陵縣（今湖北省江陵縣），西晋統一後治所在江陵縣（今湖北省江陵縣）。

[4]臨海：郡名，三國吴置，治所在臨海縣（今浙江省臨海市），尋移置章安縣（今浙江省臨海市東南）。

[5]總角：童年。

[6]榮：顧榮，字彦先，本書卷六八有傳。

[7]吾家麒麟：麒麟，宋本作“騏驎”。

[8]别駕：官名，别駕從事、别駕從事史省稱。州部佐官，因從刺史行部，别乘傳車，故稱。位居州吏之右。

王導爲揚州，[1]辟從事。[2]月旦當朝，未入，停車門外。周顗遇之，[3]和方擇蝨，夷然不動。顗既過，顧指和心曰：“此中何所有？”和徐應曰：“此中最是難測地。”顗入，謂導曰：“卿州吏中有一令僕才。”導亦以爲然。和嘗詣導，導小極，[4]對之疲睡。和欲叩會之，因謂同坐曰：“昔每聞族叔元公道公叶贊中宗，[5]保全江表。[6]體小不安，令人喘息。”導覺之，謂和曰：“卿珪璋特達，機警有鋒，不徒東南之美，實爲海内之俊。”由是遂知名。既而導遣八部從事之部，[7]和爲下傳還，同時俱見，諸從事各言二千石官長得失，和獨無言。導問和：“卿何所聞？”答曰：“明公作輔，寧使網漏吞舟，[8]何緣采聽風聞，以察察爲政。”[9]導咨嗟稱善。

[1]王導：字茂弘，本書卷六五有傳。　揚州：三國魏、吴各置揚州，魏治所在壽春縣（今安徽省壽縣），吴治所在建業縣（今江蘇省南京市）。西晋統一後復合，治所在建鄴縣（今江蘇省南京市）。

[2]從事：官名，州部屬吏。東漢稱從事史，由州部長官自己選拔任命。

[3]周顗：字伯仁，本書卷六九有傳。

[4]導小極：宋本無“導”字。

[5]元公：即顧榮。

[6]江表：江外，指長江以南地區。

[7]八部從事：八個州部從事。

[8]網漏吞舟：可以吞掉舟船的大魚漏網。

[9]察察：苛察，嚴察。

累遷司徒掾。[1]時東海王沖爲長水校尉，[2]妙選僚屬，以沛國劉耽爲司馬，[3]和爲主簿。[4]永昌初，除司徒左曹掾。[5]太寧初，王敦請爲主簿，[6]遷太子舍人、車騎參軍、護軍長史。[7]王導爲揚州，請爲别駕，所歷皆著稱。遷散騎侍郎、尚書吏部。[8]司空郗鑒請爲長史，[9]領晋陵太守。[10]咸康初，拜御史中丞，[11]劾奏尚書左丞戴抗臟污百萬，[12]付法議罪，并免尚書傅玩、郎劉傭官，[13]百僚憚之。遷侍中。初，中興東遷，舊章多闕，而冕旒飾以翡翠珊瑚及雜珠等。[14]和奏："舊冕十有二旒，[15]皆用玉珠，今用雜珠等，非禮。若不能用玉，可用白璇珠。"[16]成帝於是始下太常改之。[17]先是，帝以保母周氏有阿保之勞，欲假其名號，内外皆奉詔。和獨上疏以爲："周保祐聖躬，不遺其勛，第舍供給擬於戚屬，恩澤所加已爲過隆。[18]若假名號，記籍未見明比。[19]惟漢靈帝以乳母趙嬈爲平氏君，此末代之私恩，非先代之令典。且君舉必書，將軌物垂則。書而不法，後嗣何觀!”帝從之。轉吏部尚書,[20]頻徙領軍將軍、太常卿、國子祭酒。[21]

[1]司徒掾:官名,司徒府屬吏。

[2]東海王沖:司馬沖,字道讓,元帝司馬睿第三子,本書卷六四有傳。　長水校尉:官名,五校尉之一,統宿衛兵,魏晋時隸屬中領軍。四品。

[3]沛國:三國魏治所在沛縣(今江蘇省沛縣),西晋時治所在相縣(今安徽省濉溪縣西北)。　劉耽:歷任吏部郎、兼太保、校尉司馬等職。　司馬:官名,府署高級幕僚。掌參讚軍務、管理府内武職,位僅次於長史。魏晋南北朝時王府、公府、軍府、邊郡均置。八至六品。

[4]主簿:官名,開府屬官,典領文書籍簿,省録衆事,職權甚重。

[5]司徒:官名,西漢哀帝元壽二年(前1)改丞相爲大司徒,東漢光武帝時改名爲司徒,東漢末又改爲丞相。三國魏恢復三公制,改丞相爲司徒,管理民政。兩晋沿制,爲八公之一,在太尉之下、司空之上。與丞相通職,一般不並置,爲名譽宰相。一品。　左曹掾:官名,司徒府左曹屬吏。

[6]王敦:字處仲,本書卷九八有傳。

[7]太子舍人:官名,掌行書令、表啓等。初隸太子太傅、太子少傅,後隸太子詹事。七品。　車騎參軍:官名,車騎將軍府佐官。參軍,亦作參軍事,謂參謀軍事。兩晋公府、軍府皆置。　護軍長史:官名,護軍將軍府長史。掌顧問參謀,爲所在官署掾屬之長。七品。

[8]散騎侍郎:官名,三國魏置。隸屬散騎省,侍從皇帝左右,顧問應對,諫諍拾遺,與散騎常侍、侍中等共平尚書奏事。五品。　尚書吏部:官名,即尚書吏部郎,尚書省吏部曹長官通稱。亦稱

郎中，資深者可轉侍郎。屬吏部尚書，主管官吏選任、銓叙、調動事務，對五品以下官吏之任免有建議權。六品。

［9］司空：官名，魏晋南北朝爲名譽宰相，多爲大臣加官。晋八公之一，位在三公之末。一品。　郗鑒：字道徽，本書卷六七有傳。郗，原本、宋本、殿本作“郄”，據其本傳及中華本改。

［10］領：以地位較高的官員兼理較低的職務。　晋陵：郡名，治所在京口（今江蘇省鎮江市）。

［11］御史中丞：官名，御史大夫副手，掌監察、執法，爲京師顯官，職權甚重。四品。

［12］尚書左丞：官名，尚書省佐官，位次尚書，居尚書右丞上。與右丞共掌尚書都省庶務，率諸都令史監督稽核諸尚書曹、郎曹政務。左丞又掌督録近道文書章奏，監察糾彈尚書令、僕射、尚書等文武百官，號稱“監司”，權勢甚重。六品。

［13］尚書：官名，東漢尚書臺六曹各置尚書，秩六百石。魏晋出爲朝官，分掌尚書省諸曹，品秩提高。三品。　郎：官名，此爲尚書郎。東漢之制，取孝廉中之有才能者入尚書臺，在皇帝左右處理政務，初入臺稱守尚書郎中，滿一年稱尚書郎，滿三年稱侍郎。魏晋以後尚書各曹有侍郎、郎中等官，綜理職務，通稱爲尚書郎。六品。

［14］冕旒：古代禮冠，頂有延，前有旒，故曰“冕旒”。天子之冕十二旒，諸侯九，上大夫七，下大夫五。

［15］十有二旒：宋本、殿本作“有十二旒”。

［16］可用白璇珠：原本、宋本、殿本無“珠”字，據中華本校勘記補。

［17］太常：官名，漢代稱奉常，本掌禮樂宗廟、社稷祭祀，魏晋時此職掌歸尚書裁定，太常成爲閑職。三品。

［18］已爲過隆：已，宋本作“以”。

［19］記籍未見明比：典籍記載没有明顯的先例。

［20］吏部尚書：官名，三國魏時爲尚書省吏部曹長官，位居列

曹尚書之上。三品。

[21]領軍將軍：官名，三國曹丕置，職掌同於中領軍，但任職者資位重於中領軍，簡稱領軍。爲禁衛軍最高統帥，常由皇帝親信或宗室擔任。兩晋沿置。三品。　太常卿：官名，對太常的尊稱。三品。　國子祭酒：官名，國子學的長官，主管國子學，掌教授儒學、參議禮制。五品。

康帝即位，將祀南北郊，[1]和議以爲車駕宜親行。帝從之，皆躬親行禮。遷尚書僕射，[2]以母老固辭，詔書敕喻，[3]特聽暮出朝還，其見優遇如此。尋朝議以端右之副不宜處外，[4]更拜銀青光禄大夫，[5]領國子祭酒。頃之，母憂去職，居喪以孝聞。既練，[6]衛將軍褚裒上疏薦和，[7]起爲尚書令，[8]遣散騎郎喻旨。[9]和每見逼促，[10]輒號咷慟絶，謂所親曰："古人或有釋其憂服以祗王命，蓋以才足幹時，故不得不體國殉義。吾在常日猶不如人，况今中心荒亂，將何以補於萬分，祇足以示輕忘孝道，貽素冠之議耳。"帝又下詔曰："百揆務殷，[11]端右總要，而曠職經久，甚以悒然。昔先朝政道休明，中夏隆盛，山賈諸公皆釋服從時，[12]不獲遂其情禮。况今日艱難百王之弊，尚書令禮已過祥練，豈得聽不赴急疾而遂罔極之情乎！"和表疏十餘上，遂不起，服闋，[13]然後視職。

[1]祀南北郊：南郊祭天，北郊祭地。

[2]尚書僕射：官名，秦漢爲尚書令副貳，東漢建安四年（199）分置左、右，爲尚書省次官。三品。

[3]敕喻：喻，殿本作"諭"。

[4]端右之副：尚書令的副手。

[5]銀青光禄大夫：官名，對光禄大夫加銀章青綬。

[6]練：即大小祥之祭。大小祥時孝子可以穿練過的布帛，故大小祥之祭也稱“練”。

[7]衛將軍：官名，魏晋時位在名號將軍之上，多爲軍府名號，加給大臣、重要州郡長官。二品，開府位從公者一品。　褚裒：字季野，本書卷九三有傳。　上疏：疏，殿本作“書”。

[8]尚書令：官名，秦漢時爲尚書署長官。秩位雖低，權力甚重。魏晋時沿置，爲尚書省長官，綜理全國政務，參議大政，爲高級政務長官。三品。

[9]散騎郎：官名，即散騎侍郎，三國魏置。隸屬散騎省，侍從皇帝左右，顧問應對，諫諍拾遺，與散騎常侍、侍中等共平尚書奏事。五品。

[10]每見逼促：逼促，宋本作“催逼”。

[11]百揆務殷：政務繁多。

[12]山賈：山濤和賈充。山濤，字巨源，本書卷四三有傳。賈充，字公閭，本書卷四〇有傳。　釋服：脱去喪服。

[13]服闋：守喪期滿除去孝服。

時南中郎將謝尚領宣城内史，[1]收涇令陳幹殺之，[2]有司以尚違法糾黜，詔原之。和重奏曰：“尚先劾奸贓罪，[3]入甲戌赦，聽自首減死。而尚近表云幹包藏奸猾，[4]輒收行刑。幹事狀自郡，非犯軍戎，不由都督。按尚蒙親賢之舉，荷文武之任，不能爲國惜體，平心聽斷，内挾小憾，肆其威虐，遠近怪愕，莫不解體。尚忝外屬，宥之有典，至於下吏，宜正刑辟。”尚，皇太后舅，故寢其奏。時汝南王統、江夏公衛崇並爲庶母制服三年,[5]和乃奏曰:“禮所以軌物成教,故有國家者莫不崇正明本,以一其統,斯人倫之紀,不二之道也。爲人後者,降其所出,奪天屬之性,顯至公之義,降殺節文,著於周典。按汝南王統爲庶母居廬服重,江夏公衛崇本由疏屬,開國之緒,近喪所生,復行重制,[6]違冒禮度,肆其私情。閭閻許其過厚,[7]談者莫以爲非,則政道陵遲由乎禮廢,憲章頽替始於容違。若弗糾正,無以齊物。皆可下太常奪服。若不祗王命,應加貶黜。”詔從之。和居任多所獻納,雖權臣不苟阿撓。

[1]南中郎將:官名,與東、西、北中郎將並稱四中郎將,統兵征戰,權職甚重。四品。　謝尚:字仁祖,本書卷七九有傳。宣城:郡名,治所在宛陵縣(今安徽省宣城市宣州區)。　内史:官名,西晋武帝太康十年(289)改諸王國相爲内史,掌管民政。五品。周家禄《晋書校勘記》認爲:“晋制,以郡爲國,内史治民事,若郡太守。國除爲郡,復稱太守。然二名往往混淆,史家亦互稱之。”

[2]涇:縣名,治所在今安徽省涇縣西。

[3]尚先劾奸贓罪:劾,原本作“効”,宋本、殿本作“劾”,據宋本、殿本改。

[4]包藏奸猾:包,宋本作“苞”。

[5]汝南王統:汝南王司馬亮曾孫,以南頓王宗謀反,被廢。其後成帝哀司馬亮一門殄絶,詔統復封,累遷秘書監、侍中。

[6]復行重制:復,宋本作“後”。

[7]閭閻:里巷,泛指民間。

永和七年,以疾篤辭位,拜左光禄大夫、儀同三司，[1]加散騎常侍，[2]尚書令如故。其年卒，年六十四。追贈侍中、司空，謚曰穆。

[1]左光禄大夫：官名，齊王曹芳正始元年（240）在光禄大夫上增置左、右，位在光禄大夫上。在朝顯職的加官，或授予年老有病致仕者，或授予死者。西晋時禄賜與特進同。二品，開府位從公者一品。　儀同三司：官名，即開府儀同三司，三國魏始置。爲大臣加號，意謂與太尉、司徒、司空三司待遇相同，許開設府署，任命僚屬。

[2]散騎常侍：官名，三國魏文帝黄初年間置，侍從皇帝左右，諫諍得失，顧問應對，與侍中等共平尚書奏事。也用作宰相、諸公等加官，入宫議政。三品。

子淳，歷尚書吏部郎、給事黄門侍郎、左衛將軍。[1]

[1]給事黄門侍郎：官名，魏晋時爲侍中省或門下省次官。與侍中俱掌門下衆事，職掌略同，地位隨皇帝旨意或侍中地位而定。五品。　左衛將軍：官名，三國魏咸熙二年（265），司馬炎即晋王位，分中衛將軍爲左、右衛將軍。掌佽飛虎賁及前驅、由基、强弩三部司馬，屬下還有虎賁、羽林、上騎、異力、命中共五部督，負責宫禁侍衛。西晋屬中軍將軍，後屬領軍將軍。爲禁衛軍主要統帥之一，權任很重。四品。

袁瓌

袁瓌，字山甫，陳郡陽夏人，[1]魏郎中令涣之曾孫也。[2]祖、父並早卒。瓌與弟猷欲奉母避亂，求爲江淮間縣，拜吕令，[3]轉江都，[4]因南渡。元帝以爲丹楊令。[5]中興建，拜奉朝請，[6]遷治書御史。[7]時東海王越尸既爲石勒所焚，[8]妃裴氏求招魂葬越，朝廷疑之。瓌與博士傅純議，以爲招魂葬是謂埋神，不可從也。帝然之，雖許裴氏招魂葬越，遂下詔禁之。尋除廬江太守。[9]大將軍王敦引爲諮議參軍。[10]俄爲臨川太守。[11]敦平，爲鎮南將軍卞敦軍司。[12]尋自解還都，游于會稽。[13]蘇峻之難，[14]與王舒共起義軍，[15]以功封長合鄉侯，徵補散騎常侍，徙大司農。[16]尋除國子祭酒。頃之，加散騎常侍。

[1]陳郡：治所在陳縣（今河南省周口市淮陽區）。　陽夏：縣名，治所在今河南省太康縣。

[2]郎中令：官名，王國公侯屬官，魏晋爲王國中的三卿之一。六品。　涣：原本、宋本、殿本作“焕”，據中華本校勘記改。袁涣，東漢末陳郡扶樂（今河南省太康縣西北）人，字曜卿，漢司徒袁滂子。劉備舉爲茂才。後避地江淮，爲袁術所辟用，後被吕布拘留。吕布敗後歸曹操。任郎中令、行御史大夫事等職。

[3]吕：縣名，治所在今江蘇省徐州市銅山區東南舊黄河北岸吕梁集。

[4]江都：縣名，治所在今江蘇省揚州市西南。

[5]丹楊：縣名，治所在今安徽省當塗縣小丹陽鎮。楊，原本、殿本作“陽”，宋本作“揚”，據中華本改。

[6]奉朝請：原爲兩漢朝廷給與退休大臣、列侯、宗室、外戚等的一種政治優待。西晋時成爲加官名號。晋武帝以宗室、外戚爲奉車都尉、駙馬都尉、騎都尉，並授此號。

[7]治書御史：官名，即治書侍御史，簡稱治書御史、御史治

書、侍書。屬諸侍御史之一種，亦簡稱侍御史、侍御、御史。西漢時掌圖籍文書，東漢時屬御史臺，職掌也變爲審理疑獄、平廷尉奏事。魏晋南北朝時爲御史中丞佐貳，掌監察、彈劾高級官員，也奉命出使，緝拿犯官。六品。

[8]東海王越：司馬越，字元超，本書卷五九有傳。　石勒：字世龍，本書卷一〇四有載記。

[9]廬江：郡名，三國魏、吴於境内各置廬江郡，魏治所在六安縣（今安徽省六安市北），吴治所在皖縣（今安徽省潛山市）。西晋合爲一，治所在舒縣（今安徽省廬江縣西南）。

[10]大將軍：官名，高級軍事統帥。曹魏時多以之屯駐長安，對付蜀漢，蜀漢以其爲最高軍事長官，孫吴則别置上大將軍居其上。西晋時爲八公之一，位居上公、大司馬下，三公之上。東晋時常專擅軍政事務。一品。　諮議參軍：官名，大將軍府屬官。掌咨詢謀議軍事，位在諸參軍之上。

[11]臨川：郡名，治所在臨汝縣（今江西省撫州市臨川區西）。

[12]鎮南將軍：官名，與鎮東、鎮西、鎮北將軍合稱四鎮將軍。多爲持節都督，出鎮方面。曹魏二品。晋改三品，加持節都督者二品。　卞敦：字仲仁，本書卷七〇有傳。　軍司：官名，即軍師，因避司馬師諱，故改。爲軍府主要屬僚，佐主帥統軍隊，負有匡正監察主帥之責，地位很高，常繼任主帥。

[13]會稽：郡名，治所在山陰縣（今浙江省紹興市）。

[14]蘇峻：字子高，本書卷一〇〇有傳。

[15]王舒：字處明，本書卷七六有傳。

[16]大司農：官名，掌管全國財政和各地的屯田。三品。

于時喪亂之後，禮教陵遲，[1]瓌上疏曰：

臣聞先王之教也，崇典訓以弘遠代，明禮學以流後生，[2]所以導萬物之性，暢爲善之道也。宗周既興，文史載焕，端委垂於南蠻，[3]頌聲溢於四海，故延州聘魯，[4]聞雅而嘆；韓起適魯，[5]觀易而美。何者？立人之道，於斯爲首。孔子恂恂以教洙泗，[6]孟軻係之，誨誘無倦，是以仁義之聲于今猶存，禮讓之節時或有之。

[1]陵遲：敗壞。

[2]流後生：流，殿本作"統"。

[3]端委垂於南蠻：禮儀教化到南蠻。端委，古代禮服。《左傳·昭公元年》："吾與子弁冕端委，以治民臨諸侯。"杜預注："端委，禮衣。"孔穎達疏引服虔曰："禮衣端正無殺，故曰端；文德之衣尚褒長，故曰委。"

[4]延州聘魯：延州，即季札，奉使到魯國，觀賞周代歌舞音樂，加以分析，藉此評論周朝及諸侯盛衰大勢。當他看到舞《韶箾》時，感嘆説："觀止矣！若有他樂，吾不敢請已！"

[5]韓起適魯：韓起，韓宣子。《左傳·昭公二年》："二年春，晋侯使韓宣子來聘，且告爲政而來見，禮也。觀書于大史氏，見《易》《象》與《魯春秋》，曰：'周禮盡在魯矣。吾乃今知周公之德與周之所以王也。'"

[6]洙泗：洙水和泗水，孔子講學之地。泛指儒家。

疇昔皇運陵替，喪亂屢臻，[1]儒林之教漸頽，[2]庠序之禮有闕，[3]國學索然，墳籍莫啓，有心之徒抱志無由。昔魏武帝身親介胄，務在武功，猶尚廢鞍覽卷，投戈吟咏，况今陛下以聖明臨朝，百官以虔恭莅事，朝野無虞，[4]江外謐静，如之何泱泱之風漠然無聞，洋洋之美墜於聖世乎！[5]古人有言，“《詩》《書》義之府，《禮》《樂》德之則”。實宜留心經籍，闡明學義，使諷誦之音盈於京室，味道之賢是則是咏，豈不盛哉！若得給其宅地，備其學徒，博士僚屬粗有其官，則臣之願也。

[1]喪亂屢臻：喪亂屢屢到來。

[2]漸頹：漸，宋本作“暫”。

[3]庠序：學校。

[4]無虞：虞，殿本作“慮”。

[5]聖世：宋本無“聖”字。

疏奏，成帝從之。國學之興，自瓌始也，以年在懸車，[1]上疏告老，尋卒。追贈光禄大夫，[2]謚曰恭。子喬嗣。

[1]懸車：致仕，退休。

[2]光禄大夫：官名，三公等大臣告老回家即拜此職，或作爲在朝顯職的加官。三品，開府位從公者一品。

喬，字彦叔。初拜佐著作郎。[1]輔國將軍桓温請爲司馬，[2]除司徒左西屬，[3]不就，拜尚書郎。桓温鎮京口，[4]復引爲司馬，領廣陵相。[5]初，喬與褚裒友善，及康獻皇后臨朝，[6]喬與裒書曰：“皇太后踐登正祚，[7]臨御皇朝，將軍之於國，外姓之太上皇也。至於皇子近屬，咸有揖讓之禮，而况策名人臣，而交媟人父，[8]天性攸尊，亦宜體國而重矣。故友之好，請於此辭。染絲之變，[9]墨翟致懷，[10]岐路之感，[11]楊朱興嘆，[12]况與將軍游處少長，雖世譽先後而臭味同歸也。平昔之交，與禮數而降，箕踞之歡，[13]隨時事而替，雖欲虚咏濠肆，脱落儀制，其能得乎！來物無停，變化遷代，豈惟寸晷，事亦有之。夫御器者神，制衆以約，願將軍怡情無事，以理勝爲任，親杖賢達，[14]以納善爲大。執筆惆悵，不能自盡。”論者以爲得禮。[15]

[1]佐著作郎：官名，三國時隸屬中書省，西晋改隸屬秘書省，協助著作郎修撰國史及起居注，整理秘書省所藏典籍。七品。

[2]輔國將軍：官名，屬將軍名號，三國兩晋皆置。三品。　桓温：字元子，本書卷九八有傳。

[3]司徒左西屬：官名，司徒府僚屬，參掌左西曹。如掾闕則爲左西曹長官。

[4]京口：地名，即今江蘇省鎮江市。

[5]廣陵：郡名，治所在廣陵縣（今江蘇省揚州市西北蜀岡上）。　相：官名，郡國相，也稱内史。五品。

[6]康獻皇后：褚蒜子，本書卷三二有傳。

[7]正祚：祚，宋本作“阼”。

[8]交媟：侮慢，不尊重。

[9]染絲之變：受熏陶起變化。

[10]墨翟致懷：《墨子·所染》：“子墨子言見染絲者而嘆，曰：‘染於蒼則蒼，染於黄則黄，所入者變，其色亦變。五入必，而已則爲五色矣。故染不可不慎也。’”

[11]岐路之感：《列子·説符》：“楊子之鄰人亡羊，既率其党，又請楊子之豎追之。楊子曰：‘嘻！亡一羊何追者之衆？’鄰人曰：

‘多歧路。’既反，問：‘获羊乎？’曰：‘亡之矣。’曰：‘奚亡之？’曰：‘歧路之中又有歧焉，吾不知所之，所以反也。’楊子戚然變容，不言者移時，不笑者竟日。”

[12]楊朱：又稱楊子、楊生、陽生、陽子居。戰國時魏國人。其學説與墨翟俱稱顯學。其思想核心爲“貴己”“重生”，主張“全性保真，不以物累形”。

[13]箕踞：兩腿張開坐，形似簸箕。古人認爲是一種無禮坐姿。

[14]親杖：杖，宋本作“仗”。

[15]論者以爲得禮：中華本校勘記：“《通志》一二九下‘禮’作‘體’。”

遷安西諮議參軍、長沙相，[1]不拜。尋督沔中諸戍江夏隨義陽三郡軍事、建武將軍、江夏相。[2]時桓温謀伐蜀，衆以爲不可，喬勸温曰：“夫經略大事，故非常情所具，智者了於胸心，然後舉無遺算耳。今天下之難，二寇而已。蜀雖險固，方胡爲弱，將欲除之，先從易者。今泝流萬里，[3]經歷天險，彼或有備，不必可克。然蜀人自以斗絶一方，恃其完固，不修攻戰之具，若以精卒一萬，輕軍速進，比彼聞之，我已入其險要，李勢君臣不過自力一戰，[4]擒之必矣。[5]論者恐大軍既西，胡必闚覦，此又似是而非。何者？胡聞萬里征伐，以爲内有重備，必不敢動。縱復越逸江渚，諸軍足以守境，此無憂矣。蜀土富實，[6]號稱天府，昔諸葛武侯欲以抗衡中國。今誠不能爲害，然勢據上流，易爲寇盜。若襲而取之者，有其人衆，此國之大利也。”温從之，使喬以江夏相領二千人爲軍鋒。師次彭模，[7]去賊已近，議者欲兩道並進，以分賊勢。喬曰："今深入萬里，置之死地，士無反顧之心，所謂人自爲戰者也。今分爲兩軍，軍力不一，萬一偏敗，則大事去矣。不如全軍而進，棄去釜甑，賫三日糧，勝可必矣。"温以爲然，即一時俱進。去成都十里，[8]與賊大戰，前鋒失利，喬軍亦退，矢及馬首，左右失色。喬因麾而進，聲氣愈厲，遂大破之，長驅至成都。李勢既降，勢將鄧定、隗文以其屬反，衆各萬餘。温自擊定，喬擊文，破之。進號龍驤將軍，[9]封湘西伯。尋卒，年三十六，温甚悼惜之。追贈益州刺史，謚曰簡。

[1]安西諮議參軍：官名，安西將軍府屬官。掌咨詢謀議軍事，位在諸參軍之上。　長沙：郡名，治所在臨湘縣（今湖南省長沙市）。

[2]督沔中諸戍江夏隨義陽三郡軍事：即督數郡諸軍事，沔中諸戍及江夏、隨、義陽三郡軍事行政長官，位低於都督和監。　建武將軍：官名，東漢末曹操置，統兵征伐。四品。武，宋本作"戍"。　江夏：郡名，三國魏治所在上昶城（今湖北省雲夢縣），西晋移治安陸縣（今湖北省安陸市西南）。

[3]泝流萬里：泝，宋本作"浙"。

[4]李勢：字子仁，本書卷一二一有載記。

[5]擒之必矣：必，宋本作"畢"。

[6]富實：實，宋本作"貴"。

[7]彭模：彭模城，又稱彭亡城、彭亡聚、平模城，位於今四川省眉山市彭山區東南岷江東岸。

[8]成都：縣名，治所在今四川省成都市。

[9]龍驤將軍：官名，高級軍事將領。三品。

喬博學有文才，注《論語》及《詩》，并諸文筆皆行於世。

子方平嗣，亦以軌素自立，辟大司馬掾，[1]歷義興、琅邪太守。[2]卒，子山松嗣。

[1]大司馬掾：官名，大司馬府的屬吏。大司馬，官名，八公之一，位在上公之下、大將軍及三公之上，高級將帥，多爲大臣加官。一品。

[2]義興：郡名，治所在陽羨縣（今江蘇省宜興市）。　琅邪：封國名，東晋僑置於今江蘇省南京市栖霞區。

山松，少有才名，博學有文章，著《後漢書》百篇。襟情秀遠，[1]善音樂。舊歌有《行路難》曲，辭頗疏質，山松好之，乃文其辭句，婉其節制，每因酣醉縱歌之，聽者莫不流涕。初，羊曇善唱樂，[2]桓伊能挽歌，[3]及山松《行路難》繼之，時人謂之"三絶"。時張湛好於齋前種松柏，[4]而山松每出游，好令左右作挽歌，人謂"湛屋下陳尸，山松道上行殯"。

[1]襟情秀遠：襟，宋本、殿本作"衿"。

[2]羊曇：謝安外甥，事見本書卷七九《謝安傳》。

[3]桓伊：字叔夏，本書卷八一有傳。

[4]張湛：《世説新語·任誕》劉孝標注引《晋東宫官名》："湛字處度，高平人。"有《列子注》傳世。　好於：於，殿本作"爲"。

山松歷顯位，爲吴郡太守。[1]孫恩作亂，[2]山松守滬瀆城，[3]城陷被害。

［1］吴郡：治所在吴縣（今江蘇省蘇州市）。

［2］孫恩：字靈秀，本書卷一〇〇有傳。

［3］滬瀆城：滬瀆，原指今上海市西舊青浦鎮附近古吴淞江。後隨着長江三角洲的擴展，江身下移，滬瀆之名遂移至今上海市區吴淞江。

猷，字申甫，少與瓌齊名。代瓌爲吕令，復相繼爲江都，由是俱渡江。瓌爲丹楊，[1]猷爲武康，[2]兄弟列宰名邑，論者美之。歷位侍中、衛尉卿。[3]猷孫宏，見《文苑傳》。

［1］丹楊：楊，原本、殿本作“陽”，宋本作“楊”，據宋本改。

［2］武康：縣名，治所在今浙江省德清縣千秋村。

［3］衛尉卿：官名，衛尉的尊稱。掌宫廷警衛，兼管武庫、冶鑄，領江北冶令三十九員、南北東西諸督冶掾。三品。

準，字孝尼，以儒學知名，注《喪服經》。官至給事中。[1]準子沖，字景玄，光禄勛。[2]沖子耽。

［1］給事中：官名，爲加官，所加爲三公、將軍、中書監令、博士、郎等。常侍從皇帝左右，諫諍糾彈，爲中朝要職。五品。

［2］光禄勛：官名，侍從皇帝左右，掌宫廷宿衛。西晋時兼掌原屬少府的一部分宫廷供御事務。三品。

耽，字彦道，少有才氣，俶儻不羈，[1]爲士類所稱。桓温少時游於博徒，資産俱盡，尚有負，進思自振之方，莫知所出，欲求濟於耽，而耽在艱，試以告焉。耽略無難色，遂變服懷布帽，隨温與債主戲。耽素有藝名，債者聞之而不相識，謂之曰："卿當不辦作袁彦道也。"遂就局，十萬一擲，[2]直上百萬。耽投馬絶叫，探布帽擲地，曰："竟識袁彦道不？"其通脱若此。

[1]俶儻不羈：豪爽灑脱，不可拘束。

[2]十萬一擲：擲，宋本作"都"。

蘇峻之役，王導引爲參軍，隨導在石頭。[1]初，路永、匡術、賈寧等皆峻心腹，聞祖約奔敗，[2]懼事不立，迭説峻誅大臣。峻既不納，永等慮必敗，陰結於導。導使耽潛説路永，使歸順。峻平，封秭歸男，拜建威將軍、歷陽太守。[3]

[1]石頭：石頭城，故址在今江蘇省南京市清涼山。

[2]祖約：字士少，祖逖同母弟，本書卷一〇〇有傳。

[3]建威將軍：官名，領兵征戰，曹魏、孫吴、西晋皆置。四品。　歷陽：郡名，西晋永興元年（304）置，治所在歷陽縣（今安徽省和縣）。

咸康初，石季龍游騎十餘匹至歷陽，[1]耽上列不言騎少。時胡寇强盛，朝野危懼，王導以宰輔之重請自討之。既而賊騎不多，又已退散，導止不行。朝廷以耽失於輕安，黜之。尋復爲導從事中郎，[2]方加大任，會卒，時年二十五。子質。

[1]石季龍：即石虎，石勒從子，本書卷一〇六有載記。

[2]從事中郎：官名，東漢時爲大將軍屬官，地位較高。魏晋時爲將軍府或公府屬官。六品。此爲王導司徒府從事中郎。

質，字道和。自涣至質五世，並以道素繼業，惟其父耽以雄豪著。及質，又以孝行稱。官歷琅邪内史、東陽太守。[1]質子湛。

[1]東陽：郡名，治所在長山縣（今浙江省金華市）。

湛，字士深。少有操植，以冲粹自立，而無文華。故不爲流俗所重。時謝混爲僕射，[1]范泰贈湛及混詩云：[2]"亦有後出隽，離群頗騫翥。"[3]湛恨而不答。自中書令爲僕射、左光禄大夫、晋寧男，[4]卒於官。湛弟豹。

[1]謝混：字叔源，本書卷七九有傳。　僕射：官名，即尚書左僕射，尚書省次官。輔助尚書令執行政務，參議大政，諫諍得失，監察糾彈百官。有時尚書省不置令，祇設左、右僕射，此時左僕射居右僕射之上。三品。

[2]范泰：南朝宋南陽順陽（今河南省淅川縣）人，字伯倫。東晋末爲太學博士，衛將軍謝安、驃騎將軍會稽王道子二府參軍。後任黄門郎、御史中丞。劉宋建立後，拜金紫光禄大夫，加散騎常侍。文帝時進位侍中、左光禄大夫、國子祭酒，領江夏王師。暮年

事佛。

［3］鶱翥：高飛。

［4］中書令：官名，掌收納尚書奏事、傳達皇帝詔旨。三國魏文帝初年分秘書置中書省，設中書監和中書令，職權甚重。三品。

豹，字士蔚。博學善文辭，有經國材，[1]爲劉裕所知。[2]後爲太尉長史、丹楊尹，[3]卒。

［1］經國材：材，殿本作“才”。

［2］劉裕：字德輿，小名寄奴，彭城（今江蘇省徐州市）人，南朝宋開國皇帝。世居京口，初爲東晋冠軍司馬，後被劉牢之任爲參軍。歷任鎮軍將軍、都督十六州諸軍事，官至相國，受封宋王。元熙二年（420）代晋稱帝。卒謚武皇帝，廟號高祖。

［3］太尉：官名，曹操爲丞相後，太尉府屬官歸相府，晋時太尉雖爲八公之一、三公之首，實爲名譽宰相，多爲大臣加官。一品。　長史：官名，太尉府掾屬之長，佐太尉總管府内諸曹。六品。　丹楊尹：官名，東晋京城所在郡府長官，掌京城行政諸務並詔獄，亦稱“京尹”。三品。楊，殿本作“陽”。

江逌

江逌，字道載，陳留圉人也。[1]曾祖蕤，譙郡太守。[2]祖允，蕪湖令。[3]父濟，安東參軍。[4]逌少孤，與從弟灌共居，甚相友悌，由是獲當時之譽。避蘇峻之亂，屏居臨海，絶棄人事，翦茅結宇，耽玩載籍，有終焉之志。本州辟從事，除佐著作郎，並不就。征北將軍蔡謨命爲參軍，[5]何充復引爲驃騎功曹。[6]以家貧，求試守，爲太末令。[7]縣界深山中，有亡命數百家，恃險爲阻，前後守宰莫能平。逌到官，召其魁帥，厚加撫接，諭以禍福，旬月之間，襁負而至，朝廷嘉之。州檄爲治中，[8]轉別駕，遷吴令。[9]

[1]陳留：郡國名，治所在小黄縣（今河南省開封市東）。圉：縣名，治所在今河南省杞縣西南圉鎮。

[2]譙郡：郡國名，曹魏置，治所在譙縣（今安徽省亳州市）。

[3]蕪湖：縣名，治所在今安徽省蕪湖市東。

[4]安東參軍：官名，安東將軍府佐官。參軍，亦作參軍事，謂參謀軍事。兩晋公府、軍府皆置。

[5]征北將軍：官名，與征東、征西、征南將軍合稱四征將軍。三國魏、蜀、吴及兩晋皆置，出鎮方面，地位顯要。三品，加持節都督者二品。　蔡謨：字道明，本書卷七七有傳。

[6]何充：字次道，本書卷七七有傳。　驃騎功曹：官名，驃騎將軍府屬吏。功曹史，官名，晋朝不開府將軍、太子二傅、特進、郡縣皆置的屬官，掌吏員賞罰任免事宜。

[7]太末：縣名，治所在今浙江省龍游縣。

[8]治中：官名，治中從事史、治中從事的省稱。州之佐吏，掌選署及文書案卷。魏晋之世，身份雖低，職權極重。

[9]吴：縣名，治所在今江蘇省蘇州市吴中區。

中軍將軍殷浩將謀北伐，[1]請爲諮議參軍。[2]浩甚重之，遷長史。浩方修復洛陽，[3]經營荒梗，逌爲上佐，甚有匡弼之益，軍中書檄皆以委逌。時羌及丁零叛，[4]浩軍震懼。姚襄去浩十里結營以逼浩，[5]浩令逌擊之。逌進兵至襄營，謂將校曰："今兵非不精，而衆少於羌，且其塹栅甚固，難與校力，吾當以計破之。"乃取數百鷄以長繩連之，繫火於足。群鷄駭散，飛集襄營。襄營火發，因其亂，隨而擊之，襄遂小敗。[6]及桓温奏廢浩佐吏，逌遂免。頃之，除中書郎。[7]升平中，遷吏部郎，[8]長兼侍中。

[1]中軍將軍：官名，西晋時統左右衛、前後左右驍騎等宿衛七營禁軍，主管京師及朝廷警衛。泰始四年（268）罷，置北軍中候代其職。後爲將軍名號，與鎮軍將軍、撫軍將軍並爲三名號將軍，不統禁兵。三品。　殷浩：字深源，本書卷七七有傳。

[2]諮議參軍：參，殿本作"修"。

[3]洛陽：古都名，在今河南省洛陽市東北。

[4]丁零：古民族名。又稱丁令、丁靈。漢時爲匈奴屬國，游牧於我國北部和西北部廣大地區。魏晋南北朝時有部分進入中原。

[5]姚襄：字景國，本書卷一一六有載記。

[6]小敗：小，殿本作"少"。

[7]中書郎：官名，隸屬中書令。掌草擬詔書、外出執行重要使命等。亦作爲中書通事郎、中書侍郎的省稱。五品。

[8]吏部郎：官名，尚書省吏部曹長官通稱。亦稱郎中，資深者可轉侍郎。屬吏部尚書，主管官吏選任、銓叙、調動事務，對五品以下官吏之任免有建議權。六品。

穆帝將修後池，起閣道，逌上疏曰：

臣聞王者處萬乘之極，享富有之大，必顯明制度以表崇高，盛其文物以殊貴賤。建靈臺，[1]浚辟雍，[2]立宫館，設苑囿，所以弘於皇之尊，彰臨下之義。前聖創其禮，後代遵其矩，當代之君咸營斯事。周宣興百堵之作，[3]《鴻雁》歌安宅之歡；[4]

魯僖修泮水之宫，[5]采芹有思樂之頌。[6]蓋上之有爲非予欲是盈，下之奉上不以劬勞爲勤，[7]此自古之令典，軌儀之大式也。

[1]靈臺：古時帝王觀察天文星象、妖祥灾異的建築。

[2]辟雍：西周天子所設大學。東漢以後，爲行鄉飲酒、大射或祭祀之禮的地方。漢班固《白虎通·辟雍》："天子立辟雍何？辟雍，所以行禮、樂宣德化也。辟者，璧也，象璧圓，以法天也。雍者，壅之以水，象教化流行也。辟之言積也，積天下之道德；雍之爲言壅也，天下之儀則。故謂之辟雍也。"

[3]周宣：西周王，姬姓，名静。厲王之子，公元前827至前782年在位。早年勵精圖治，有宣王中興之譽，晚年窮兵黷武，國勢漸衰。

[4]《鴻雁》：《詩·小雅·鴻雁序》："《鴻雁》，美宣王也。萬民離散，不安其居，而能勞來還定安集之，至于矜寡，無不得其所焉。宣王承厲王衰亂之敝，而起興復先王之道，以安集衆民爲始也。"

[5]魯僖：魯僖公，春秋時魯國國君，名申，魯莊公少子，公元前659至前627年在位。魯國慶父之亂後，被季友從邾國迎回來即位。　泮水之宫：即泮宫，西周諸侯所設大學。《漢書》卷二五《郊祀志上》："周公相成王，王道大洽，制禮作樂，天子曰明堂辟雍，諸侯曰泮宫。"

[6]采芹有思樂之頌：語見《詩·魯頌·泮水》："思樂泮水，薄采其芹。魯侯戾止，言觀其旂。其旂茷茷，鸞聲噦噦。無小無大，从公于邁。"

[7]劬勞：辛苦勞累。

夫理無常然，三正相詭，[1]司牧之體，與世而移。致飾則素，故《賁》返於《剥》；[2]有大必盈，則受之以《謙》。[3]損上益下，順兆庶之悦；[4]享以二簋，用至約之義。是以唐虞流化於茅茨，夏禹垂美於卑室。過儉之陋，[5]非中庸之制，然三聖行之以致至道。漢高祖當營建之始，怒宫庫之壯；孝文處既富之世，愛十家之産，亦以播惠當時，著稱來葉。

[1]三正相詭：天地人之正道互相影響變化。

[2]《賁》：六十四卦之一。《易·賁·卦辭》：“賁。亨。小利有攸往。”高亨注：“賁，卦名也。亨，即享字。古人舉行享祀，曾筮遇此卦，故記之曰亨。”　《剥》：六十四卦之一。卦六爻，一條陽爻在上，五條陰爻在下，陰氣盛，陽氣衰，象徵小人得勢，君子不利。後謂時運不利爲剥。

[3]《謙》：六十四卦之一。《易·謙·彖辭》：“謙。亨。天道下濟而光明，地道卑而上行；天道虧盈而益謙，地道變盈而流謙，鬼神害盈而福謙，人道恶盈而好謙，謙尊而光，卑而不可逾，君子之終也。”

[4]兆庶：百姓。

[5]過儉之陋：儉，宋本作“險”。

今者二虜未殄，神州荒蕪，舉江左之衆，[1]經略艱難，漕揚越之粟，[2]北餽河洛，兵不獲戢，運戍悠遠，倉庫内罄，百姓力竭。加春夏以來，水旱爲害，遠近之收普减常年，財傷人困，大役未已，軍國之用無所取給。方之往代，豐弊相懸。損之又損，實在今日。伏惟陛下聖質天縱，凝曠清虚，闡日新之盛，茂欽明之量，無欲體於自然，冲素刑乎萬國。韶既盡美，則必盡善。[3]宜養以玄虚，守以無爲，登覽不以臺觀，游豫不以苑沼，偃息畢於仁義，馳騁極於六藝，觀巍巍之隆，鑒二代之文，仰味羲農，[4]俯尋周孔。其爲逍遥，足以遵道德之輔，[5]親搢紳之秀。疇咨以時，顧問不倦，獻替諷諫，日月而聞，則庶績惟凝，六合咸熙，[6]中興之盛，邁於殷宗，[7]休嘉之慶，流乎無窮。

[1]江左：江東。因自北方視之，江東在左，江西在右，故稱。

[2]揚越：揚，原本作“楊”，宋本、殿本作“揚”，據宋本、殿本改。

[3]盡善：善，宋本作“美”。

[4]羲農：伏羲氏和神農氏。

[5]遵道德之輔：遵，宋本、殿本作“尊”。

[6]六合咸熙：天下和睦安樂。

[7]殷宗：即殷高宗，又稱武丁、殷武，名昭，小乙之子。曾被父置於民間，知稼穡之艱難、百姓之疾苦。即位後求賢覓才，以傅説爲相，使王朝興盛。死後尊爲高宗。

昔漢起德陽，鍾離抗言；[1]魏營宫殿，陳群正辭。[2]臣雖才非若人，然職忝近侍，言不足采，而義在以聞。

帝嘉其言而止。復領本州大中正。[3]升平末，遷太常，逌累讓不許。

[1]鍾離：鍾離意，東漢會稽山陰（今浙江省紹興市）人，字

子阿，初瑕丘令、堂邑令。明帝即位，徵爲尚書。永平三年（60）夏，大旱。時大建北宫，鍾離意詣闕免冠上疏諫止。後被任爲魯相，離開京城。當德陽殿建成之後，明帝對公卿説："鍾離尚書若在，此殿不立。"

［2］陳群：三國潁川（今河南省許昌市東）人，字長文，陳寔孫。歷任曹魏御史中丞、尚書令、中領軍、中護軍，録尚書事等職，官至司空。九品官人法的倡建者。

［3］大中正：州一級評定士人品第的官員。

穆帝崩，山陵將用寶器，[1]逌諫曰："以宣皇顧命終制，山陵不設明器，以貽後則。景帝奉遵遺制。逮文明皇后崩，武皇帝亦承前制，無所施設，惟脯糒之奠，瓦器而已。昔康皇帝玄宫始用寶劍金舄，此蓋太妃罔已之情，實違先旨累世之法。今外欲以爲故事，臣請述先旨，停此二物。"書奏，從之。

［1］山陵：皇帝陵墓。陵，殿本作"林"。

哀帝以天文失度，欲依《尚書》洪祀之制，[1]於太極前殿親執虔肅，[2]冀以免咎，使太常集博士草其制。逌上疏諫曰：

臣尋《史》《漢》舊事，[3]《藝文志》劉向《五行傳》，洪祀出於其中。然自前代以來，莫有用者。又其文惟説爲祀，而不載儀注。此蓋久遠不行之事，非常人所參校。按《漢儀》，天子所親之祠，惟宗廟而已。祭天於雲陽，[4]祭地於汾陰，[5]在於别宫遥拜，不詣壇所。其餘群祀之所，必在幽静，是以圓丘方澤列於郊野。今若於承明之庭，正殿之前，設群神之坐，行躬親之禮，準之舊典，有乖常式。

［1］洪祀：大祀，最隆重的祭祀。《周禮·春官·肆師》："立大祀用玉帛、牲牷，立次祀用牲幣，立小祀用牲。"鄭玄注："鄭司農曰：'大祀，天地；次祀，日月星辰；小祀，司命以下。'玄謂，大祀又有宗廟，次祀又有社稷，五祀五岳，小祀又有司中、風師、山川、百物。"

［2］太極前殿：太極殿前殿。太極殿爲東晋都城正殿。《景定建康志》卷二一《城闕志·古宫殿》："建康宫内正殿，晋初造以十二間，象十二月。"

［3］舊事：事，殿本作"制"。

［4］雲陽：縣名，治所在今陝西省淳化縣西北。

［5］汾陰：縣名，治所在今山西省萬榮縣西南廟前村北。

臣聞妖眚之發，所以鑒悟時主，故寅畏上通，則宋灾退度；[1]德禮增修，則殷道以隆。[2]此往代之成驗，不易之定理。頃者星辰頗有變異，陛下祇戒之誠達於天人，在予之懼，忘寢與食，仰虔玄象，[3]俯凝庶政，嘉祥之應，實在今日。而猶乾乾夕惕，思廣兹道，誠實聖懷殷勤之至。然洪祀有書無儀，不行於世，詢訪時學，莫識其理。[4]且其文曰："洪祀，大祀也。陽曰神，陰曰靈。舉國相率而行祀，順四時之序，無令過差。"今按文而言，皆漫而無適，不可得詳。若不詳而修，其失不小。

[1]宋灾退度：宋景公時，火星出現在心宿的位置上。占星者子韋對景公説心宿代表宋國的版圖，火星出現在那裏，預示天要懲罰宋國君主。但是占星者有辦法把灾禍轉移到宰相身上。景公認爲宰相是治理國家的重臣，不可。子韋又説可以移禍於百姓，宋景公反問：百姓都死了，他當誰的君主。子韋又説移禍於當年的收成也行，宋景公説收成受禍必發生饑荒，發生饑荒百姓必被餓死。作爲君主用殺害百姓的辦法使自己活命，誰還以其爲君主。子韋便恭恭敬敬地施了個禮，表示天居高而聽卑，宋景公剛剛所作的三種回答，都是至德至善之言，天一定都聽見了，一定會對宋景公加以賞賜。當夜火星一定會移開心宿三舍，而宋景公的生命也將延長二十一年。事見《史記》卷三八《宋微子世家》。

[2]德禮增修，則殷道以隆：《史記》卷三《殷本紀》："亳有祥桑穀共生於朝，一暮大拱。帝太戊懼，問伊陟。伊陟曰：'臣聞妖不勝德，帝之政其有闕與？帝其修德。'太戊從之，而祥桑枯死而去。"

[3]玄象：天象。

[4]莫識其理：理，宋本、殿本作"禮"。

帝不納，逌又上疏曰：

臣謹更思尋，參之時事。今强戎據於關雍，桀狄縱於河朔，封豕四逸，虔劉神州，[1]長旌不卷，鉦鼓日戒，兵疲人困，歲無休已。人事弊於下，則七曜錯於上，[2]灾沴之作，固其宜然。又頃者以來，[3]無乃大異。彼月之蝕，義見詩人，星辰莫同，載於《五行》，故《洪範》不以爲沴。

[1]虔劉：搶掠，屠殺。劉，宋本作"釗"。

[2]七曜：日、月、金星、木星、水星、火星、土星。

[3]頃者：頃，宋本作“項”。

陛下今以晷度之失同之六沴，[1]引其輕變方之重眚，求己篤於禹湯，憂勤逾乎日昃，[2]將修大祀，以禮神祇。《傳》曰：“外順天地時氣而祭其鬼神。”然則神必有號，祀必有義。[3]按洪祀之文，惟神靈大略而無所祭之名，稱舉國行祀而無貴賤之阻，有赤黍之盛而無牲醴之奠，儀法所用，闕略非一。若率文而行，則舉義皆閡；有所施補，則不統其源。漢侍中盧植，[4]時之達學，受法不究，則不敢厝心。誠以五行深遠，神道幽昧，探賾之求難以常思，[5]錯綜之理不可一數。臣非至精，孰能與此！

帝猶敕撰定，逌又陳古義，帝乃止。

[1]六沴：謂六氣不和。氣不和而相傷爲沴。《尚書大傳》卷三：“維時洪祀，六沴用咎于下，是用知不畏而神之怒。”

[2]日昃：太陽偏西。比喻勤勞。

[3]祀必有義：義，宋本作“儀”。

[4]盧植：東漢涿郡涿縣（今河北省涿州市）人，字子干。少師事馬融。靈帝時徵爲博士。歷任九江太守、議郎、北中郎將、尚書等。因反對董卓廢少帝被免官，隱於上谷。

[5]探賾：探索奥秘。

逌在職多所匡諫。著《阮籍序贊》《逸士箴》及詩賦奏議數十篇行於世。[1]病卒，時年五十八。子蔚，吴興太守。[2]

［1］《逸士箴》：中華本校勘記："《斠注》：《類聚》三六引作'逸民箴'。按：疑本作'逸民'，語出《論語》。唐人避李世民之名改'民'爲'士'。"

［2］吴興：郡名，治所在烏程縣（今浙江省湖州市南）。

灌，字道群。父嘗，尚書郎。灌少知名，才識亞于逌。州辟主簿，[1]舉秀才，[2]爲治中，轉别駕，歷司徒屬、北中郎長史，[3]領晋陵太守。簡文帝引爲撫軍從事中郎，[4]後遷吏部郎。時謝奕爲尚書，[5]銓叙不允，灌每執正不從，奕託以他事免之，[6]受黜無怨色。頃之，簡文帝又以爲撫軍司馬，[7]甚相賓禮。遷御史中丞，轉吴興太守。

［1］主簿：官名，此爲州主簿。典領文書籍簿，省録衆事，職權甚重。

［2］秀才：察舉科目，州舉秀才，郡舉孝廉。

［3］司徒屬：即司徒左西屬。　北中郎長史：官名，北中郎將軍府長史。掌顧問参謀，爲所在官署掾屬之長。

［4］從事中郎：官名，東漢時爲大將軍屬官，地位較高。魏晋時爲將軍府或公府屬官。六品。此爲撫軍將軍府從事中郎。

［5］謝奕：字無奕，本書卷七九有傳。

［6］奕：宋本作"弈"。

［7］撫軍司馬：官名，撫軍將軍府高級幕僚。掌参讚軍務、管理府内武職，位次於長史。七品。

灌性方正，視權貴蔑如也，爲大司馬桓温所惡。温欲中傷之，徵拜侍中，以在郡時公事有失，追免之。後爲秘書監，[1]尋復解職。時温方執權，朝廷希旨，故灌積年不調。温末年，以爲諮議參軍。會温薨，遷尚書、中護軍，[2]復出爲吴郡太守，加秩中二千石，未拜，卒。子績。

[1]秘書監：官名，秘書省長官，掌管藝文圖籍、課試署吏，統著作局，掌國史修撰並管理中外三閣圖書。三品。

[2]中護軍：官名，掌武官選舉，與中領軍同掌禁軍。曹魏四品，晋三品。

績，字仲元，有志氣，除秘書郎。[1]以父與謝氏不穆，故謝安之世辟召無所從，[2]論者多之。安薨，始爲會稽王道子驃騎主簿，[3]多所規諫。歷諮議參軍，出爲南郡相。[4]會荆州刺史殷仲堪舉兵以應王恭，[5]仲堪要績與南蠻校尉殷顗同行，[6]並不從。仲堪等屢以爲言，績終不爲之屈。顗慮績及禍，乃於仲堪坐和解之。績曰："大丈夫何至以死相脅！江仲元行年六十，但未知獲死所耳。"[7]一坐皆爲之懼。仲堪憚其堅正，以楊佺期代之。[8]朝廷聞而徵績爲御史中丞，奏劾無所屈撓。

[1]秘書郎：官名，秘書令屬官，掌管文書機要，亦掌整理典籍、考核舊文。六品。

[2]謝安：字安石，本書卷七九有傳。

[3]會稽王道子：司馬道子，字道子，本書卷六四有傳。　驃騎主簿：官名，驃騎將軍府屬官。典領文書籍簿，省録衆事，職權甚重。

[4]南郡：治所在江陵縣（今湖北省江陵縣）。

［5］殷仲堪：本書卷八四有傳。　王恭：字孝伯，本書卷八四有傳。

［6］南蠻校尉：官名，亦稱護南蠻校尉，府鎮襄陽，東晋改鎮江陵。掌荆州及江州少數民族事務，統兵。四品。

［7］但未知：但，宋本作“伹”。

［8］楊佺期：本書卷八四有傳。

會稽世子元顯專政，夜開六門，績密啓會稽王道子，欲以奏聞，道子不許。車胤亦曰：“元顯驕縱，宜禁制之。”道子默然。元顯聞而謂衆曰：“江績、車胤間我父子。”遣人密讓之。[1]俄而績卒，朝野悼之。

［1］讓：責備。

車胤

車胤，字武子，南平人也。[1]曾祖浚，吴會稽太守。父育，郡主簿。太守王胡之名知人，見胤於童幼之中，謂胤父曰：“此兒當大興卿門，可使專學。”胤恭勤不倦，博學多通。家貧不常得油，夏月則練囊盛數十螢火以照書，以夜繼日焉。及長，風姿美劭，機悟敏速，甚有鄉曲之譽。桓温在荆州，辟爲從事，以辯識義理深重之。引爲主簿，稍遷别駕、征西長史，[2]遂顯於朝廷。時惟胤與吴隱之以寒素博學知名於世。[3]又善於賞會，當時每有盛坐而胤不在，皆云：“無車公不樂。”謝安游集之日，輒開筵待之。

［1］南平：郡名，治所在江安縣（今湖北省公安縣西北）。

［2］征西長史：官名，征西將軍府長史。掌顧問參謀，爲所在官署掾屬之長。七品。

［3］吴隱之：字處默，本書卷九〇有傳。

寧康初，以胤爲中書侍郎、關内侯。[1]孝武帝嘗講《孝經》，僕射謝安侍坐，尚書陸納侍講，[2]侍中卞耽執讀，黄門侍郎謝石、吏部郎袁宏執經，[3]胤與丹楊尹王混摘句，[4]時論榮之。累遷侍中。太元中，增置太學生百人，以胤領國子博士。[5]其後年，議郊廟明堂之事，胤以"明堂之制既甚難詳，且樂主於和，禮主於敬，故質文不同，音器亦殊。既茅茨廣厦不一其度，何必守其形範而不弘本順時乎！九服咸寧，[6]四野無塵，然後明堂辟雍可光而修之"。時從其議。又遷驃騎長史、太常，[7]進爵臨湘侯，以疾去職。俄爲護軍將軍。[8]時王國寶諂於會稽王道子，[9]諷八坐啓以道子爲丞相，[10]加殊禮。胤曰："此乃成王所以尊周公也。今主上當陽，非成王之地，[11]相王在位，豈得爲周公乎！望實二三，並不宜爾，[12]必大忤上意。"乃稱疾不署其事。疏奏，帝大怒，而甚嘉胤。

［1］中書侍郎：官名，三國魏文帝黄初初年設中書省，在長官中書監、中書令以下有通事郎，後增設中書郎，亦稱中書侍郎。掌草擬詔書，外出執行重要使命等。五品。

［2］陸納：字祖言，本書卷七七有傳。

［3］黄門侍郎：官名，魏晋時爲侍中省或門下省次官。侍從皇帝，顧問應對，多以重臣或外戚子弟擔任，位頗重要。五品。　謝

石：字石奴，本書卷七九有傳。　袁宏：字彦伯，本書卷九二有傳。

[4]丹楊尹：楊，殿本作“陽”。　王混：東晋人，任侍中、丹楊尹，曾和車胤侍奉孝武帝讀《孝經》，時論榮之。　摘句：選句。

[5]國子博士：學官，教授儒學。六品。

[6]九服：本指王畿以外的九等地區，此指天下。

[7]驃騎長史：官名，驃騎將軍府長史。掌顧問參謀，爲所在官署掾屬之長。六品。

[8]護軍將軍：官名，東漢建安十二年（207）曹操改丞相府護軍爲中護軍，資重者可遷護軍將軍，典武官選舉，與中領軍同掌禁軍。曹魏時四品，西晋時三品。

[9]王國寶：王坦之第三子，本書卷七五有傳。

[10]八坐：即八座，尚書省高級官員的合稱。東漢用以稱尚書令、僕射、六曹尚書。魏晋以後，用以稱尚書令、左右僕射、諸曹尚書。無論共有幾人，皆沿用八座之稱。

[11]今主上當陽，非成王之地：非，原本、殿本作“升”，宋本作“非”，據宋本改。地，中華本校勘記：“《册府》四〇六‘地’作‘比’，疑是。”

[12]不宜爾：爾，宋本作“耳”。

隆安初，爲吴興太守，秩中二千石，辭疾不拜。加輔國將軍、丹楊尹。[1]頃之，遷吏部尚書。元顯有過，胤與江績密言於道子，將奏之，事泄，元顯逼令自裁。俄而胤卒，朝廷傷之。

[1]丹楊尹：楊，殿本作“陽”。

殷顗

殷顗，[1]字伯通，陳郡人也。祖融，太常卿。父康，吴興太守。顗性通率，有才氣，[2]少與從弟仲堪俱知名。太元中，以中書郎擢爲南蠻校尉，莅職清明，政績肅舉。

［1］殷顗：顗，宋本作"覬"。本卷下文此人名同。

［2］才氣：氣，宋本作"器"。

及仲堪得王恭書，將興兵内伐，告顗，欲同舉。顗不平之，曰："夫人臣之義，慎保所守。朝廷是非，宰輔之務，豈藩屏之所圖也。晋陽之事，[1]宜所不豫。"仲堪要之轉切，顗怒曰："吾進不敢同，退不敢異。"仲堪甚以爲恨。猶密諫仲堪，辭甚切至。仲堪既貴，素情亦殊，而志望無厭，謂顗言爲非。顗見江績亦以正直爲仲堪所斥，知仲堪當逐異己，樹置所親，因出行散，[2]託疾不還。仲堪聞其病，出省之，謂顗曰："兄病殊爲可憂。"顗曰："我病不過身死，但汝病在滅門，[3]幸熟爲慮，[4]勿以我爲念也。"仲堪不從，卒與楊佺期、桓玄同下。[5]顗遂以憂卒。隆安中，[6]詔曰："故南蠻校尉殷顗忠績未融，奄焉隕喪，可贈冠軍將軍。"弟仲文、叔獻别有傳。[7]

［1］晋陽之事：即晋陽之甲。《公羊傳·定公十三年》載晋趙鞅興晋陽之甲，以"清君側"爲名，逐荀寅、士吉射。後因稱地方長吏不滿朝廷而舉兵内向爲興"晋陽之甲"。

[2]因出行散：魏晉時期流行食寒食散，服食後須走路以散發藥性，曰行散。

[3]但：宋本作“伹”。

[4]幸熟爲慮：熟，宋本作“孰”。

[5]桓玄：字敬道，本書卷九九有傳。

[6]隆安中：宋本無“中”字。

[7]弟仲文、叔獻别有傳：中華本校勘記：“《斠注》：本書無叔獻傳，蓋誤襲佚《晉書》舊文也。”

王雅

王雅，字茂達，東海郯人，[1]魏衛將軍肅之曾孫也。[2]祖隆，後將軍。[3]父景，大鴻臚。[4]雅少知名，州檄主簿，舉秀才，除郎中，[5]出補永興令，[6]以幹理著稱。累遷尚書左、右丞，[7]歷廷尉、侍中、左衛將軍、丹楊尹，[8]領太子左衛率。[9]雅性好接下，敬慎奉公，孝武帝深加禮遇，雖在外職，侍見甚數，朝廷大事多參謀議。帝每置酒宴集，雅未至，不先舉觴，其見重如此。然任遇有過其才，時人被以佞幸之目。帝起清暑殿於後宫，[10]開北上閤，出華林園，[11]與美人張氏同游止，惟雅與焉。[12]

[1]東海：郡名，治所在郯縣（今山東省郯城縣北）。　郯：殿本作“剡”。

[2]肅：王肅，三國魏東海郯（今山東省郯城縣北）人，字子雍。著名經學家，司馬昭岳父。歷任散騎黄門侍郎、散騎常侍、領秘書監、崇文觀祭酒、廣平太守等職。

[3]後將軍：官名，漢代爲重號將軍，與前、左、右將軍並爲

上卿。魏晋以後權位漸低，僅爲將軍名號，略高於一般雜號將軍。三品。

［4］大鴻臚：官名，九卿之一，掌賓客迎送接待、贊襄引導朝會百官等。三品。

［5］郎中：官名，尚書省郎曹長官。位次尚書、左右丞，分曹執行政務。與“尚書郎”互稱。六品。

［6］永興：縣名，治所在今浙江省杭州市蕭山區。

［7］尚書左、右丞：官名，尚書省佐官，位次尚書，右丞居左丞下。皆六品。

［8］廷尉：官名，中央最高司法審判機構長官，負責會審朝中有罪文武大臣，覆核審决郡國疑獄等。三品。　丹楊尹：楊，殿本作“陽”。

［9］太子左衛率：官名，又稱太子左率，領精兵萬人，宿衛東宫，亦任征戰，地位頗重。五品。

［10］清暑殿：暑，原本作“署”，宋本、殿本作“暑”，據宋本、殿本改。

［11］華林園：建康宫苑名。《景定建康志》卷二二《園苑》：“古華林園在臺城内，本吴舊宫苑也。”林，宋本作“杯”。

［12］雅與焉：與，宋本作“豫”。

會稽王道子領太子太傅，[1]以雅爲太子少傅。時王珣兒婚，[2]賓客車騎甚衆，會聞雅拜少傅，回詣雅者過半。時風俗頽弊，[3]無復廉耻。然少傅之任，朝望屬珣，珣亦頗以自許。及中詔用雅，衆遂赴雅焉。將拜，遇雨，請以繖入。王珣不許之，因冒雨而拜。雅既貴倖，威權甚震，門下車騎常數百，而善應接，傾心禮之。

［1］太子太傅：官名，與太子少傅並稱二傅，三國時並攝東宫

事務，與尚書、東曹並掌太子、諸侯官署選舉。西晋時下設丞、功曹、主簿等屬官。三品。

[2]王珣：字元琳，本書卷六五有傳。

[3]風俗頹弊：頹，宋本作“頊”；弊，殿本作“敝”。

帝以道子無社稷器幹，慮晏駕之後皇室傾危，乃選時望以爲藩屏，將擢王恭、殷仲堪等，先以訪雅。雅以恭等無當世之才，不可大任，乃從容曰：“王恭風神簡貴，志氣方嚴，既居外戚之重，當親賢之寄，然其稟性峻隘，無所苞容，執自是之操，無守節之志，仲堪雖謹於細行，以文義著稱，亦無弘量，[1]且幹略不長。若委以連率之重，[2]據形勝之地，今四海無事，足能守職，若道不常隆，必爲亂階矣。”帝以恭等爲當時秀望，謂雅疾其勝己，故不從。二人皆被升用，其後竟敗，有識之士稱其知人。

[1]弘量：弘，宋本作“私”。

[2]連率：統帥。

遷領軍、尚書、散騎常侍，方大崇進之，將參副相之重，而帝崩，倉卒不獲顧命。[1]雅素被優遇，一旦失權，又以朝廷方亂，内外携離，但慎默而已，[2]無所辯正。雖在孝武世，亦不能犯顔廷争，凡所謀謨，唯唯而已。尋遷左僕射。[3]隆安四年卒，時年六十七。追贈光禄大夫、儀同三司。

[1]顧命：皇帝臨終遺命。

[2]但：宋本作“伹”。

[3]左僕射：即尚書左僕射。

長子準之，散騎侍郎。次協之，黄門。[1]次少卿，侍中。並有士操，立名於世云。

[1]黄門：官名，此指黄門侍郎。五品。

史臣曰：爰在中興，玄風滋扇，溺王綱於拱默，撓國步於清虚，骨骾謇諤之風蓋亦微矣。而君孝固情禮而違顯命，山甫獻誠讜而振頽風，彦叔之兵謀，道載之正諫，洋洋盈耳，有足可稱。灌不屈節於權臣，績敢危言於賊將，道子殊物之禮，車胤沮之無懼心，仲堪反常之舉，殷顗折之以正色，求諸古烈，何以加焉！山松悦哀挽於軒冕之辰，彦道歡博徒於衰絰之日，天心已喪，[1]其能濟乎！旋及於促齡，俄致於非命，宜哉！

[1]天心已喪：天，宋本作“夭”。

贊曰：顧生軌物，屢申誠讜。袁子崇儒，拯斯頽喪。逌、績剛蹇，[1]車、殷忠壯。眷言遺直，莫之能尚。

[1]績剛蹇：宋本作“積剛謇”。

晉書　卷八四

列傳第五十四

王恭　庾楷　劉牢之 子敬宣　殷仲堪 子簡之[1]　楊佺期

王恭

王恭，字孝伯，光禄大夫藴子，[2]定皇后之兄也。[3]少有美譽，清操過人，自負才地高華，恒有宰輔之望。與王忱齊名友善，[4]慕劉惔之爲人。[5]謝安常曰：[6]“王恭人地可以爲將來伯舅。”嘗從其父自會稽至都，[7]忱訪之，見恭所坐六尺簟，[8]忱謂其有餘，因求之。恭輒以送焉，[9]遂坐薦上。[10]忱聞而大驚，恭曰：“吾平生無長物。”其簡率如此。

[1]原本總目録及卷首目録均無“子簡之”，據正文及中華本目録補。

[2]光禄大夫：官名，三公等大臣告老回家即拜此職，或作爲在朝顯職的加官。三品，開府位從公者一品。　藴：王藴，字叔仁，本書卷九三有傳。

［3］定皇后：武帝定皇后王法慧，本書卷三二有傳。

［4］王忱：字元達，本書卷七五有傳。

［5］劉惔：字真長，本書卷七五有傳。

［6］謝安：字安石，本書卷七九有傳。

［7］會稽：郡名，治所在山陰縣（今浙江省紹興市）。

［8］簟：席上的竹墊。

［9］恭輒以送焉：輒，宋本作“輟”。

［10］薦：席子。

起家爲佐著作郎，[1]嘆曰：“仕宦不爲宰相，才志何足以騁！”因以疾辭。俄爲秘書丞，[2]轉中書郎，[3]未拜，遭父憂。服闋，[4]除吏部郎，[5]歷建威將軍。[6]太元中，代沈嘉爲丹楊尹，[7]遷中書令，[8]領太子詹事。[9]

［1］佐著作郎：官名，三國時隸屬中書省，西晋改隸屬秘書省，協助著作郎修撰國史及起居注，整理秘書省所藏典籍。七品。

［2］秘書丞：官名，秘書監次官。負責典籍圖書的管理和整理，爲清要之官，多由士族高門擔任。六品。

［3］中書郎：官名，隸屬中書令。掌草擬詔書、外出執行重要使命等。亦作爲中書通事郎、中書侍郎的省稱。五品。

［4］服闋：守喪期滿除去孝服。

［5］吏部郎：官名，尚書省吏部曹長官通稱。亦稱郎中，資深者可轉侍郎。屬吏部尚書，主管官吏選任、銓叙、調動事務，對五品以下官吏之任免有建議權。六品。

［6］建威將軍：官名，領兵征戰，曹魏、孫吴、西晋皆置。四品。

［7］丹楊尹：官名，東晋京城所在郡府長官，掌京城行政諸務並詔獄，亦稱“京尹”。三品。楊，原本、殿本作“陽”，宋本作

“楊”，據宋本改。

[8]中書令：官名，掌收納尚書奏事、傳達皇帝詔旨。三國魏文帝初年分秘書置中書省，設中書監和中書令，職權甚重。三品。

[9]領：以地位較高的官員兼理較低的職務。　太子詹事：官名，東宫屬官，掌管東宫内外事務。兩晋南北朝東宫地位極重，官署齊備，擬於朝廷。太子詹事任總宫官，堪比朝廷之尚書令、領軍將軍，位權甚重。三品。太，宋本作“大”。

孝武帝以恭后兄，深相欽重。時陳郡袁悦之以傾巧事會稽王道子，[1]恭言之於帝，遂誅之。道子嘗集朝士，置酒於東府，[2]尚書令謝石因醉爲委巷之歌，[3]恭正色曰：“居端右之重，[4]集藩王之第，而肆淫聲，欲令群下何所取則！”石深銜之。淮陵内史虞珧子妻裴氏有服食之術，[5]常衣黄衣，狀如天師，道子甚悦之，令與賓客談論，時人皆爲降節。恭抗言曰：“未聞宰相之坐有失行婦人。”坐賓莫不反側，道子甚愧之。其後帝將擢時望以爲藩屏，乃以恭爲都督兖青冀幽并徐州晋陵諸軍事、平北將軍、兖青二州刺史、假節，[6]鎮京口。[7]初，都督以“北”爲號者，累有不祥，故桓冲、王坦之、刁彝之徒不受鎮北之號。[8]恭表讓軍號，以超受爲辭，而實惡其名，於是改號前將軍。[9]慕容垂入青州，[10]恭遣偏師禦之，失利，降號輔國將軍。[11]

[1]陳郡：治所在陳縣（今河南省周口市淮陽區）。　袁悦之：字元禮，本書卷七五有傳。宋本、殿本作“袁悦”。　會稽王道子：司馬道子，字道子，本書卷六四有傳。

[2]東府：東晋、南朝丞相兼領揚州刺史的治所，在今江蘇省

南京市内。《文選·謝惠連〈祭古塚文〉》："東府掘城北壍，入丈餘，得古塚。"李善注引《丹陽記》："東府城，西則簡文會稽王時第，東則孝文王道子府。道子領揚州，仍住先舍，故俗稱東府。"

［3］尚書令：官名，秦漢時爲尚書署長官。秩位雖低，權力甚重。魏晋時沿置，爲尚書省長官，綜理全國政務，參議大政，爲高級政務長官。三品。　謝石：字石奴，本書卷七九有傳。

［4］端右：指宰輔重臣。亦特指尚書令。

［5］淮陵：郡名，治所在武進縣（今江蘇省丹陽市東）。　内史：官名，西晋武帝太康十年（289）改諸王國相爲内史，掌管民政。五品。周家禄《晋書校勘記》認爲："晋制，以郡爲國，内史治民事，若郡太守。國除爲郡，復稱太守。然二名往往混淆，史家亦互稱之。"　服食：服用仙藥。

［6］都督兖青冀幽并徐州晋陵諸軍事：上述五州及徐州轄下晋陵郡最高軍事行政長官。　平北將軍：官名，與平東、平西、平南將軍合稱四平將軍。多持節都督或監某一地區的軍事，有時作爲刺史等地方官員監理軍務的加官。三品，加持節都督者二品。　兖：兖州，三國魏治所在廩丘縣（今山東省鄆城縣西北），晋惠帝末，兖州闔境淪没於石勒。東晋元帝僑置兖州，治京口（今江蘇省鎮江市）。　青：青州，治所在臨淄縣（今山東省淄博市東北）。　假節：假以節杖。指大臣臨時持節出巡，爲權臣掌軍、秉政的地位象徵和政治待遇。

［7］京口：地名，即今江蘇省鎮江市。

［8］桓冲：字幼子，本書卷七四有傳。　王坦之：字文度，本書卷七五有傳。　刁彝：字大倫，本書卷六九有傳。　鎮北：官名，即鎮北將軍。東漢建安年間置，與鎮西、鎮南、鎮東將軍合稱四鎮將軍，多爲持節都督，出鎮方面。曹魏二品。晋三品，加持節都督者二品。

［9］前將軍：官名，漢代重號將軍之一，與左、右、後將軍並爲上卿。魏晋時常設，權位較兩漢時漸低，僅爲武官名號，略高於

一般雜號將軍，不典禁兵，不與朝政。三品。

[10]慕容垂：字道明，本書卷一二三有載記。

[11]輔國將軍：官名，屬將軍名號，三國兩晋皆置。三品。

及帝崩，會稽王道子執政，寵昵王國寶，[1]委以機權。恭每正色直言，道子深憚而忿之。及赴山陵，[2]罷朝，嘆曰："榱棟雖新，便有《黍離》之嘆矣。"[3]時國寶從弟緒説國寶，因恭入覲相王，伏兵殺之，國寶不許。而道子亦欲輯和内外，深布腹心於恭，冀除舊惡。恭多不順，每言及時政，輒厲聲色。道子知恭不可和協，王緒之説遂行，於是國難始結。或勸恭因入朝以兵誅國寶，而庾楷黨於國寶，士馬甚盛，恭憚之，不敢發，遂還鎮。臨别，謂道子曰："主上諒闇，[4]冢宰之任，伊周所難，[5]願大王親萬機，[6]納直言，遠鄭聲，放佞人。"辭色甚厲，故國寶等愈懼。以恭爲安北將軍，[7]不拜。乃謀誅國寶，遣使與殷仲堪、桓玄相結，[8]仲堪僞許之。恭得書，大喜，乃抗表京師曰："後將軍國寶得以姻戚頻登顯列，不能感恩效力，以報時施，而專寵肆威，將危社稷。先帝登遐，[9]夜乃犯閤叩扉，欲矯遺詔。賴皇太后聰明，相王神武，故逆謀不果。又割東宫見兵以爲己府，讒疾二昆甚於仇敵。[10]與其從弟緒同黨凶狡，共相扇動。[11]此不忠不義之明白也。以臣忠誠，必亡身殉國，是以譖臣非一。賴先帝明鑒，浸潤不行。昔趙鞅興甲，[12]誅君側之惡，臣雖駑劣，敢忘斯義！"表至，内外戒嚴。國寶及緒惶懼不知所爲，用王珣計，[13]請解職。道子收國寶，賜死，斬緒于市，深謝愆失，恭乃還京口。

［1］王國寶：王坦之第三子，本書卷七五有傳。

［2］山陵：皇帝陵墓。

［3］《黍離》：《詩經》中的篇名。《詩·王風·黍離序》："《黍離》，閔宗周也。周大夫行役，至于宗周，過故宗廟宫室，盡爲禾黍，閔周室之顛覆，彷徨不忍去而作是詩也。"

［4］諒闇：皇帝居喪。

［5］伊周：伊尹、周公。伊尹是輔佐商湯及其後代外丙、仲壬、太甲的賢臣，周公是輔佐周武王、成王的重臣。

［6］萬機：機，殿本作"幾"。

［7］安北將軍：官名，東漢建安年間置，與安東、安南、安西將軍合稱四安將軍，爲出鎮某一地區的軍事長官，或作爲刺史等兼理軍務的加官，權任頗重。三品，加持節都督者二品。

［8］桓玄：字敬道，本書卷九九有傳。

［9］登遐：特指帝王之死。

［10］二昆：二兄。王恭爲定皇后二哥，故言。

［11］共相扇動：動，殿本作"連"。

［12］趙鞅興甲：即晉陽之甲。《公羊傳·定公十三年》載晉趙鞅興晉陽之甲，以"清君側"爲名，逐荀寅、士吉射。後因稱地方長吏不滿朝廷而舉兵内向爲興"晉陽之甲"。

［13］王珣：字元琳，本書卷六五有傳。

恭之初抗表也，慮事不捷，乃版前司徒左長史王廞爲吴國内史，[1]令起兵於東。會國寶死，[2]令廞解軍去職。廞怒，以兵伐恭。恭遣劉牢之擊滅之，上疏自貶，詔不許。譙王尚之復説道子以藩伯强盛，[3]宰相權弱，宜多樹置以自衛。道子然之，乃以其司馬王愉爲江州刺史，[4]割庾楷豫州四郡使愉督之。[5]由是楷怒，遣子鴻説恭曰："尚之兄弟專弄相權，欲假朝威貶削方鎮，懲警前事，勢轉難測。及其議未成，宜早圖之。"恭以爲然，復以謀告殷仲堪、桓玄。玄等從之，推恭爲盟主，克期同赴京師。

[1]司徒左長史：官名，司徒長史爲司徒府掾屬之長，佐司徒總管府内諸曹。分左、右，左高於右。六品。　王廞：本爲司徒左長史，王恭起兵，以其爲吴國内史，令起兵於東配合。後被解軍去職。王廞怒，以兵伐王恭，被王恭部將劉牢之擊滅。　吴國：郡國名，治所在吴縣（今江蘇省蘇州市）。

[2]會國寶死：會，原本作"魯"，宋本、殿本作"會"，據宋本、殿本改。

[3]譙王尚之：司馬尚之，字伯道，本書卷三七有傳。

[4]司馬：官名，府署高級幕僚。掌參讚軍務、管理府内武職，位僅次於長史。魏晋南北朝時王府、公府、軍府、邊郡均置。八至六品。　王愉：字茂和，本書卷七五有傳。　江州：治所在南昌縣（今江西省南昌市）。

[5]豫州：曹魏時治所在安城縣（今河南省正陽縣東北），西晋移治陳縣（今河南省周口市淮陽區）。

時内外疑阻，津邏嚴急，仲堪之信因庾楷達之，以斜絹爲書，内箭簳中，合鏑漆之，楷送於恭，恭發書，絹文角戾，不復可識，謂楷爲詐。又料仲堪去年已不赴盟，今無動理，[1]乃先期舉兵。司馬劉牢之諫曰："將軍今動以伯舅之重，執忠貞之節，相王以姬旦之尊，時望所係，昔年已戮寶、緒，送王廞書，是深伏將軍也。頃所授用，雖非皆允，未爲大失。割庾楷四郡以配王愉，於將軍何損！晉陽之師，其可再乎！”恭不從，乃上表以討王愉、司馬尚之兄弟爲辭。朝廷使元顯及王珣、謝琰等距之。[2]

［1］今無動理：動，殿本作“連”。

［2］謝琰：字瑗度，本書卷七九有傳。

恭夢牢之坐其處，旦謂牢之曰：[1]“事克，即以卿爲北府。”遣牢之率帳下督顔延先據竹里。[2]元顯使説牢之，啖以重利，牢之乃斬顔延以降。是日，牢之遣其婿高雅之、子敬宣，因恭曜軍，輕騎擊恭。恭敗，將還，雅之已閉城門，恭遂與弟履單騎奔曲阿。[3]恭久不騎乘，髀生瘡，不復能去。曲阿人殷確，恭故參軍也，以船載之，藏於葦席之下，將奔桓玄。至長塘湖，遇商人錢强，强宿憾於確，以告湖浦尉。尉收之，以送京師。道子聞其將至，欲出與語，面折之，而未之殺也。時桓玄等已至石頭，懼其有變，即於建康之倪塘斬之。[4]恭五男及弟爽、爽兄子秘書郎和及其黨孟璞、張恪等皆殺之。[5]

［1］旦謂：旦，宋本作“且”。

［2］帳下督：官名，在主帥軍中負責督兵。　竹里：地名，在今江蘇省句容市北。

［3］曲阿：縣名，治所在今江蘇省丹陽市。

［4］建康：古都名，即今江蘇省南京市。　倪塘：位於今江蘇

省南京市江寧區東南方。

[5]秘書郎：官名，秘書令屬官，掌管文書機要，亦掌整理典籍、考核舊文。六品。

恭性抗直，深存節義，讀《左傳》至“奉王命討不庭”，每輟卷而嘆。爲性不弘，以暗於機會，自在北府，雖以簡惠爲政，然自矜貴，與下殊隔。不閑用兵，尤信佛道，調役百姓，修營佛寺，務在壯麗，士庶怨嗟。臨刑，猶誦佛經，自理鬚鬢，神無懼容，謂監刑者曰：“我暗於信人，所以致此，原其本心，豈不忠於社稷！但令百代之下知有王恭耳。”[1]家無財帛，唯書籍而已，爲識者所傷。

[1]但令：但，宋本作“但”。

恭美姿儀，人多愛悦，或目之云：“濯濯如春月柳。”[1]嘗被鶴氅裘，涉雪而行，孟昶窺見之，[2]嘆曰：“此真神仙中人也！”初見執，遇故吏戴耆之爲湖孰令，[3]恭私告之曰：“我有庶兒未舉，在乳母家，卿爲我送寄桓南郡。”耆之遂送之於夏口。[4]桓玄撫養之，爲立喪庭吊祭焉。及玄執政，上表理恭，詔贈侍中、太保，[5]謚曰忠簡。爽贈太常，[6]和及子簡並通直散騎郎，[7]殷確散騎侍郎。[8]腰斬湖浦尉及錢强等。恭庶子曇亨，義熙中爲給事中。[9]

[1]濯濯：明净清朗。

［2］孟昶：東晋末任吏部尚書、尚書左僕射等職。盧循於桑落洲大敗朝廷軍，孟昶懼，自殺。

［3］湖孰：縣名，治所在今江蘇省南京市江寧區東南湖熟鎮。

［4］夏口：即沔口，位於今湖北省武漢市，漢江入長江之口。

［5］侍中：官名，東漢建安中與給事黄門侍郎出入禁中，省尚書事。曹魏時爲門下之侍中省長官，常侍衛皇帝左右，掌顧問應對、諫諍糾察、平議奏事、駁奏異議等，權力甚重。三品。　太保：官名，史上屢次廢置，三國魏末年復置。晋爲八公之一，位上公，在太宰、太傅之下。安置元老重臣，無職掌。一品。

［6］太常：官名，漢代稱奉常，本掌禮樂宗廟、社稷祭祀，魏晋時此職掌歸尚書裁定，太常成爲閑職。三品。

［7］通直散騎郎：官名，簡稱通直郎，東晋元帝太興元年（318）使員外散騎侍郎二人與散騎侍郎通員當值，故名。後增至四人，屬散騎省，職同散騎侍郎，參平尚書奏事，兼掌侍從、諷諫，地位較高。五品。

［8］散騎侍郎：官名，三國魏置。隸屬散騎省，侍從皇帝左右，顧問應對，諫諍拾遺，與散騎常侍、侍中等共平尚書奏事。五品。

［9］義熙中爲給事中：原本、宋本、殿本“義熙”上有“宋”字，據中華本校勘記删。

庾楷

庾楷，征西將軍亮之孫，[1]會稽内史羲小子也。初拜侍中，代兄準爲西中郎將、豫州刺史、假節，[2]鎮歷陽。[3]隆安初，進號左將軍。[4]時會稽王道子憚王恭、殷仲堪等擅兵，故出王愉爲江州，督豫州四郡，以爲形援。楷上疏以江州非險塞之地，而西府北帶寇戎，不應使愉分督，詔不許。時楷懷恨，使子鴻説王恭，以譙王尚之兄弟復握機權，勢過國寶。恭亦素忌尚之，遂連謀擧兵，事在《恭傳》。詔使尚之討楷。楷遣汝南太守段方逆尚之，[5]戰于慈湖，[6]方大敗，被殺，楷奔于桓玄。及玄等盟于柴桑，[7]連名上疏自理，詔赦玄等而不赦恭、楷，楷遂依玄，玄用爲武昌太守。[8]楷後懼玄必敗，密遣使結會稽世子元顯："若朝廷討玄，當爲内應。"及玄得志，楷以謀泄，爲玄所誅。

[1]征西將軍：官名，東漢永元年間置，地位與雜號將軍、偏將軍、裨將軍等同。建安年間與征東、征南、征北將軍合稱四征將軍，地位提高。三品，加持節都督者二品。　亮：庾亮，字元規，本書卷七三有傳。

[2]西中郎將：官名，東漢末所置四中郎將之一。帥師征伐或鎮守。曹魏、西晋多兼凉州刺史，東晋多兼豫州刺史。四品。

[3]歷陽：縣名，治所在今安徽省和縣。

[4]左將軍：官名，漢代爲重號將軍，與前、後、右將軍並爲上卿。魏晋時爲常設官職，權位較兩漢漸低，僅爲武官名號，略高於一般雜號將軍，不典禁兵。三品。

[5]汝南：郡名，西晋治所在新息縣（今河南省息縣西南），東晋移治懸瓠城（今河南省汝南縣）。

[6]慈湖：位於今安徽省馬鞍山市東北長江南岸。

[7]柴桑：縣名，治所在今江西省九江市西南。

[8]武昌：郡名，治所在武昌縣（今湖北省鄂州市鄂城區）。

劉牢之

劉牢之，字道堅，彭城人也。[1]曾祖羲，以善射事武帝，歷北地、雁門太守。[2]父建，有武幹，爲征虜將軍。[3]世以壯勇稱。牢之面紫赤色，鬚目驚人，而沉毅多計畫。太元初，謝玄北鎮廣陵，[4]時苻堅方盛，[5]玄多募勁勇，牢之與東海何謙、琅邪諸葛侃、樂安高衡、東平劉軌、西河田洛及晋陵孫無終等以驍猛應選。[6]玄以牢之爲參軍，領精鋭爲前鋒，百戰百勝，號爲“北府兵”，敵人畏之。及堅將句難南侵，[7]玄率何謙等距之。牢之破難輜重於盱眙，[8]獲其運船，遷鷹揚將軍、廣陵相。[9]

[1]彭城：郡國名，治所在彭城縣（今江蘇省徐州市）。

[2]北地：郡名，三國魏治所在祋祤城（今陝西省銅川市耀州區城東），西晋移治泥陽縣（今甘肅省寧縣東南）。　雁門：郡名，治所在廣武縣（今山西省代縣西南）。

[3]征虜將軍：既是武官名，也作爲高級文職官員的加官。三品。

[4]謝玄：字幼度，本書卷七九有傳。　廣陵：郡名，治所在廣陵縣（今江蘇省揚州市西北蜀岡上）。

[5]苻堅：字永固，本書卷一一三有載記。苻，原本作“符”，宋本、殿本作“苻”，據其載記及宋本、殿本改。本卷下文此姓字同。

[6]東海：郡名，治所在郯縣（今山東省郯城縣北）。　何謙：中華本校勘記：“《苻堅載記》上作‘何謙之’。”　琅邪：封國名，治所在今山東省臨沂市。　樂安：郡名，治所在高苑縣（今山東省鄒平市長山鎮）。　東平：郡國名，治所在須昌縣（今山東省東平縣西北）。　西河：郡國名，治所在離石縣（今山西省吕梁市離石區）。　及：宋本無此字。　晋陵：郡名，治所在京口（今江蘇省鎮江市）。宋本“陵”下有“縣”字。

[7]句難：中華本校勘記：“《苻堅載記》、《通鑑》一〇四均作‘俱難’。”

［8］盱眙：縣名，治所在今江蘇省盱眙縣東北。

［9］鷹揚將軍：官名，雜號將軍中地位較高者，曾作爲荆州、兖州等州刺史的加官。五品。宋本無“揚”字。　相：官名，郡國相，也稱内史。五品。

時車騎將軍桓冲擊襄陽，[1]宣城内史胡彬率衆向壽陽，[2]以爲冲聲援。牢之領卒二千，爲彬後繼。淮肥之役，苻堅遣其弟融及驍將張蚝攻陷壽陽，[3]謝玄使彬與牢之距之。師次硤石，[4]不敢進。堅將梁成又以二萬人屯洛澗，[5]玄遣牢之以精卒五千距之。去賊十里，成阻澗列陣。[6]牢之率參軍劉襲、諸葛求等直進渡水，臨陣斬成及其弟雲，又分兵斷其歸津。賊步騎崩潰，争赴淮水，殺獲萬餘人，盡收其器械。堅尋亦大敗，歸長安，餘黨所在屯結。牢之進平譙城，[7]使安豐太守戴寶成之。[8]遷龍驤將軍、彭城内史，[9]以功賜爵武岡縣男，[10]食邑五百户。牢之進屯鄄城，[11]討諸未服，河南城堡承風歸順者甚衆。

［1］車騎將軍：官名，魏晋南北朝時位次於驃騎將軍，在諸名號將軍之上，多作爲軍府名號，以加授大臣及重要州郡長官。二品，開府位從公者一品。　襄陽：縣名，治所在今湖北省襄陽市。

［2］宣城：郡名，治所在宛陵縣（今安徽省宣城市宣州區）。　胡彬：東晋人，任振武將軍、龍驤將軍、宣城内史等職。　壽陽：縣名，治所在今安徽省壽縣東南。

［3］融：苻融，字博休，本書卷一一四有載記。　張蚝：十六國前秦戰將，任後將軍、驃騎將軍等職。苻堅死後，被苻丕任爲侍中、司空，封上黨郡公。

［4］硤石：地名，在今安徽省淮南市西。

［5］又以：又，宋本作“入”。　洛澗：又名洛水、青洛河。源出今安徽省定遠縣東南，西北流至淮南市東入淮河。

［6］咸阻澗列陣：咸，宋本作“成”。

［7］譙城：一名譙陵城，位於今河南省夏邑縣北。

［8］安豐：郡名，曹魏文帝分廬江郡置，西晋治所在安風縣（今安徽省霍邱縣西南）。

［9］龍驤將軍：官名，高級軍事將領。三品。

［10］武岡縣男：岡，宋本、殿本作“崗”。

［11］鄄城：縣名，治所在今山東省鄄城縣北。

時苻堅子丕據鄴，[1]爲慕容垂所逼，請降，牢之引兵救之。垂聞軍至，出新城北走。[2]牢之與沛郡太守田次之追之，[3]行二百里，至五橋澤中，[4]争趣輜重，稍亂，爲垂所擊，牢之敗績，士卒殲焉。牢之策馬跳五丈澗，[5]得脱。會丕救至，因入臨漳，[6]集亡散，兵復少振。牢之以軍敗徵還。頃之，復爲龍驤將軍，守淮陰。[7]後進戍彭城，復領太守。袄賊劉黎僭尊號於皇丘，牢之討滅之。苻堅將張遇遣兵擊破金鄉，[8]圍太山太守羊邁，[9]牢之遣參軍向欽之擊走之。會慕容垂叛將翟釗救遇，牢之引還。釗還，牢之進平太山，追釗於鄄城，釗走河北，因獲張遇以歸之彭城。袄賊司馬徽聚黨馬頭山，[10]牢之遣參軍竺朗之討滅之。時慕容氏掠廩丘，[11]高平太守徐含遠告急，[12]牢之不能救，坐畏懦免。

［1］丕：苻丕，字永叔，本書卷一一五有載記。　鄴：縣名，曹魏五都之一，治所在今河北省臨漳縣西南。

[2]出新城北走：原本、宋本、殿本“新”下衍“興”字，據中華本校勘記删。

[3]沛郡：治所在沛縣（今江蘇省沛縣）。　太守田次之：中華本校勘記：“《校文》：《孝武紀》作‘沛郡太守周次’。”

[4]五橋澤：確址待考。疑位於今河北省辛集市、晋州市一帶。

[5]五丈淵：確址不詳，當離五橋澤不遠。

[6]臨漳：縣名，西晋建興初改鄴縣置，治所在今河北省臨漳縣西南鄴鎮。

[7]淮陰：縣名，治所在今江蘇省淮安市淮陰區西南。

[8]金鄉：縣名，治所在今山東省嘉祥縣南。

[9]太山：郡名，治所在奉高縣（今山東省泰安市東）。

[10]馬頭山：位於今江蘇省南京市六合區東北三十五里。

[11]廩丘：縣名，治所在今山東省鄆城縣西北。

[12]高平：郡名，治所在昌邑縣（今山東省巨野縣南）。

及王恭將討王國寶，引牢之爲府司馬，領南彭城内史，[1]加輔國將軍。恭使牢之討破王廞，以牢之領晋陵太守。恭本以才地陵物，及檄至京師，朝廷戮國寶、王緒，自謂威德已著，雖杖牢之爲爪牙，但以行陣武將相遇，禮之甚薄。牢之負其才能，深懷耻恨。及恭之後舉，元顯遣廬江太守高素説牢之使叛恭，事成，當即其位號，牢之許焉。恭參軍何澹之以其謀告恭。[2]牢之與澹之有隙，故恭疑而不納。乃置酒請牢之於衆中，拜牢之爲兄，精兵利器悉以配之，使爲前鋒。行至竹里，牢之背恭歸朝廷。恭既死，遂代恭爲都督兖青冀幽并徐揚州晋陵軍事。[3]牢之本自小將，一朝據恭位，衆情不悦，乃樹用腹心徐謙之等以自强。時楊佺期、桓玄將兵逼京師，上表理王恭，求誅牢之。牢之率北府之衆馳赴京師，次于新亭。[4]玄等受詔退兵，牢之還鎮京口。

[1]南彭城：郡名，東晋明帝時僑置郡，在晋陵郡界内，治所在今江蘇省常州市武進區西。

[2]何澹之：東晋人，先後任王恭參軍、桓玄龍驤將軍、游擊將軍，後投奔後秦姚興。

[3]都督兖青冀幽并徐揚州晋陵軍事：即都督數州諸軍事，兖、青、冀、幽、并、徐六州及揚州轄下晋陵郡最高軍事行政長官。

[4]新亭：又名中興亭，位於今江蘇省南京市西南。

及孫恩攻陷會稽，[1]牢之遣將桓寶率師救三吴，[2]復遣子敬宣爲寶後繼。比至曲阿，吴郡内史桓謙已棄郡走，[3]牢之乃率衆東討，拜表輒行。至吴，與衛將軍謝琰擊賊，[4]屢勝，殺傷甚衆，徑臨浙江。進拜前將軍、都督吴郡諸軍事。[5]時謝琰屯烏程，[6]遣司馬高素助牢之。牢之率衆軍濟浙江，[7]恩懼，逃于海。牢之還鎮，恩復入會稽，害謝琰。牢之進號鎮北將軍、都督會稽五郡，[8]率衆東征，屯上虞，[9]分軍戍諸縣。恩復攻破吴國，殺内史袁山松。[10]牢之使參軍劉裕討之，[11]恩復入海。頃之，恩浮海奄至京口，戰士十萬，樓船千餘。牢之在山陰，[12]使劉裕自海鹽赴難，[13]牢之率大衆而還。裕兵不滿千人，與賊戰，破之。恩聞牢之已還京口，乃走郁洲，[14]又爲敬宣、劉裕等所破。及恩死，牢之威名轉振。

[1]孫恩：字靈秀，本書卷一〇〇有傳。

[2]三吴：地區名，一説指吴、吴興、會稽三郡；一説指吴、吴興、丹楊三郡；一説指吴、吴興、義興三郡。

[3]吴郡：治所在吴縣（今江蘇省蘇州市）。　桓謙：字敬祖，本書卷七四有傳。

[4]衛將軍：官名，魏晋時位在名號將軍之上，多爲軍府名號，加給大臣、重要州郡長官。二品，開府位從公者一品。

[5]都督吴郡諸軍事：吴郡最高軍事行政長官。

[6]烏程：縣名，治所在今浙江省湖州市南下菰城。

[7]浙江：原本作“江浙”，宋本、殿本作“浙江”，據宋本、殿本改。

[8]都督會稽五郡：即都督會稽五郡諸軍事，會稽五郡最高軍事行政長官。

[9]上虞：縣名，治所在今浙江省紹興市上虞區。

[10]袁山松：袁喬孫，本書卷八三有傳。

[11]劉裕：字德輿，小名寄奴，彭城（今江蘇省徐州市）人，南朝宋開國皇帝。世居京口，初爲東晋冠軍司馬，後被劉牢之任爲參軍。歷任鎮軍將軍、都督十六州諸軍事，官至相國，受封宋王。元熙二年（420）代晋稱帝。卒謚武皇帝，廟號高祖。

[12]山陰：縣名，治所在今浙江省紹興市。

[13]海鹽：縣名，治所在今上海市松江區南拓山。

[14]郁洲：洲，原本、殿本作“州”，宋本作“洲”，據宋本、中華本校勘記改。

元興初，朝廷將討桓玄，以牢之爲前鋒都督、征西將軍，[1]領江州事。元顯遣使以討玄事諮牢之。牢之以玄少有雄名，杖全楚之衆，懼不能制，又慮平玄之後功蓋天下，必不爲元顯所容，深懷疑貳，不得已率北府文武屯洌洲。[2]桓玄遣何穆説牢之曰："自古亂世君臣相信者有燕昭樂毅、玄德孔明，[3]然皆勛業未卒而二主早世，[4]設使功成事遂，未保二臣之禍也。鄙語有之：'高鳥盡，良弓藏；狡兔殫，獵犬烹。'故文種誅於勾踐，[5]韓白戮於秦漢。[6]彼皆英雄霸王之主，猶不敢信其功臣，况凶愚凡庸之流乎！自開闢以來，戴震主之威，挾不賞之功，以見容於暗世者而誰？至如管仲相齊，[7]雍齒侯漢，[8]則往往有之，[9]况君見與無射鈎屢逼之仇邪！[10]今君戰敗則傾宗，戰勝亦覆族，欲以安歸乎？[11]孰若翻然改圖，保其富貴，則身與金石等固，名與天壤無窮，孰與頭足異處，身名俱滅，爲天下笑哉！惟君圖之。"牢之自謂握强兵，才能算略足以經綸江表，時譙王尚之已敗，人情轉沮，乃頗納穆説，遣使與玄交通。其甥何無忌與劉裕固諫之。[12]並不從。俄令敬宣降玄。玄大喜，與敬宣置酒宴集，[13]陰謀誅之，陳書法畫圖與敬宣共觀，以安悦其志。敬宣不之覺，玄佐吏莫不相視而笑。

[1]前鋒都督：前鋒部隊的統帥。

[2]洌洲：一作溧洲，位於今江蘇省南京市江寧區西長江中。

[3]燕昭：戰國時燕國國君。名職，燕王噲庶子。公元前311至前279年在位。即位後卑身厚幣招賢納士，以郭猥爲師，争得大批人才。外用蘇秦、内用樂毅，經過長期休養生息，國家殷富，士卒效命，使燕國進入鼎盛時期。　樂毅：戰國時靈壽（今河北省靈壽縣西北）人，魏將樂羊後代，燕昭王時入燕，帥聯軍大敗齊國，攻下齊國城邑七十多座。後因燕惠王中反間計，樂毅遂離開燕國入趙國。　玄德：劉備，三國涿郡涿縣（今河北省涿州市）人，字玄

德。蜀漢政權建立者，公元221至223年在位。　孔明：諸葛亮，三國時琅邪陽都（今山東省沂南縣南）人，字孔明。東漢末隨叔父諸葛玄依附荆州劉表，隱居躬耕於隆中。後加入劉備集團，協助劉備占領荆州、益州，實現三分之勢。劉備死後輔佐劉禪，南征南中，北伐曹魏，最終病逝於北伐前綫。

［4］而二主早世：宋本無“而”字。

［5］文種：春秋時楚國郢城（今湖北省荆州市紀南城）人，字少禽，一作子禽。與范蠡入越，共事越王勾踐，任大夫。越國被吴國擊破，退守會稽，文種獻計向吴國請和，得免亡國。越國復仇後，范蠡勸文種功成身退，文種不聽。後勾踐聽信讒言，令文種自殺。　勾踐：春秋末越國國君，越王允常之子。勾踐三年（前494）與吴軍戰於夫椒，敗後求和，入吴國爲人質三年。回國後與文種、范蠡等大臣共謀强國，卧薪嘗膽，奮發圖强，十年生聚，十年教訓，終於轉弱爲强。十五年，乘吴王夫差北上黄池與晋魯兩國相會，率軍攻入吴國國都，逼迫吴國與之媾和。以後又多次攻吴，滅掉吴國。勾，宋本作“句”。

［6］韓：韓信，秦末淮陰（今江蘇省淮安市淮陰區南）人，早年家貧，常從人寄食。後隨項羽起兵，因不受重用，轉投劉邦。受蕭何舉薦，拜大將軍。功勛卓著，爲漢初三傑之一。漢立封楚王，後貶爲淮陰侯。終爲吕后設計所殺。　白：白起，戰國郿（今陝西省眉縣東渭河北岸）人，一稱公孫起。戰國名將，歷任秦國左庶長、左更、國尉、大良造等職。先後攻韓國新城，破韓魏聯軍於伊闕，攻破楚都郢城，大破趙軍於長平，坑殺降卒四十餘萬。後因與范雎有隙，被免爲士伍，自殺。

［7］管仲：春秋初潁上（今安徽省潁水之濱）人，名夷吾。齊桓公時任卿相，進行一系列改革，使齊國國力大增，齊桓公成爲春秋五霸之首。

［8］雍齒：秦末泗水沛縣豐邑（今江蘇省豐縣）人，爲地方豪姓。隨劉邦起兵反秦，奉命守豐，因與劉邦素有怨隙，遂叛歸魏

王。後又追隨劉邦，在楚漢戰争中有功。西漢建立後，諸將争功，劉邦深以爲憂。張良説："上平生所憎，群臣所共知，誰最甚者?"劉邦説："雍齒與我故，數嘗窘辱我。我欲殺之，爲其功多，故不忍。"張良説："今急先封雍齒以示群臣，群臣見雍齒封，則人人自堅矣。"於是劉邦乃置酒，封雍齒爲什方侯。群臣罷酒，皆喜曰："雍齒尚爲侯，我屬無患矣。"語見《史記》卷五五《留侯世家》。

[9]往往：常常。

[10]射鉤：春秋時齊襄公昏亂，其弟糾奔魯，以管仲、召忽爲師；小白奔莒，以鮑叔爲師。襄公死，糾與小白争歸齊國爲君。管仲將兵遮莒道阻小白，射中其衣帶鉤。小白佯死，得先入爲君，是爲桓公。桓公即位後不記舊仇，任管仲爲相，終成霸業。

[11]欲以安歸乎：中華本校勘記："'以'下《通鑑》一一二有'此'字，《御覽》四六二引《晋中興書》有'是'字。"

[12]何無忌：東晋東海郯縣（今山東省郯城縣北）人，在京口常參議舅父劉牢之大事。隨劉裕討桓玄，歷任江州刺史、都督荆江豫三州八郡諸軍事等職。後戰死。

[13]宴集：宴，殿本作"晏"。

元顯既敗，玄以牢之爲征東將軍、會稽太守，[1]牢之乃嘆曰：[2]"始爾，便奪我兵，禍將至矣！"時玄屯相府，敬宣勸牢之襲玄，猶豫不决，移屯班瀆，[3]將北奔廣陵相高雅之，欲據江北以距玄，集衆大議。[4]參軍劉襲曰："事不可者莫大於反，而將軍往年反王兖州，近日反司馬郎君，[5]今復欲反桓公。一人而三反，豈得立也。"語畢，趨出，佐吏多散走。而敬宣先還京口援其家，[6]失期不到。牢之謂其爲劉襲所殺，乃自縊而死。俄而敬宣至，不遑哭，奔于高雅之。將吏共殯斂牢之，喪歸丹徒。[7]桓玄令斲棺斬首，暴尸於市。及劉裕建義，追理牢之，乃復本官。

[1]征東將軍：官名，東漢末置，與征西、征南、征北將軍合稱四征將軍。魏晋時多爲持節都督，出鎮方面。三品，加持節都督者二品。

[2]牢之乃嘆曰：宋本無“乃”字。

[3]班瀆：位於今江蘇省南京市北長江南岸一帶。

[4]集衆大議：集，宋本作“襲”。

[5]反司馬郎君：原本、殿本闕“反”字，宋本有，據宋本補。

[6]援其家：援，宋本作“拔”。

[7]丹徒：縣名，治所在今江蘇省鎮江市東南丹徒鎮。

敬宣，牢之長子也。智略不及父，而技藝過之。孫恩之亂，隨父征討，所向有功。爲元顯從事中郎，[1]又爲桓玄諮議參軍。[2]牢之敗，與廣陵相高雅之俱奔慕容超，[3]夢丸土而服之，既覺，喜曰：“丸者桓也，丸既吞矣，我當復本土也。”旬日而玄敗，遂與司馬休之還京師。[4]拜輔國將軍、晋陵太守。與諸葛長民破桓歆於芍陂，[5]遷建威將軍、江州刺史，鎮尋陽。[6]又擊桓亮、苻宏於湘中，所在有功。

[1]從事中郎：官名，東漢時爲大將軍屬官，地位較高。魏晋時爲將軍府或公府屬官。六品。原本、殿本無“中”字，宋本有，據宋本補。

[2]諮議參軍：官名，兩晋時大將軍府、丞相府、公府、位從

公府、州軍府均有置者，掌顧問謀議。

［3］慕容超：中華本校勘記："《諸史考異》：以《載記》及《桓玄傳》考之，'慕容超'當作'慕容德'。按：《宋書》《南史·劉敬宣傳》俱作'慕容德'。"

［4］司馬休之：晋宗室，字季豫，譙王司馬恬子。任襄城太守，鎮歷陽。受桓玄圍攻，投奔南燕。桓玄敗後南歸，又與劉裕交惡，投奔後秦。劉裕滅後秦，又投奔北魏。　京師：國都。《春秋公羊傳·桓公九年》："京師者何？天子之居也。"

［5］諸葛長民：本書卷八五有傳。　桓歆：桓温子，字叔道，本書卷九八有載。　芍陂：又名龍泉陂，位於今安徽省壽縣南。

［6］尋陽：縣名，治所在今湖北省黄梅縣西南。

安帝反政，徵拜冠軍將軍、宣城内史，[1]領襄城太守。[2]譙縱反，[3]以敬宣督征蜀諸軍事、假節，[4]與寧朔將軍臧喜西伐。[5]敬宣入自白帝，[6]所攻皆克。軍次黄獸，[7]與僞將譙道福相持六十餘日，遇癘疫，又以食盡，班師，爲有司所劾，免官。

［1］冠軍將軍：官名，曹魏、孫吴、西晋皆置。西晋時領營兵。三品。

［2］襄城：郡名，西晋武帝置，治所在襄城縣（今河南省襄城縣）。

［3］譙縱：巴西南充（今四川省南充市）人，本書卷一〇〇有傳。

［4］督征蜀諸軍事：督統征蜀軍隊。

［5］寧朔將軍：官名，西晋時多駐幽州，爲幽州地區軍政長官，兼管烏丸事務。四品。　臧喜：中華本校勘記："《宋書》、《南史·朱齡石傳》、《通鑑》一一三'喜'均作'熹'。"

［6］白帝：即白帝城，位於今重慶市奉節縣。

［7］軍次黄獸：中華本校勘記："《考異》：《宋書》，'次遂寧郡之黄虎'。按：《通鑑》一一四亦作'黄虎'。此作'獸'，唐人避諱改。"

頃之，爲中軍諮議，[1]加冠軍將軍，尋遷鎮蠻護軍、安豐太守、梁國内史。[2]會盧循反，[3]以冠軍將軍從大軍南討。循平，遷左衛將軍、散騎常侍，[4]又遷征虜將軍、青州刺史。尋改鎮冀州，爲其參軍司馬道賜所害。

［1］中軍諮議：官名，中軍將軍府諮議參軍。掌參謀顧問，位在諸參軍上。

［2］鎮蠻護軍：官名，東晋、南朝置。時常隨征伐目的，置諸雜號護軍，如征蜀護軍、平虜護軍、揚威護軍等，職如將軍，而地位稍遜同號將軍，資歷稍淺之統帥常授此。鎮蠻護軍統兵，管理少數民族事務。　梁國：郡國名，治所在睢陽縣（今河南省商丘市）。

［3］盧循：字于先，小名元龍，本書卷一〇〇有傳。

［4］左衛將軍：官名，三國魏咸熙二年（265），司馬炎即晋王位，分中衛將軍爲左、右衛將軍。掌佽飛虎賁及前驅、由基、强弩三部司馬，屬下還有虎賁、羽林、上騎、異力、命中共五部督，負責宫禁侍衛。西晋屬中軍將軍，後屬領軍將軍。爲禁衛軍主要統帥之一，權任很重。四品。　散騎常侍：官名，三國魏文帝黄初年置，侍從皇帝左右，諫諍得失，顧問應對，與侍中等共平尚書奏事。也用作宰相、諸公等加官，入宫議政。三品。

殷仲堪

殷仲堪，陳郡人也。祖融，太常、吏部尚書。[1]父師，驃騎諮議參軍、晋陵太守、沙陽男。[2]仲堪能清言，善屬文，每云三日不讀《道德論》，便覺舌本間强。[3]其談理與韓康伯齊名，[4]士咸愛慕之。

[1]吏部尚書：官名，三國魏時爲尚書省吏部曹長官，位居列曹尚書之上。三品。

[2]驃騎諮議參軍：官名，驃騎將軍府諮議參軍。掌參謀軍事，位在諸參軍之上。

[3]本間强：間，宋本作“悶”。

[4]韓康伯：韓伯，字康伯，本書卷七五有傳。

調補佐著作郎。冠軍謝玄鎮京口，請爲參軍。除尚書郎，[1]不拜。玄以爲長史，[2]厚任遇之。仲堪致書於玄曰：

胡亡之後，中原子女鬻於江東者不可勝數，[3]骨肉星離，荼毒終年，怨苦之氣，感傷和理，誠喪亂之常，足以懲戒，復非王澤廣潤，愛育蒼生之意也。當世大人既慨然經略，將以救其塗炭，而使理至於此，良可嘆息！願節下弘之以道德，運之以神明，隱心以及物，垂理以禁暴，使足踐晋境者必無懷戚之心，枯槁之類莫不同漸天潤，[4]仁義與干戈並運，德心與功業俱隆，實所期於明德也。

[1]尚書郎：官名。東漢之制，取孝廉中之有才能者入尚書臺，在皇帝左右處理政務，初入臺稱守尚書郎中，滿一年稱尚書郎，滿三年稱侍郎。魏晋以後尚書各曹有侍郎、郎中等官，綜理職務，通稱爲尚書郎。六品。

[2]長史：官名，掌顧問參謀，爲所在官署掾屬之長。魏晋南

北朝時王府、公府、軍府、邊郡均置。八至六品。

[3]江東：亦稱江左，因自北方視之，江東在左，江西在右，故稱。

[4]枯槁：槁，宋本、殿本作“槁”。　同漸天潤：同受自然的潤澤。

頃聞抄掠所得，多皆采梠飢人，[1]壯者欲以救子，少者志在存親，行者傾筐以顧念，居者吁嗟以待延。而一旦幽縶，生離死絶，求之於情，[2]可傷之甚。昔孟孫獵而得麑，[3]使秦西以歸之，[4]其母隨而悲鳴，不忍而放之，孟孫赦其罪以傅其子。禽獸猶不可離，況於人乎！夫飛鴞，惡鳥也，食桑葚，猶懷好音。[5]雖曰戎狄，其無情乎！苟感之有物，非難化也。必使邊界無貪小利，强弱不得相陵，德音一發，必聲振沙漠，二寇之黨，將靡然向風，何憂黄河之不濟，函谷之不開哉！[6]

玄深然之。

[1]采梠：采食野生的穀物。梠，原本作“樵”，宋本、殿本作“梠”，據宋本、殿本改。

[2]求之於情：宋本無“之”字。

[3]麑：小鹿。

[4]使秦西以歸之：歸之，宋本、殿本、中華本作“之歸”。

[5]懷好音：語本《詩·魯頌·泮水》：“翩彼飛鴞，集于泮林，食我桑黮，懷我好音。”毛亨傳：“黮，桑實也。”鄭玄箋：“言鴞恒惡鳴，今來止於泮水之木上，食其桑黮，爲此之故，故改其鳴，歸就我以善音。喻人感於恩則化也。”

［6］函谷：函谷關，位於今河南省靈寶市東北。

領晋陵太守，居郡禁産子不舉，久喪不葬，録父母以質亡叛者，所下條教甚有義理。父病積年，仲堪衣不解帶，躬學醫術，究其精妙，執藥揮淚，遂眇一目。居喪哀毁，以孝聞。服闋，孝武帝召爲太子中庶子，[1]甚相親愛。仲堪父嘗患耳聰，聞床下蟻動，謂之牛鬥。帝素聞之而不知其人。至是，從容問仲堪曰："患此者爲誰？"仲堪流涕而起曰："臣進退惟谷。"帝有愧焉。復領黄門郎，[2]寵任轉隆。帝嘗示仲堪詩，乃曰："勿以己才而笑不才。"帝以會稽王非社稷之臣，[3]擢所親幸以爲藩捍，乃授仲堪都督荆益寧三州軍事、振威將軍、荆州刺史、假節，[4]鎮江陵。[5]將之任，又詔曰："卿去有日，使人酸然。常謂永爲廊廟之寶，而忽爲荆楚之珍，良以慨恨！"其恩狎如此。

［1］太子中庶子：官名，太子侍從，掌侍從、奏事、諫議等。五品。

［2］黄門郎：官名，黄門侍郎或給事黄門侍郎的省稱。五品。

［3］會稽王：即司馬道子。

［4］都督荆益寧三州軍事：即都督數州諸軍事，上述三州最高軍事行政長官。　振威將軍：官名，雜號將軍，統兵出征。四品。　荆州：三國時曹魏治所在新野縣（今河南省新野縣），孫吴治所在江陵縣（今湖北省江陵縣），西晋統一後治所在江陵縣（今湖北省江陵縣）。

［5］江陵：縣名，治所在今湖北省江陵縣。

仲堪雖有英譽，議者未以分陝許之。[1]既受腹心之任，居上流之重，朝野屬想，謂有異政。及在州，綱目不舉，而好行小惠，夷夏頗安附之。先是，仲堪游於江濱，見流棺，接而葬焉。旬日間，門前之溝忽起爲岸。其夕，有人通仲堪，自稱徐伯玄，云：“感君之惠，無以報也。”仲堪因問：“門前之岸是何祥乎？”對曰：“水中有岸，其名爲洲，君將爲州。”言終而没。至是，果臨荆州。桂陽人黄欽生父歿已久，[2]詐服衰麻，言迎父喪。府曹先依律詐取父母卒棄市，[3]仲堪乃曰：“律詐取父母寧依毆詈法棄市。[4]原此之旨，當以二親生存而横言死没，情事悖逆，忍所不當，故同之毆詈之科，正以大辟之刑。今欽生父實終没，墓在舊邦，積年久遠，方詐服迎喪，以此爲大妄耳。比之於父存言亡，相殊遠矣。”遂活之。又以異姓相養，禮律所不許，子孫繼親族無後者，唯令主其蒸嘗，[5]不聽别籍以避役也。佐史咸服之。

[1]分陝：西周初周公旦、召公奭分陝而治，周公治陝以東，召公治陝以西。後謂官僚出任地方官爲“分陝”。

[2]桂陽：郡名，治所在郴縣（今湖南省郴州市）。　父歿已久：歿，宋本、殿本作“没”。

[3]詐取父母：宋本無“父”字。

[4]毆詈：毆打辱駡。毆，原本和中華本皆作“敺”，即“驅”的異體字；宋本、殿本作“歐”。據文意應爲“毆”，“毆”訛爲“敺”。

[5]蒸嘗：本指秋冬二祭。後泛指祭祀。

時朝廷徵益州刺史郭銓,[1]犍爲太守卞苞於坐勸銓以蜀反,[2]仲堪斬之以聞。朝廷以仲堪事不預察,降號鷹揚將軍。尚書下以益州所統梁州三郡人丁一千番戍漢中,[3]益州未肯承遣。仲堪乃奏之曰：

夫制險分國,各有攸宜,[4]劍閣之隘,[5]實蜀之關鍵。巴西、梓潼、宕渠三郡去漢中遼遠,[6]在劍閣之内,成敗與蜀爲一,而統屬梁州,蓋定鼎中華,慮在後伏,所以分斗絶之勢,[7]開荷戟之路。自皇居南遷,守在岷邛,[8]衿帶之形,事異曩昔。是以李勢初平,[9]割此三郡配隸益州,將欲重複上流爲習坎之防。[10]事經英略,歷年數紀。梁州以統接曠遠,求還得三郡,忘王侯設險之義,背地勢内外之實,盛陳事力之寡弱,[11]飾哀矜之苦言。今華陽乂清,[12]汧隴順軌,[13]關中餘燼,自相魚肉,梁州以論求三郡,益州以本統有定,更相牽制,莫知所從。致令巴、宕二郡爲群獠所覆,[14]城邑空虚,士庶流亡,要害膏腴皆爲獠有。今遠慮長規,宜保全險塞。又蠻獠熾盛,兵力寡弱,如遂經理乖謬,[15]號令不一,則劍閣非我保,醜類轉難制。此乃藩扞之大機,上流之至要。

[1]益州：治所在成都縣（今四川省成都市)。　郭銓：東晋人,歷任梁州刺史、南平太守、竟陵太守、益州刺史等職。桓玄叛亂,任之爲前將軍,後歸降劉裕。

[2]犍爲：郡名,治所在武陽縣（今四川省眉山市彭山區東)。

[3]梁州：三國曹魏治所在沔陽縣（今陝西省勉縣東),西晋

移治南鄭縣（今陝西省漢中市東）。　漢中：郡名，治所在南鄭縣（今陝西省漢中市）。

［4］各有攸宜：各自有其根據實際情況制定的辦法。

［5］劍閣：即劍門關，位於今四川省劍閣縣東北。

［6］巴西：郡名，治所在閬中縣（今四川省閬中市）。　梓潼：郡名，治所在梓潼縣（今四川省梓潼縣）。　宕渠：郡名，劉備分巴西郡置，治所在宕渠縣（今四川省渠縣東北）。

［7］斗絶：陡峭險峻。

［8］岷邛：地區名，指岷江邛原一帶，在今四川省成都地區。

［9］李勢：字子仁，本書卷一二一有載記。

［10］習坎：《易·坎·彖辭》："習坎，重險也。"高亨注："本卦乃二坎相重，是爲'習坎'。習，重也；坎，險也。故曰：'習坎，重險也。'"後因稱險阻爲"習坎"。

［11］寡弱：宋本無"弱"字。

［12］華陽：地區名，相當今秦嶺以南，四川、雲、貴等省區。

［13］汧隴：地區名，泛指今陝西省千河流域隴縣、千陽縣一帶。

［14］獠（lǎo）：亦作"僚"，古族名，分佈於今四川、陝西、貴州、云南、廣西等省區。

［15］乖謬：謬，宋本、殿本作"繆"。

昔三郡全實，正差文武三百，以助梁州。今俘没蠻獠，十不遺二，加逐食鳥散，資生未立，苟順符指以副梁州，[1]恐公私困弊，無以堪命，則劍閣之守無擊柝之儲，號令選用不專於益州，虚有監統之名，而無制御之用，懼非分位之本旨，經國之遠術。謂今正可更加梁州文武五百，合前爲一千五百，自此之外，一仍舊貫。設梁州有急，蜀當傾力救之。

書奏，朝廷許焉。

[1]符指：符，宋本作“苻”。

桓玄在南郡，論四皓來儀漢庭，[1]孝惠以立。而惠帝柔弱，吕后凶忌，此數公者，觸彼埃塵，欲以救弊。二家之中，各有其黨，奪彼與此，其仇必興。不知匹夫之志，四公何以逃其患？素履終吉，隱以保生者，其若是乎！以其文贈仲堪。仲堪乃答之曰：

隱顯默語，非賢達之心，蓋所遇之時不同，故所乘之塗必異。道無所屈而天下以之獲寧，仁者之心未能無感。若夫四公者，養志巖阿，道高天下，秦網雖虐，游之而莫懼，漢祖雖雄，請之而弗顧，徒以一理有感，泛然而應，[2]事同賓客之禮，言無是非之對，孝惠以之獲安，莫由報其德，如意以之定藩，[3]無所容其怨。且争奪滋生，主非一姓，則百姓生心，祚無常人，則人皆自賢，況夫漢以劍起，人未知義，式遏奸邪，特宜以正順爲寶。天下，大器也，苟亂亡見懼，則滄海横流。原夫若人之振策，豈爲一人之廢興哉！苟可以暢其仁義，與夫伏節委質可榮可辱者，道迹懸殊，理勢不同，君何疑之哉！

[1]四皓：即商山四皓，東園公、綺里季、夏黄公、角里先生。皆爲秦末漢初隱士，曾幫助劉邦太子鞏固地位。

[2]泛然：泛，宋本作“况”。

[3]如意：漢高祖劉邦之子，戚夫人所生，封趙王。劉邦幾次想立之爲太子。劉邦死後，趙王被吕后毒殺。

又謂諸吕强盛，幾危劉氏，如意若立，必無此患。夫禍福同門，倚伏萬端，又未可斷也。于時天下新定，權由上制，高祖分王子弟，有磐石之固，社稷深謀之臣，森然比肩，豈瑣瑣之禄、産所能傾奪之哉！[1]此或四公所預，于今亦無以辨之，[2]但求古賢之心，宜存之遠大耳。端本正源者，雖不能無危，其危易持。苟啓競津，雖未必不安，而其安難保。此最有國之要道，古今賢哲所同惜也。

玄屈之。

[1]瑣瑣：形容人品卑微、平庸、渺小。《詩·小雅·節南山》：“瑣瑣姻亞，則無膴仕。”鄭玄箋：“瑣瑣姻亞，妻黨之小人。”高亨注：“瑣瑣，卑微渺小貌。” 禄：吕禄，西漢單父（今山東省單縣）人，吕后侄子。吕后時爲將軍，掌北軍。吕后死，與諸吕謀亂，被殺。 産：吕産，西漢單父（今山東省單縣）人，吕后侄子。高后元年（前187）封汶侯。七年爲梁王。吕后病危時任相國，與上將軍吕禄分掌南、北軍。吕后死，與諸吕謀亂，被殺。

[2]辨之：辨，宋本作“辯”。

仲堪自在荆州，連年水旱，百姓饑饉，仲堪食常五碗，盤無餘肴，飯粒落席間，[1]輒拾以啖之，雖欲率物，亦緣其性真素也。每語子弟云：“人物見我受任方州，謂我豁平昔時意，今吾處之不易。貧者士之常，焉得登枝而捐其本？爾其存之!”其後蜀水大出，漂浮江陵數千家，以隄防不嚴，復降爲寧遠將軍。[2]安帝即位，進號冠軍將軍，固讓不受。

[1]飯粒落席間：粒，殿本作“粘”。
[2]寧遠將軍：官名，屬名號將軍。五品。

初，桓玄將應王恭，乃説仲堪，推恭爲盟主，共興晋陽之舉，立桓文之功，[1]仲堪然之。仲堪以王恭在京口，去都不盈二百，自荆州道遠連兵，勢不相及，乃僞許恭，而實不欲下。聞恭已誅王國寶等，始抗表興師，遣龍驤將軍楊佺期次巴陵。會稽王道子遣書止之，仲堪乃還。

[1]桓：齊桓公，春秋時齊國國君，名小白，僖公之子，襄公之弟。公元前685至前643年在位。爲公子時因國家内亂出走至莒，襄公死後被迎回立爲國君。在位時任用管仲，改革内政，國力漸强。九合諸侯，尊王攘夷，成爲春秋五霸之首。　文：晋文公，名重耳，晋獻公之子，因受迫害而流亡在外十九年，歷盡艱難險阻。回國即位後改革朝政，加强軍備，國力漸强，終成春秋五霸之一。

初，桓玄棄官歸國，仲堪憚其才地，深相交結。玄亦欲假其兵勢，誘而悦之。國寶之役，仲堪既納玄之誘，乃外結雍州刺史郗恢，[1]内要從兄南蠻校尉顗、南郡相江績等。[2]恢、顗、績並不同之，乃以楊佺期代績，顗自遜位。

[1]雍州：治所在姑臧縣（今甘肅省武威市）。東漢建安十八年（213）移治長安縣（今陝西省西安市西北）。　郗恢：字道胤，本書卷六七有傳。郗，原本、殿本作“郄”，宋本作“郝”，據其本傳及中華本改。

[2]南蠻校尉：官名，亦稱護南蠻校尉，府鎮襄陽，東晋改鎮江陵。掌荆州及江州少數民族事務，統兵。四品。　顗：殷顗。字伯通，本書卷八三有傳。顗，原本、宋本、殿本作“覬”，據其本傳及中華本校勘記改。本卷下文此人名同。　南郡：治所在江陵縣（今湖北省江陵縣）。

會王恭復與豫州刺史庾楷舉兵討江州刺史王愉及譙王尚之等，仲堪因集議，以爲“朝廷去年自戮國寶，王恭威名已震，今其重舉，勢無不克。而我去年緩師，已失信於彼，今可整棹晨征，參其霸功”。於是使佺期舟師五千爲前鋒，桓玄次之，仲堪率兵二萬，相繼而下。佺期、玄至湓口，[1]王愉奔于臨川，[2]玄遣偏軍追獲之。佺期等進至横江，[3]庾楷敗奔於玄，譙王尚之等退走，尚之弟恢之所領水軍皆没。玄等至石頭，[4]仲堪至蕪湖，[5]忽聞王恭已死，劉牢之反恭，領北府兵在新亭，玄等三軍失色，無復固志，乃回師屯于蔡洲。[6]

[1]湓口：一名湓浦口，位於今江西省九江市西北，即湓浦水入長江之口。

[2]臨川：郡名，治所在臨汝縣（今江西省撫州市臨川區西）。

[3]横江：今安徽省和縣與馬鞍山市之間的長江。

[4]石頭：石頭城，故址在今江蘇省南京市清凉山。

[5]蕪湖：縣名，治所在今安徽省蕪湖市東。

[6]乃回師屯於蔡洲：洲，原本、殿本作“州”，宋本作“洲”，據宋本、中華本校勘記改。

時朝廷新平恭、楷，且不測西方人心，仲堪等擁衆數萬，充斥郊畿，内外憂逼。玄從兄脩告會稽王道子曰：[1]“西軍可説而解也。脩知其情矣。若許佺期以重利，無不倒戈於仲堪者。”道子納之，乃以玄爲江州，佺期爲雍州，黜仲堪爲廣州，[2]以桓脩爲荆州，遣仲堪叔父太常茂宣詔回軍。仲堪恚被貶退，以王恭雖敗，己衆亦足以立事，令玄等急進軍。玄等喜於寵授，並欲順朝命，猶豫未决。會仲堪弟遹爲佺期司馬，夜奔仲堪，説佺期受朝命，納桓脩。仲堪遑遽，即於蕪湖南歸，使徇於玄等軍曰：“若不各散而歸，大軍至江陵，當悉戮餘口。”仲堪將劉系先領二千人隸于佺期，輒率衆而歸。玄等大懼，狼狽追仲堪，至尋陽，及之。於是仲堪失職，倚玄爲援，玄等又資仲堪之兵，雖互相疑阻，亦不得異。仲堪與佺期以子弟交質，遂於尋陽結盟，玄爲盟主，[3]臨壇歃血，並不受詔，申理王恭，求誅劉牢之、譙王尚之等。朝廷深憚之，於是詔仲堪曰：“間以將軍憑寄失所，[4]朝野懷憂。然既往之事，宜其兩忘，用乃班師回旆，祇順朝旨，所以改授方任，蓋隨時之宜。將軍大義，[5]誠感朕心，今還復本位，即撫所鎮，釋甲休兵，則内外寧一，故遣太常茂具宣乃懷。”仲堪等並奉詔，各旋所鎮。

[1]脩：桓脩，字承祖，本書卷七四有傳。脩，原本、殿本作

"修"，宋本作"脩"，據本書卷七四本傳及宋本改。本卷下同。

[2]廣州：治所在番禺縣（今廣東省廣州市）。

[3]玄爲盟主：宋本"玄"上有"推"字。

[4]間：近來。

[5]大義：義，殿本作"議"。

頃之，桓玄將討佺期，先告仲堪云："今當入沔討除佺期，已頓兵江口。若見與無貳，可殺楊廣；[1]若其不然，便當率軍入江。"仲堪乃執玄兄偉，遣從弟遹等水軍七千至江西口。[2]玄使郭銓、苻宏擊之，遹等敗走。玄頓巴陵，[3]而館其穀。玄又破楊廣於夏口。仲堪既失巴陵之積，又諸將皆敗，江陵震駭。城内大饑，以胡麻爲廩。仲堪急召佺期。佺期率衆赴之，直濟江擊玄，爲玄所敗，走還襄陽。仲堪出奔酇城，[4]爲玄追兵所獲，逼令自殺，死於柞溪，[5]弟子道護、參軍羅企生等並被殺。[6]仲堪少奉天師道，[7]又精心事神，不吝財賄，而怠行仁義，嗇於周急，及玄來攻，猶勤請禱。然善取人情，病者自爲診脉分藥，而用計倚伏煩密，少於鑒略，以至於敗。

[1]楊廣：楊，宋本作"揚"。

[2]江西口：宋本作"西江口"。中華本校勘記："《通鑑》一一一作'西江口'，胡注引《水經·江水》注云'夏浦俗謂之西江口'。"

[3]巴陵：縣名，治所在今湖南省岳陽市。

[4]酇城：酇縣城，位於今湖北省老河口市西北西集街北。

[5]柞溪：即柞溪水，源出今湖北省江陵縣北，東流至潛江市

西入古揚夏水。

[6]羅企生：字宗伯，本書卷八九有傳。

[7]天師道：東漢張道陵創立，以《老子》爲經典。教主自稱“天師”或“師君”。因入道要交五斗米，又稱“五斗米道”。

子簡之，載喪下都，葬于丹徒，遂居墓側。義旗建，率私僮客隨義軍躡桓玄。玄死，簡之食其肉。桓振之役，義軍失利，簡之没陣。弟曠之，有父風，仕至剡令。[1]

[1]剡：縣名，治所在今浙江省嵊州市西南曹娥江北岸。

楊佺期

楊佺期，弘農華陰人，[1]漢太尉震之後也。[2]曾祖準，太常。自震至準，七世有名德。祖林，少有才望，值亂没胡。父亮，少仕僞朝，後歸國，終於梁州刺史，以貞幹知名。佺期沉勇果勁，而兄廣及弟思平等皆强獷粗暴。自云門户承籍，江表莫比，有以其門地比王珣者，猶恚恨，而時人以其晚過江，婚宦失類，每排抑之，恒慷慨切齒，欲因事際以逞其志。

[1]弘農：郡名，治所在弘農縣（今河南省靈寶市）。　華陰：縣名，治所在今陝西省華陰市東南。

[2]太尉：東漢建武二十七年（51）改大司馬爲太尉，列三公之首，與司徒、司空共同行使宰相職能，綜理全國軍政事務。但到後期常受制於外戚宦官，決策發令統於尚書臺，故實權不重。　震：楊震，東漢弘農華陰（今陝西省華陰市東南）人，字伯起。博

覽經籍，人稱“關西孔子”。歷任荆州刺史、東萊郡守、涿郡郡守、太僕、太常、太尉等職。後爲中常侍樊豐所誣，免歸本郡，飲鴆自殺。

佺期少仕軍府。咸康中，[1]領衆屯成固。[2]苻堅將潘猛距守康回壘，佺期擊走之，其衆悉降，拜廣威將軍、河南太守，[3]戍洛陽。[4]苻堅將竇衝率衆攻平陽太守張元熙於皇天塢，[5]佺期擊走之。佺期自湖城入潼關，[6]累戰皆捷，斬獲千計，降九百餘家，歸於洛陽，進號龍驤將軍。以病，改爲新野太守，[7]領建威司馬。[8]遷唐邑太守，[9]督石頭軍事，[10]以疾去職。荆州刺史殷仲堪引爲司馬，代江績爲南郡相。

[1]咸康中：中華本校勘記：“‘咸康’當爲‘寧康’之誤。若咸康中，恐楊佺期尚未生。”

[2]成固：縣名，治所在今陝西省漢中市城固縣東漢江北岸。成，原本、宋本、殿本作“城”，據中華本改。

[3]廣威將軍：官名，三國魏始置。四品。　河南：郡名，治所在洛陽縣（今河南省洛陽市東北）。

[4]洛陽：古都名，位於今河南省洛陽市東北。

[5]竇衝：十六國前秦人，任苻堅左將軍、車騎大將軍、南秦州牧、大司馬、驃騎將軍、前鋒大都督、都督隴東諸軍事等職。苻堅死後，苻登任之爲右丞相。後叛變，自稱秦王，建年號。　平陽：郡名，治所在平陽縣（今山西省臨汾市西南）。　皇天塢：建築在皇天原上的塢堡。皇天原位於今河南省靈寶市西北。

[6]湖城：湖縣城，位於今河南省靈寶市西北。　潼關：位於今陝西省潼關縣東北黄河南岸潼關。

[7]新野：郡名，西晋惠帝時改義陽郡置，治所在新野縣（今河南省新野縣）。

[8]建威司馬：官名，建威將軍府高級幕僚。掌參讚軍務、管理府内武職，位僅次於長史。七品。

[9]遷唐邑太守：中華本校勘記："周校：'堂邑'誤作'唐邑'。"

[10]督石頭軍事：石頭城的軍事行政長官。

仲堪與桓玄舉衆應王恭、庾楷，仲堪素無戎略，軍旅之事一委佺期兄弟，以兵五千人爲前鋒，與桓玄相次而下。至石頭，恭死，楷敗，朝廷未測玄軍，乃以佺期代郗恢爲都督梁雍秦三州諸軍事、雍州刺史，[1]仲堪、玄皆有遷换，於是俱還尋陽，結盟不奉詔。俄而朝廷復仲堪本職，乃各還鎮。

[1]郗恢：郗，原本、殿本作"郄"，宋本作"郗"，據宋本改。本卷下文此姓字同。　都督梁雍秦三州諸軍事：上述三州最高軍事行政長官。

初，玄未奉詔，欲自爲雍州，以郗恢爲廣州。恢懼玄之來，問於衆，咸曰："佺期來者，誰不戮力！若桓玄來，恐難與爲敵。"既知佺期代己，乃謀於南陽太守閭丘羨，[1]稱兵距守。佺期慮事不濟，乃聲言玄來入沔，而佺期爲前驅。恢衆信之，無復固志。恢軍散請降，佺期入府斬閭丘羨，放恢還都，撫將士，恤百姓，繕修城池，簡練甲卒，甚得人情。

[1]南陽：郡名，治所在宛縣（今河南省南陽市）。

佺期、仲堪與桓玄素不穆，佺期屢欲相攻，仲堪每抑止之。玄以是告執政，求廣其所統。朝廷亦欲成其釁隙，故以桓偉爲南蠻校尉。[1]佺期内懷忿懼，勒兵建牙，聲云援洛，欲與仲堪襲玄。仲堪雖外結佺期，内疑其心，苦止之，[2]又遣從弟遹屯北塞以駐之。佺期不得舉，[3]乃解兵。

[1]桓偉：桓玄兄，任輔國將軍、南蠻校尉、冠軍將軍、雍州刺史等職。

[2]苦止之：苦，宋本作“若”。

[3]不得舉：宋本作“勢不獨舉”。

隆安三年，桓玄遂舉兵討佺期，[1]先攻仲堪。初，仲堪得玄書，急召佺期。佺期曰：“江陵無食，當何以待敵？可來見就，共守襄陽。”仲堪自以保境全軍，無緣棄城逆走，憂佺期不赴，乃紿之曰：“比來收集，已有儲矣。”佺期信之，乃率衆赴焉。步騎八千，精甲耀日。既至，仲堪唯以飯餉其軍。佺期大怒曰：“今兹敗矣！”乃不見仲堪。時玄在零口，[2]佺期與兄廣擊玄。玄畏佺期之鋭，乃渡軍馬頭。[3]明日，佺期率殷道護等精鋭萬人乘艦出戰，玄距之，不得進。佺期乃率其麾下數十艦，直濟江，徑向玄船。俄而回擊郭銓，殆獲銓，[4]會玄諸軍至，佺期退走，餘衆盡没，單馬奔襄陽。玄追軍至，佺期與兄廣俱死之，傳首京都，梟於朱雀門。[5]

弟思平，從弟尚保、孜敬，俱逃于蠻。劉裕起義，始歸國，歷位州郡。

[1]桓玄：宋本無“桓”字。

[2]零口：位於今湖北省江陵縣西南。口，原本、宋本、殿本作“田”，據中華本改。

[3]馬頭：即馬頭岸，位於今湖北省荆州市沙市區南長江南岸埠河鎮。

[4]殆獲銓：殆，宋本作“紿”。

[5]朱雀門：一名大航門，六朝都城建康城南門，約當今江蘇省南京市中華門内秦淮河岸。

孜敬爲人剽鋭，果於行事。昔與佺期勸殷仲堪殺殷顗，仲堪不從，孜敬拔刃而起，欲自出取之，仲堪苦禁乃止。及爲梁州刺史，常怏怏不滿其志。經襄陽，見魯宗之侍衛皆佺期之舊也。[1]孜敬愈憤，見於辭色。宗之參軍劉千期於座面折之，因發大怒，[2]抽劍刺千期立死。宗之表而斬之。思平、尚保後亦以罪誅，楊氏遂滅。

[1]魯宗之：東晋扶風郿縣（今陝西省眉縣東渭河北岸）人，字彦仁。南陽太守，從劉裕伐桓玄有功，遷輔國將軍、雍州刺史。後自疑不爲劉裕所容，乃起兵與司馬休之伐劉裕，兵敗後投姚興。

[2]因發大怒：宋本、殿本作“因大發怒”。

史臣曰：生靈道斷，忠貞路絶，棄彼弊冠，崇兹新履。牢之事非其主，抑亦不臣，功多見疑，勢陵難信，而投兵散地，二三之甚。若夫司牧居愆，方隅作戾，口順勤王，心乖抗節。王恭鯁言時政，有昔賢之風。國寶就誅，而晉陽猶起。是以仲堪僥倖，佺期無狀，雅志多隙，佳兵不和，足以亡身，不足以静亂也。

贊曰：孝伯懷功，牢之總戎。王因起舋，劉亦憯忠。殷、楊乃武，抽旆争雄。庾君含怨，交鬥其中。猗歟群采，道睽心異。是曰亂階，非關臣事。

晉書　卷八五

列傳第五十五

劉毅 兄邁　諸葛長民　何無忌　檀憑之　魏咏之

劉毅

劉毅，字希樂，彭城沛人也。[1]曾祖距，廣陵相。[2]叔父鎮，左光禄大夫。[3]毅少有大志，不修家人産業，仕爲州從事，[4]桓弘以爲中兵參軍屬。[5]

[1]彭城：郡名，治所在彭城縣（今江蘇省徐州市）。　沛：縣名，治所在今江蘇省沛縣。

[2]廣陵：郡名，治所在廣陵縣（今江蘇省揚州市西北蜀岡上）。　相：官名，郡國相，也稱内史。五品。

[3]左光禄大夫：官名，齊王曹芳正始元年（240）在光禄大夫上增置左、右，位在光禄大夫上。在朝顯職的加官，或授予年老有病致仕者，或授予死者。西晋時禄賜與特進同。二品，開府位從公者一品。

[4]州從事：官名，州部屬吏。東漢稱從事史，由州部長官自己選拔任命。

[5]中兵參軍：官名，兩晋南北朝諸公、軍府僚屬之一，亦作中兵參軍事。掌本府中兵曹事務，兼備參謀咨詢。東晋末改置中置兵參軍，兼領中兵、直兵二曹。

桓玄簒位，[1]毅與劉裕、何無忌、魏咏之等起義兵，[2]密謀討玄，毅討徐州刺史桓脩於京口、青州刺史桓弘於廣陵。[3]裕率毅等至竹里，[4]玄使其將皇甫敷、吴甫之北距義軍，[5]遇之於江乘，[6]臨陣斬甫之，進至羅洛橋，[7]又斬敷首。玄大懼，使桓謙、何澹之屯覆舟山。[8]毅等軍至蔣山，[9]裕使羸弱登山，多張旗幟，玄不之測，益以危懼。謙等士卒多北府人，素慑伏裕，莫敢出鬥。裕與毅等分爲數隊，進突謙陣，皆殊死戰，無不一當百。時東北風急，義軍放火，烟塵張天，鼓噪之音震駭京邑，謙等諸軍一時奔散。

[1]桓玄：字敬道，本書卷九九有傳。

[2]劉裕：字德輿，小名寄奴，彭城（今江蘇省徐州市）人，南朝宋開國皇帝。世居京口，初爲東晋冠軍司馬，後被劉牢之任爲參軍。歷任鎮軍將軍、都督十六州諸軍事，官至相國，受封宋王。元熙二年（420）代晋稱帝。卒謚武皇帝，廟號高祖。

[3]徐州：治所在彭城縣（今江蘇省徐州市）。　桓脩：字承祖，本書卷七四有傳。脩，原本、殿本作“修”，宋本作“脩”，據其本傳及宋本改。本卷下文此人名同。　京口：地名，即今江蘇省鎮江市。　青州：治所在臨淄縣（今山東省淄博市東北）。

[4]竹里：地名，在今江蘇省句容市北。

[5]義軍：軍，殿本作“兵”。

[6]江乘：縣名，治所在今江蘇省句容市北。

［7］羅洛橋：即羅落橋，位於今江蘇省南京市東北長江南岸。洛，宋本、殿本作“落”。

［8］桓謙：字敬祖，本書卷七四有傳。　何澹之：東晋人，先後任王恭參軍、桓玄龍驤將軍、游擊將軍，後投奔後秦姚興。澹之，原本作“之澹”，宋本、殿本作“澹之”，據宋本、殿本乙正。　覆舟山：一名龍舟山、玄武山，即今江蘇省南京市城區東北隅九華山。

［9］蔣山：即今江蘇省南京市中山門外鐘山。

玄既西走，裕以毅爲冠軍將軍、青州刺史，[1]與何無忌、劉道規躡玄。[2]玄逼帝及琅琊王西上，[3]毅與道規及下邳太守孟懷玉等追及玄，[4]戰於峥嶸洲。[5]毅乘風縱火，盡鋭争先，玄衆大潰，燒輜重夜走。玄將郭銓、劉雅等襲陷尋陽，[6]毅遣武威將軍劉懷肅討平之。[7]

［1］冠軍將軍：官名，曹魏、孫吴、西晋皆置。西晋時領營兵。三品。

［2］劉道規：字道則，劉裕少弟，東晋末任振武將軍、義昌太守等職，隨劉裕征桓玄，破孫恩，屢立戰功。死後追封臨川王。

［3］琅琊王：東晋恭帝司馬德文，本書卷十有紀。琊，宋本、殿本作“邪”。

［4］下邳：郡國名，治所在下邳縣（今江蘇省睢寧縣古邳鎮東）。　孟懷玉：平昌安丘（今山東省安丘市西南）人。隨劉裕東伐孫恩，爲建武司馬。從平京城，進定京邑。以功封鄱陽縣侯，食邑千户。劉裕鎮京口，以懷玉爲鎮軍參軍、下邳太守。盧循逼京邑，懷玉於石頭岸連戰有功，爲中軍諮議參軍。死後追贈平南將軍。

［5］峥嶸洲：位於今湖北省黄岡市黄州區西北長江中。洲，原

本作“州”，宋本、殿本作“洲”，據宋本、殿本改。

［6］玄將郭銓、劉雅：中華本校勘記：“周校：《玄傳》‘郭銓劉雅’作‘劉統馮雅’。郭銓時已歸降，當從《玄傳》。按：《通鑑》一一三與《玄傳》同，周校是。”郭銓，東晋人，歷任梁州刺史、南平太守、竟陵太守、益州刺史等職。桓玄叛亂，任之爲前將軍，後歸降劉裕。　尋陽：縣名，治所在今湖北省黄梅縣西南。

［7］武威將軍：官名，統兵出征。東漢建安初置，西晋沿置。　劉懷肅：彭城（今江蘇省徐州市）人，劉裕從母兄，初爲劉敬宣寧朔府司馬，東征孫恩，有戰功，又爲龍驤司馬、費令。隨劉裕討桓玄及桓氏餘黨，除通直郎，任淮南、歷陽二郡太守。

及玄死，桓振、桓謙復聚衆距毅於靈溪。[1]玄將馮該以兵會於振，[2]毅進擊，爲振所敗，退次尋陽，坐免官，尋原之。劉裕命何無忌受毅節度，無忌以督攝爲煩，輒便解統。毅疾無忌專擅，免其琅琊内史，[3]以輔國將軍攝軍事，[4]無忌遂與毅不平。毅唯自引咎，時論韙之。毅復與道規發尋陽。桓亮自號江州刺史，[5]遣劉敬宣擊走之。[6]毅軍次夏口。[7]時振黨馮該戍大岸，[8]孟山圖據魯城，[9]桓山客守偃月壘，[10]衆合萬人，連艦二岸，水陸相援。毅督衆軍進討，未至夏口，遇風飄没千餘人。毅與劉懷肅、索邈等攻魯城，[11]道規攻偃月壘，何無忌與檀祗列艦於中流，[12]以防越逸。毅躬貫甲胄，陵城半日而二壘俱潰，生擒山客，[13]而馮該遁走。毅進平巴陵。[14]以毅爲使持節、兗州刺史，[15]將軍如故。毅號令嚴整，所經墟邑，百姓安悦。南陽太守魯宗之起義，[16]襲襄陽，[17]破桓蔚。毅等諸軍次江陵之馬頭。[18]振擁乘輿，[19]出營江津。[20]宗之又破僞將温楷，振自擊宗之。毅因率無忌、道規等諸軍破馮該於豫章口，[21]推鋒而進，遂入江陵。振聞城陷，與謙北走，乘輿反正，毅執玄黨卞範之、羊僧壽、夏侯崇之、桓道恭等，[22]皆斬之。桓振復與苻宏自鄖城襲陷江陵，[23]與劉懷肅相持。毅遣部將擊振，殺之，并斬僞輔國將軍桓珍。毅又攻拔遷陵，[24]斬玄太守劉叔祖於臨嶂。[25]其餘擁衆假號以十數，皆討平之。二州既平，以毅爲撫軍將軍。[26]時刁預等作亂，屯於湘中，[27]毅遣將分討，皆滅之。

[1]桓振：字道全，本書卷七四有傳。　靈溪：位於今湖南省永順縣東北。

[2]馮該：桓玄部將，任鎮東將軍，桓玄稱帝後封爲魚復侯。

[3]琅琊：封國名，治所在今山東省臨沂市。　内史：官名，西晋武帝太康十年（289）改諸王國相爲内史，掌管民政。五品。周家禄《晋書校勘記》認爲："晋制，以郡爲國，内史治民事，若郡太守。國除爲郡，復稱太守。然二名往往混淆，史家亦互稱之。"

[4]輔國將軍：官名，屬將軍名號，三國兩晋皆置。三品。

[5]江州：治所在南昌縣（今江西省南昌市）。

[6]劉敬宣：劉牢之長子，本書卷八四有傳。

[7]夏口：即沔口，位於今湖北省武漢市，漢江入長江之口。

[8]馮該：該，原本作"駭"，宋本、殿本作"該"，據上下文及宋本、殿本改。

[9]魯城：位於今湖北省武漢市漢陽區東。《太平寰宇記》卷一三一《淮南道·漢陽軍》："却月城，與魯城相對，以其形似却月故。《荆州記云》：'河口北岸臨江水有却月城，魏將黄祖所守，吴遣董襲攻而擒之。其城遂廢。'"

[10]桓山客：中華本校勘記："《斠注》：《宋書》劉道規、劉

懷肅《傳》‘山客’均作‘仙客’。按：《通鑑》一一三亦作‘仙客’。”　偃月壘：一名却月城，位於今湖北省武漢市漢口區。

[11]索邈：邈，原本作“超”，宋本、殿本作“邈”，據本書卷七四《桓振傳》及宋本、殿本改。

[12]檀祇：東晋高平金鄉（今山東省嘉祥縣南）人，字恭叔，檀韶二弟。少爲孫無終輔國參軍，東征孫恩，屢有戰功。復爲王誕龍驤參軍。又從劉裕克建康，歷任建武參軍、龍驤將軍、秦郡太守、北陳留内史、寧朔將軍、中書侍郎等職。

[13]生擒山客：擒，殿本作“禽”。

[14]巴陵：縣名，治所在今湖南省岳陽市。

[15]使持節：漢朝官吏奉使外出時，或由皇帝授予節杖，以提高其權力。魏晋以後，凡重要軍事長官出征或出鎮，加使持節，可誅殺二千石以下官員。　兖州：三國魏治所在廩丘縣（今山東省鄆城縣西北），晋惠帝末，兖州闔境淪没於石勒。東晋元帝僑置兖州，治京口（今江蘇省鎮江市）。

[16]南陽：郡名，治所在宛縣（今河南省南陽市）。　魯宗之：東晋扶風郿縣（今陝西省眉縣東渭河北岸）人，字彦仁。南陽太守，從劉裕伐桓玄有功，遷輔國將軍、雍州刺史。後自疑不爲劉裕所容，乃起兵與司馬休之伐劉裕，兵敗後投姚興。

[17]襄陽：縣名，治所在今湖北省襄陽市。

[18]江陵：縣名，治所在今湖北省江陵縣。　馬頭：馬頭岸，位於今湖北省荆州市沙市區南長江南岸埠河鎮。

[19]乘輿：皇帝所乘之車。此代指皇帝。

[20]江津：即江津戍，一名奉城，位於今湖北省荆州市沙市區東南長江中沙洲上。

[21]豫章口：位於今湖北省江陵縣東南，即古夏水通長江之口。

[22]卞範之：字敬祖，本書卷九九有傳。

[23]苻宏：苻，原本作“符”，宋本、殿本作“苻”，據其載

記及宋本、殿本改。　鄖城：地名，在今湖北省安陸市。

[24]遷陵：縣名，治所在今湖南省保靖縣東北。

[25]臨嶂：臨嶂山，位於今湖北省武漢市漢陽區西。

[26]撫軍將軍：官名，三國蜀漢、孫吴皆置，爲加官，以示權重。晋沿置，與中軍將軍、鎮軍將軍並爲三名號將軍。三品。

[27]湘中：泛指今湖南省湘江流域中部長沙市及其附近一帶。

初，毅丁憂在家，及義旗初興，遂墨絰從事。[1]至是，軍役漸寧，上表乞還京口，以終喪禮，曰："弘道爲國者，理盡於仁孝。訴窮歸天者，莫甚於喪親。但臣凡庸，[2]本無感概，[3]不能隕越，故其宜耳。往年國難滔天，故志竭愚忠，靦然苟存。去春鑾駕回軫，而狂狡未滅，雖奸凶時梟，餘燼竄伏，威懷寡方，[4]文武勞弊，微情未申，顧景悲憤。今皇威遐肅，海内清蕩，臣窮毒艱穢，[5]亦已具於聖聽。[6]兼羸患滋甚，衆疾互動，如今寢頓無復人理。[7]臣之情也，本不甘生；語其事也，亦可以没。乞賜餘骸，終其丘墳，庶幾忠孝之道獲宥於聖世。"不許。詔以毅爲都督豫州揚州之淮南歷陽廬江安豐堂邑五郡諸軍事、豫州刺史，[8]持節、將軍、常侍如故，[9]本府文武悉令西屬。以匡復功，封南平郡開國公，兼都督宣城軍事，[10]給鼓吹一部。[11]梁州刺史劉雅反，[12]毅遣將討擒之。初，桓玄於南州起齋，悉畫盤龍於其上，號爲盤龍齋。毅小字盤龍，至是，遂居之。俄進拜衛將軍、開府儀同三司。[13]

[1]墨絰：亦稱墨衰絰，黑色喪服。《左傳·僖公三十三年》：

“遂發命，遽興姜戎，子墨衰絰。”杜預注：“晋文公未葬，故襄公稱子，以凶服從戎，故墨之。”

［2］但臣凡庸：但，宋本作“伹”。

［3］感概：情感憤激有節概。

［4］寡方：缺少方法。

［5］窮毒艱穢：生活窮困苦痛，由於喪親心情雜蕪。

［6］已具於：已，宋本作“以”。

［7］寢頓：衰頽廢止。

［8］都督豫州揚州之淮南歷陽廬江安豐堂邑五郡諸軍事：豫州及揚州轄下淮南、廬江、歷陽、堂邑、安豐五郡最高軍事行政長官。揚，宋本作“楊”。原本、殿本無“堂邑”，不足五郡，宋本有，據宋本、中華本校勘記增補。　豫州：此當爲東晋僑置豫州，治江淮之間。（參見胡阿祥《東晋南朝僑州郡縣與僑流人口研究》，江蘇教育出版社 2008 年版，第 183 頁）

［9］持節：官員外出持有皇帝授予的節杖，代表高等權威，常用於軍事長官出征。　常侍：官名，散騎常侍、散騎中常侍、通直散騎常侍、員外散騎常侍等官的簡稱。三品。

［10］都督宣城軍事：即都督宣城諸軍事，宣城最高軍事行政長官。

［11］鼓吹：帝王及高級官員儀仗中的樂隊，由管樂和打擊樂器組成，常用來賜予有軍功的高級武官。

［12］梁州：三國曹魏治所在沔陽縣（今陝西省勉縣東），西晋移治南鄭縣（今陝西省漢中市東）。　劉雅：雅，宋本作“稚”。

［13］衛將軍：官名，魏晋時位在名號將軍之上，多爲軍府名號，加給大臣、重要州郡長官。二品，開府位從公者一品。　開府儀同三司：官名，三國魏始置。爲大臣加號，意謂與太尉、司徒、司空三司待遇相同，許開設府署，任命僚屬。

及何無忌爲盧循所敗,[1]賊軍乘勝而進，朝廷震駭。[2]毅具舟船討之，將發，而疾篤，内外失色。朝議欲奉乘輿北就中軍劉裕,[3]會毅疾瘳,[4]將率軍南征，裕與毅書曰:“吾往與妖賊戰，曉其變態。今修船垂畢，將居前撲之。克平之日，上流之任皆以相委。”又遣毅從弟藩往止之。毅大怒，謂藩曰:“我以一時之功相推耳，汝便謂我不及劉裕也!”投書於地。遂以舟師二萬發姑孰。[5]徐道覆聞毅將至建鄴,[6]報盧循曰:“劉毅兵重，成敗繫此一戰，宜併力距之。”循乃引兵發巴陵，與道覆連旗而下。毅次于桑落洲,[7]與賊戰，敗績，棄船，以數百人步走，餘衆皆爲賊所虜，輜重盈積，皆棄之。毅走，經涉蠻晋，飢困死亡，至者十二三。參軍羊邃竭力營護之,[8]僅而獲免。劉裕深慰勉之，復其本職。毅乃以邃爲諮議參軍。[9]

[1]盧循：字于先，小名元龍，本書卷一〇〇有傳。

[2]震駭：駭，殿本作“該”。

[3]中軍：官名，即中軍將軍。西晋時統左右衛、前後左右驍騎等宿衛七營禁軍，主管京師及朝廷警衛。泰始四年（268）罷，置北軍中候代其職。後爲將軍名號，與鎮軍將軍、撫軍將軍並爲三名號將軍，不統禁兵。三品。

[4]疾瘳：病愈。

[5]姑孰：姑孰城，位於今安徽省當塗縣。

[6]徐道覆：東晋人，盧循姊夫。隨盧循起兵反晋，大敗東晋衛將軍劉毅。後被劉裕打敗，被殺。　聞毅將至建鄴：中華本校勘記:“李校:‘建鄴’疑‘建昌’之誤。”

[7]桑落洲：位於今江西省九江市東北長江中。

[8]參軍：官名，亦作參軍事，謂參謀軍事。兩晋公府、軍府皆置。　羊邃：羊，宋本作“弟”。

[9]諮議參軍：官名，兩晋時大將軍府、丞相府、公府、位從公府、州軍府均有置者，掌顧問謀議。

及裕討循，詔毅知内外留事。毅以喪師，乞解任，降爲後將軍。[1]尋轉衛將軍、開府儀同三司、江州都督。毅上表曰：

臣聞天以盈虚爲運，政以損益爲道。時否而政不革，人凋而事不損，則無以救急病於已危，拯塗炭於將絶。自頃戎車屢駭，干戈溢境，所統江州，以一隅之地當逆順之衝，自桓玄以來，驅蹙殘敗，至乃男不被養，女無匹對，逃亡去就，不避幽深，自非財殫力竭，無以至此。若不曲心矜理，[2]有所釐改，則靡遺之嘆奄焉必及。

[1]後將軍：官名，漢代爲重號將軍，與前、左、右將軍並爲上卿。魏晋以後權位漸低，僅爲將軍名號，略高於一般雜號將軍。三品。

[2]曲心矜理：回心轉意崇尚道理。

夫設官分職，軍國殊用，牧養以息務爲大，武略以濟事爲先。兼而領之，蓋出於權事，因藉既久，遂似常體。江州在腹心之内，憑接揚豫，藩屏所倚，實爲重複。昔胡寇縱逸，朔馬臨江，抗禦之宜，蓋權爾耳。今江左區區，[1]户不盈數十萬，地不逾數千里，而統旅鱗次，未獲減息，大而言之，足爲國耻。况乃地在無虞，而猶置軍府文武將佐，資費非要，豈所謂經國大情，揚湯去火者哉！自州郡邊江，[2]百姓遼落，加郵亭險閡，畏阻風波，轉輸往復，恒有淹廢，又非所謂因其所利以濟其弊者也。愚謂宜解軍府，移鎮豫章，[3]處十郡之中，厲簡惠之政，比及數年，可有生氣。且屬縣凋散，示有所存，而役調送迎不得止息，亦謂應隨宜并合以簡衆費。刺史庾悦，[4]自臨莅以來，甚有恤隱之誠，但綱維不革，[5]自非綱目所理。尋陽接蠻，宜示有遏防，可即州府千兵以助郡戍。

[1]江左：江東。因自北方視之，江東在左，江西在右，故稱。

[2]自州郡邊江：中華本校勘記："李校：'自'當從《宋書》作'其'。"

[3]豫章：郡名，治所在南昌縣（今江西省南昌市）。

[4]庾悦：字仲豫，東晋潁川鄢陵（今河南省鄢陵縣）人，庾亮曾孫。少爲衛將軍琅邪王行參軍、司馬，徙主簿，轉右長史。桓玄領豫州刺史，以庾悦爲别駕從事史。遷驍騎將軍。桓玄篡位，徙中書侍郎。武陵王司馬遵承制，以悦爲寧遠將軍、安遠護軍、武陵内史。以病去職。後盧循逼京都，以庾悦爲督江州、豫州之西陽新蔡汝南潁川、司州之恒農、揚州之松滋六郡諸軍事，建威將軍，江州刺史。

[5]但綱維不革：但，宋本作"但"。

於是解悦，毅移鎮豫章，遣其親將趙恢領千兵守尋陽。[1]俄進毅爲都督荆寧秦雍四州之河東河南廣平揚州之義成四郡諸軍事、衛將軍、開府儀同三司、荆州刺史,[2]持節、公如故。毅表荆州編户不盈十萬,器械索然。廣州雖凋殘,[3]猶出丹漆之用,請依先準。於是加督交廣二州。[4]

[1]於是解悦,毅移鎮豫章,遣其親將趙恢領千兵守尋陽:中華本校勘記:"李校:《宋書·庾悦傳》作'解悦都督、將軍官,移鎮豫章',移鎮乃悦非毅。按:李校是。'毅'字當在'遣'字上,《通鑑》一一六可證。"

[2]都督荆寧秦雍四州之河東河南廣平揚州之義成四郡諸軍事:河東、河南、廣平、義成四郡最高軍事行政長官。中華本校勘記:"《考異》云:《桓冲傳》稱'司州之河東'、《宋書·劉道規傳》稱'司州之河南',則此四州下當脱'司州'二字。"　荆州:三國時曹魏治所在新野縣(今河南省新野縣),孫吴治所在江陵縣(今湖北省江陵縣),西晋統一後治所在江陵縣(今湖北省江陵縣)。

[3]廣州:治所在番禺縣(今廣東省廣州市)。

[4]交:交州,又稱交阯,公元前2世紀初南越王趙佗置,後屬西漢。東漢改爲交州,治所在番禺縣(今廣東省廣州市)。三國時移治龍編縣(今越南社會主義共和國河北省仙游縣東)。

毅至江陵,乃輒取江州兵及豫州西府文武萬餘,留而不遣,又告疾困,請藩爲副。劉裕以毅貳于己,乃奏之。安帝下詔曰:"劉毅傲狠凶戾,[1]履霜日久,中間覆敗,宜即顯戮。晋法含弘,復蒙寵授。曾不思愆内訟,怨望滋甚。賴宰輔藏疾,特加遵養,遂復推轂陝西,[2]寵榮隆泰,庶能洗心感遇,革音改意。而長惡不悛,志爲奸宄，陵上虐下，縱逸無度。既解督任，江州非復所統，而輒徙兵衆，略取軍資，驅斥舊戍，厚樹親黨。西府二局，文武盈萬，悉皆割留，曾無片言。肆心恣欲，罔顧天朝。[3]又與從弟藩遠相影響，招聚剽狡，[4]繕甲阻兵，外託省疾，實規伺隙，同惡相濟，圖會荆郢。[5]尚書左僕射謝混憑藉世資，[6]超蒙殊遇，而輕佻躁脱，職爲亂階，扇動内外，連謀萬里，是而可忍，孰不可懷！”乃誅藩、混。

[1]傲狠：狠，宋本作“佷”。

[2]推轂：古代帝王任命將帥時的隆重禮儀。

[3]天朝：天，宋本作“乇”。

[4]招聚剽狡：招納剽悍狡黠之徒。

[5]荆郢：宋本“荆”下有“州”字。

[6]尚書左僕射：官名，尚書省次官，輔助尚書令執行政務，參議大政，諫諍得失，監察糾彈百官。有時尚書省不置令，衹設左、右僕射，此時左僕射居右僕射之上。三品。　謝混：字叔源，本書卷七九有傳。

劉裕自率衆討毅，命王弘、王鎮惡、蒯恩等率軍至豫章口，[1]於江津燔舟而進。毅參軍朱顯之逢鎮惡，[2]以所統千人赴毅。鎮惡等攻陷外城，毅守内城，精鋭尚數千人，戰至日昃，鎮惡以裕書示城内，毅怒，不發書而焚之。毅冀有外救，督士卒力戰。衆知裕至，莫有鬥心。既暮，鎮惡焚諸門，齊力攻之，毅衆乃散。毅自北門單騎而走，去江陵二十里而縊。經宿，居人以告，乃斬於市，子侄皆伏誅。[3]毅兄模奔於襄陽，魯宗之斬送之。

[1]王弘：琅邪臨沂（今山東省臨沂市）人，字休元，王導曾孫。東晋末爲會稽王司馬道子驃騎參軍主簿，後轉爲劉裕鎮軍府諮議參軍。劉宋建立後，歷任尚書僕射、江州刺史、揚州刺史、司徒、録尚書事等職。　王鎮惡：東晋北海劇縣（今山東省昌樂縣西）人，王猛孫，隨劉裕伐南燕、討劉毅、滅後秦，以征虜將軍領安西司馬、馮翊太守，戍守關中。後被沈田子所殺。　蒯恩：字道恩，蘭陵承（今山東省棗莊市東南舊嶧縣西北）人。隨劉裕討孫恩，定京邑，以寧遠將軍領幢。隨振武將軍劉道規西討，平江陵。每有危急，輒率先諸將，常陷堅破陣，不避艱嶮。凡百餘戰，身被重創。劉裕録其前後功勞，遷諮議參軍，轉輔國將軍、淮陵太守，封新寧縣男。恩，原本、宋本、殿本作“思”，據中華本校勘記改。

[2]逢鎮惡：逢，宋本作“蓬”。

[3]子侄：侄，殿本作“姪”。

毅剛猛沉斷，而專肆狠愎，[1]與劉裕協成大業，而功居其次，深自矜伐，不相推伏。及居方岳，常怏怏不得志，裕每柔而順之。毅驕縱滋甚，每覽史籍，[2]至藺相如降屈於廉頗，[3]輒絶嘆以爲不可能也。嘗云：“恨不遇劉項，[4]與之争中原。”又謂郗僧施曰：[5]“昔劉備之有孔明，猶魚之有水。[6]今吾與足下雖才非古賢，而事同斯言。”衆咸惡其陵傲不遜。及敗於桑落，知物情去，而彌復憤激。初，裕征盧循，凱歸，帝大宴於西池，有詔賦詩。毅詩云：“六國多雄士，正始出風流。”[7]自知武功不競，故示文雅有餘也。後於東府聚樗蒲大擲，[8]

一判應至數百萬，餘人並黑犢以還，[9]唯劉裕及毅在後。毅次擲得雉，大喜，褰衣繞床，叫謂同坐曰："非不能盧，不事此耳。"裕惡之，因挼五木久之，曰："老兄試爲卿答。"既而四子俱黑，其一子轉躍未定，裕厲聲喝之，即成盧焉。毅意殊不快，然素黑，其面如鐵色焉，而乃和言曰："亦知公不能以此見借！"既出西藩，雖上流分陜，[10]而頓失内權，又頗自嫌事計，故欲擅其威强，伺隙圖裕，以至於敗。

[1]專肆狠愎：專權肆行凶狠剛愎。狠，宋本作"很"。

[2]史籍：籍，宋本作"藉"。

[3]藺相如：戰國時趙國人。趙惠文王時，秦昭王謊稱以十五城换趙國和氏璧，藺相如奉璧入秦，又完璧歸趙，使秦國謊言没有得逞。秦趙澠池會，又捍衛了趙國的尊嚴，因此被拜爲上卿，位在將軍廉頗之上。廉頗不服，欲辱之。藺相如屢次退讓，認爲"應先國家之急"。廉頗乃悟，負荆請罪。　廉頗：戰國時趙將，以勇氣聞於諸侯。趙惠文王時爲將伐齊，大破齊軍，拜爲上卿。趙孝成王時與樂乘率軍伐燕，迫使燕割地請和。後與樂乘不和，奔魏居大梁，後入楚。

[4]劉項：劉邦和項羽。

[5]郗僧施：字惠脱，本書卷六七有傳。郗，原本、殿本作"郄"，宋本作"郗"，據其本傳及宋本改。

[6]"昔劉備之有孔明"句：事見《三國志》卷三五《諸葛亮傳》：劉備三顧茅廬後，與諸葛亮情好日密。關羽、張飛等不悦，劉備説："孤之有孔明，猶魚之有水也。願諸君勿復言。"

[7]正始：三國曹魏齊王曹芳的年號。

[8]後於：於，殿本作"在"。　東府：東晉、南朝丞相兼領

揚州刺史的治所，位於今江蘇省南京市内。《文選·謝惠連〈祭古塚文〉》："東府掘城北壍，入丈餘，得古塚。"李善注引《丹陽記》："東府城，西則簡文會稽王時第，東則孝文王道子府。道子領揚州，仍住先舍，故俗稱東府。"　樗蒲：又作"摴蒱"，風靡當時的賭博游戲。

[9]黑犢：樗蒲之戲，用木制骰子五枚，每枚兩面，一面涂黑，一面涂白，黑者刻二爲犢，白者刻二爲雉。擲之五子皆黑者爲盧，胜采；二雉三黑爲雉，次胜采；二犢三白爲犢。

[10]分陝：西周初周公旦、召公奭分陝而治，周公治陝以東，召公治陝以西。後謂官僚出任地方官爲"分陝"。

初，江州刺史庾悦，隆安中爲司徒長史，[1]曾至京口。毅時甚屯窶，[2]先就府借東堂與親故出射。而悦後與僚佐徑來詣堂，毅告之曰："毅輩屯否之人，合一射甚難。君於諸堂並可，望以今日見讓。"悦不許。射者皆散，唯毅留射如故。既而悦食鵝，毅求其餘，悦又不答，毅常銜之。義熙中，故奪悦豫章，解其軍府，使人微示其旨，悦忿懼而死。毅之褊躁如此。

[1]司徒長史：官名，司徒府署僚之長，佐司徒總管府内諸曹，三國魏以後分置左、右。六品。

[2]屯窶：貧困。

邁，字伯群。少有才幹，爲殷仲堪中兵參軍。[1]桓玄之在江陵，[2]甚豪橫，士庶畏之，過於仲堪。玄曾於仲堪廳事前戲馬，以矟擬仲堪。[3]邁時在坐，謂玄曰："馬矟有餘，精理不足。"[4]玄自以才雄冠世，而心知外物不許之。仲堪爲之失色。玄出，仲堪謂邁曰："卿乃狂人也！玄夜遣殺卿，我豈能相救！"邁以正辭折仲堪，而不以爲悔。仲堪使邁下都以避之。玄果令追之，邁僅而免禍。後玄得志，邁詣門稱謁，玄謂邁曰："安知不死而敢相見？"邁對曰："射鈎、斬袪，[5]與邁爲三，故知不死。"[6]玄甚喜，以爲刑獄參軍。[7]後爲竟陵太守。[8]及毅與劉裕等同謀起義，邁將應之，事泄，爲玄所害。

[1]殷仲堪：本書卷八四有傳。

[2]江陵：陵，宋本作"陸"。

[3]擬：指向。

[4]精理：精微的義理。

[5]射鈎：春秋時齊襄公昏亂，其弟糾奔魯，以管仲、召忽爲師；小白奔莒，以鮑叔爲師。襄公死，糾與小白争歸齊國爲君。管仲將兵遮莒道阻小白，射中其衣帶鈎。小白佯死，得先入爲君，是爲桓公。桓公即位後不記舊仇，任管仲爲相，終成霸業。　斬袪：晋獻公末年，太子申生被逼死，公子重耳逃到蒲城。獻公命軍隊攻打蒲城，重耳跳墻逃跑，被蒲人宦者勃鞮追殺，斬斷了衣袪。重耳後來回國即位，是爲晋文公，他不但没有忌恨斬袪之仇，反而對勃鞮加以親近任用。

[6]故知不死：原本、殿本作"故不知死"，宋本作"故知不死"，據宋本改。

[7]刑獄參軍：官名，"刑獄賊曹參軍"或"刑獄賊曹參軍事"的省稱，刑獄賊曹長官。

[8]竟陵：郡名，治所在石城縣（今湖北省鍾祥市）。

諸葛長民

諸葛長民，琅琊陽都人也。[1]有文武幹用，然不持行檢，無鄉曲之譽。桓玄引爲參軍平西軍事，[2]尋以貪刻免。及劉裕建義，與之定謀，爲揚武將軍。[3]從裕討桓玄，以功拜輔國將軍、宣城内史。[4]于時桓歆聚衆向歷陽，[5]長民擊走之，又與劉敬宣破歆于芍陂，[6]封新淦縣公，食邑二千五百户，以本官督淮北諸軍事，[7]鎮山陽。[8]義熙初，慕容超寇下邳，[9]長民遣部將徐琰擊走之，進位使持節、督青揚二州諸軍事、青州刺史，[10]領晋陵太守，[11]鎮丹徒，[12]本號及公如故。

[1]琅琊：琊，宋本、殿本作“邪”。　陽都：縣名，治所在今山東省沂南縣南。都，原本、殿本作“郡”，宋本作“都”，據宋本改。

[2]參軍平西軍事：中華本校勘記：“李校：上‘軍’字衍。”

[3]揚武將軍：官名，統兵出征。四品。

[4]宣城：郡名，治所在宛陵縣（今安徽省宣城市）。

[5]桓歆：桓温子，字叔道，本書卷九八有傳。歆，宋本作“欽”。　歷陽：縣名，治所在今安徽省和縣。

[6]芍陂：又名龍泉陂，位於今安徽省壽縣南。

[7]督淮北諸軍事：淮北地區軍事行政長官，位低於都督和監。

[8]山陽：縣名，東晋義熙年置，治所即今江蘇省淮安市。

[9]慕容超：字祖明，本書卷一二八有載記。

[10]督青揚二州諸軍事：上述二州軍事行政長官，位低於都督和監。揚，宋本作“楊”。

[11]晋陵：郡名，治所在京口（今江蘇省鎮江市）。

[12]丹徒：縣名，治所在今江蘇省鎮江市東南丹徒鎮。

及何無忌爲徐道覆所害，賊乘勝逼京師，朝廷震駭，長民率衆入衛京都，因表曰："妖賊集船伐木，[1]而南康相郭澄之隱蔽經年，[2]又深相保明，屢欺無忌，罪合斬刑。"詔原澄之。及盧循之敗劉毅也。循與道覆連旗而下，京都危懼，長民勸劉裕權移天子過江。裕不聽，令長民與劉毅屯于北陵，以備石頭。[3]事平，轉督豫州揚州之六郡諸軍事，豫州刺史，[4]領淮南太守。[5]

[1]集船伐木：原本、宋本作"伐船集木"，殿本作"集船伐木"，據殿本、中華本校勘記改。

[2]南康：郡名，西晋治所在雩都縣（今江西省于都縣東北），東晋永和五年（349）移治贛縣（今江西省贛州市西南）。

[3]石頭：石頭城，故址在今江蘇省南京市清涼山。

[4]督豫州揚州之六郡諸軍事：豫州及揚州轄下六郡軍事行政長官，位低於都督和監。

[5]領：以地位較高的官員兼理較低的職務。　淮南：郡名，治所在壽春縣（今安徽省壽縣）。

及裕討毅，以長民監太尉留府事，[1]詔以甲杖五十人入殿。長民驕縱貪侈，不恤政事，多聚珍寶美色，營建第宅，不知紀極，所在殘虐，爲百姓所苦。自以多行無禮，恒懼國憲。及劉毅被誅，長民謂所親曰："昔年醢彭越，[2]前年殺韓信，[3]禍其至矣！"謀欲爲亂，問劉穆之曰：[4]"人間論者謂太尉與我不平，其故何也？"穆之曰："相公西征，老母弱弟委之將軍，何謂不平！"長民弟黎民輕狡好利，固勸之曰："黥彭異體而勢不偏全，[5]劉毅之誅，亦諸葛氏之懼，可因裕未還以圖之。”長民猶豫未發，既而嘆曰：“貧賤常思富貴，富貴必履機危。[6]今日欲爲丹徒布衣，豈可得也！”裕深疑之，駱驛繼遣輜重兼行而下，前克三日，[7]百司於道候之，輒差其期。既而輕舟徑進，潛入東府。明旦，[8]長民聞之，驚而至門，裕伏壯士丁旿於幔中，引長民進語，素所未盡皆説焉。長民悦，旿自後拉而殺之，輿尸付廷尉。[9]使收黎民，黎民驍勇絶人，與捕者苦戰而死。小弟幼民爲大司馬參軍，[10]逃于山中，追擒戮之。諸葛氏之誅也，士庶咸恨正刑之晚，若釋桎梏焉。

[1]監太尉留府事：太尉率府出征，負責留守太尉府事。

[2]彭越：秦末昌邑（今山東省巨野縣東南）人，字仲。秦末起兵，助劉邦擊昌邑。楚漢相争時，受劉邦所賜將軍印，助漢擊楚。西漢建立後封梁王。陳豨反叛，劉邦親征，徵梁國兵，彭越稱病不行。劉邦疑其反叛，廢其爲庶人，後信吕后之言，將其誅殺，夷其宗族。

[3]韓信：秦末淮陰（今江蘇省淮安市淮陰區南）人，早年家貧，常從人寄食。後隨項羽起兵，因不受重用，轉投劉邦。受蕭何舉薦，拜大將軍。功勛卓著，爲漢初三傑之一。漢立封楚王，後貶爲淮陰侯。終爲吕后設計所殺。

[4]劉穆之：字道和，小字道民，東莞莒（今山東省莒縣）人，東晋末隨劉裕起兵，從征南燕、平盧循，官至尚書僕射，領監軍、中軍二府軍司，内總朝政，外供軍旅。

[5]黥彭：黥布和彭越。黥布，本名英布，因受過黥刑，故名。秦末人，先爲項羽手下，後投劉邦。漢王五年，與劉賈入九江，誘降楚王大司馬周殷，舉九江兵會垓下，大破楚軍。漢朝建立後，因

叛亂失敗被殺。

[6]富貴必履機危：機危，殿本作“危機”。

[7]前克三日：三，宋本、殿本作“至”。

[8]明旦：旦，宋本作“且”。

[9]廷尉：官名，中央最高司法審判機構長官，負責會審朝中有罪文武大臣，覆核審决郡國疑獄等。三品。殿本作“尉廷”。

[10]大司馬：官名，八公之一，位在上公之下、大將軍及三公之上，高級將帥，多爲大臣加官。一品。

初，長民富貴之後，常一月中輒十數夜眠中驚起，跳踉，如與人相打。毛修之嘗與同宿，[1]見之駭愕，問其故。長民答曰：“正見一物，甚黑而有毛，脚不分明，奇健，非我無以制之。”其後來轉數。屋中柱及椽桷間，[2]悉見有蛇頭，令人以刀懸斫，應刃隱藏，去輒復出。又擣衣杵相與語如人聲，不可解。於壁見有巨手，長七八尺，臂大數圍，令斫之，豁然不見。未幾伏誅。

[1]毛修之：東晋末滎陽陽武（今河南省原陽縣東南）人，字敬文，先任殷仲堪寧遠參軍。桓玄克荆州，仍爲桓玄後軍參軍、太尉參軍、相國參軍。桓玄敗亡後，任劉裕鎮軍諮議參軍、寧朔將軍、右衛將軍。從劉裕伐關中，任河南、河内二郡太守，行司州事，戍洛陽。大夏赫連勃勃據關中，入大夏，後入北魏。

[2]椽桷：泛指椽子。

何無忌

何無忌，東海郯人也。[1]少有大志，忠亮任氣，人有不稱其心者，輒形於言色。州辟從事，轉太學博士。[2]鎮北將軍劉牢之，[3]即其舅也，時鎮京口，每有大事，常與參議之。會稽世子元顯子彦章封東海王，[4]以無忌爲國中尉，[5]加廣武將軍。[6]及桓玄害彦章於市，無忌入市慟哭而出，時人義焉。隨牢之南征桓玄。牢之將降於玄也，無忌屢諫，辭旨甚切，牢之不從。及玄篡位，無忌與玄吏部郎曹靖之有舊，[7]請莅小縣。靖之白玄，玄不許，無忌乃還京口。

[1]東海：郡名，治所在郯縣（今山東省郯城縣北）。

[2]太學博士：學官，掌經學傳授、參議禮儀制度。六品。

[3]鎮北將軍：官名，東漢建安年間置，與鎮西、鎮南、鎮東將軍合稱四鎮將軍，多爲持節都督，出鎮方面。曹魏二品。晋三品，加持節都督者二品。　劉牢之：字道堅，本書卷八四有傳。

[4]會稽世子元顯：司馬元顯，本書卷六四有傳。　彦章封東海王：中華本校勘記："《安紀》《元四王傳》作'彦璋'。"

[5]國中尉：官名，此爲東海國中尉。中尉，王國軍事長官，與郎中令、大農並號三卿，以典兵爲職，品秩隨王國地位而定。六品。

[6]廣武將軍：官名，曹魏、西晋皆置。名號將軍中地位較高。四品。

[7]吏部郎：官名，尚書省吏部曹長官通稱。亦稱郎中，資深者可轉侍郎。屬吏部尚書，主管官吏選任、銓叙、調動事務，對五品以下官吏之任免有建議權。六品。

初，劉裕嘗爲劉牢之參軍，與無忌素相親結。至是，因密共圖玄。劉毅家在京口，與無忌素善，言及興復之事，無忌曰："桓氏强盛，其可圖乎？"毅曰："天下自有强弱，雖强易弱，正患事主得難耳！”[1]無忌曰：“天下草澤之中非無英雄也。”毅曰：“所見唯有劉下邳。”無忌笑而不答，還以告裕，因共要毅，與相推結，遂共舉義兵，襲京口。無忌僞著傳詔服，稱敕使，城中無敢動者。

[1]得難：宋本作“難得”。

初，桓玄聞裕等及無忌之起兵也，甚懼。其黨曰：“劉裕烏合之衆，勢必無成，願不以爲慮。”玄曰：“劉裕勇冠三軍，當今無敵。劉毅家無儋石之儲，樗蒲一擲百萬。何無忌，劉牢之之甥，酷似其舅。共舉大事，何謂無成！”其見憚如此。及玄敗走，武陵王遵承制以無忌爲輔國將軍、琅琊内史，[1]以會稽王道子所部精兵悉配之，[2]南追桓玄，與振武將軍劉道規俱受冠軍將軍劉毅節度。[3]玄留其龍驤將軍何澹之、前將軍郭銓、江州刺史郭昶之守湓口。[4]無忌等次桑落洲，澹之等率軍來戰。澹之常所乘舫旌旗甚盛，無忌曰：“賊帥必不居此，欲詐我耳，宜亟攻之。”衆咸曰：“澹之不在其中，其徒得之無益。”無忌謂道規曰：“今衆寡不敵，戰無全勝。澹之雖不居此舫，取則易獲，因縱兵騰之，可以一鼓而敗也。”道規從之，遂獲賊舫，因傳呼曰：“已得何澹之矣！”賊中驚擾，無忌之衆亦謂爲然。道規乘勝徑進，無忌又鼓噪赴之，澹之遂潰。進據尋陽，遣使奉送宗廟主祏及武康公主、琅琊王妃還京都。[5]又與毅、道規破走玄於峥嵘洲。無忌進據巴陵。玄從兄謙、從子振乘間陷江陵，無忌、道規進攻謙於馬頭，攻桓蔚於龍泉，[6]皆破之。既而爲桓振所敗，退還尋陽。無忌與毅、道規復進討振，克夏口三城，遂平巴陵，進次馬頭。桓謙請割荆江二州，奉送天子，無忌不許。進軍破江陵，謙等敗走。無忌侍衛安帝還京師，以無忌督豫州揚州淮南廬江安豐歷陽堂邑五郡軍事、右將軍、豫州刺史、加節，[7]甲杖五十人入殿，未之職。遷會稽内史、督江東五郡軍事，[8]持節、將軍如故，給鼓吹一部。義熙二年，遷都督江荆二州江夏隨義陽綏安豫州西陽新蔡汝南潁川八郡軍事、江州刺史，[9]將軍、持節如故。以興復之功，封安成郡開國公，[10]食邑三千户，增督司州之弘農、揚州之松滋，[11]加散騎侍郎，[12]進鎮南將軍。[13]

[1]武陵王遵：司馬遵，字茂遠，本書卷六四有傳。　承制：秉承皇帝旨意便宜行事。　琅琊：琊，宋本、殿本作“邪”，下文“琅琊王妃”同。

[2]會稽王道子：司馬道子，字道子，本書卷六四有傳。　精兵：原本作“兵精”，宋本、殿本作“精兵”，據宋本、殿本乙正。

[3]振武將軍：官名，屬常設將軍名號，統兵。四品。

[4]龍驤將軍：官名，高級軍事將領。三品。　前將軍：官名，漢代重號將軍之一，與左、右、後將軍並爲上卿。魏晋時常設，權位較兩漢時漸低，僅爲武官名號，略高於一般雜號將軍，不典禁兵，不與朝政。三品。　湓口：一名湓浦口，位於今江西省九江市西北，即湓浦水入長江之口。

[5]宗廟主祏：宗廟神主。《左傳·昭公十八年》：“使祝史徙主祏於周廟，告于先君。”杜預注：“祏，廟主石函。”孔穎達疏：“每

廟木主皆以石函盛之，當祭則出之，事畢則納於函，藏於廟之北壁之内，所以辟火灾也。”

[6]龍泉：一作龍陂，位於今湖北省荆州市沙市區北紀南城西南。

[7]督豫州揚州淮南廬江安豐歷陽堂邑五郡軍事：即督數郡諸軍事，豫州及揚州轄下淮南、廬江、歷陽、堂邑、安豐五郡軍事行政長官，位低於都督和監。　右將軍：官名，漢代重號將軍之一，與前、左、後將軍並爲上卿。魏晋時常設，權位漸低，僅爲武官名號，略高於一般雜號將軍。三品。　加節：即假節，假以節杖。指大臣臨時持節出巡，爲權臣掌軍、秉政的地位象徵和政治待遇。

[8]會稽：郡名，治所在山陰縣（今浙江省紹興市）。　督江東五郡軍事：即督江東五郡諸軍事，江東五郡地區軍事行政長官，位低於都督和監。

[9]都督江荆二州江夏隨義陽綏安豫州西陽新蔡汝南潁川八郡軍事：即都督數郡諸軍事，江夏、隨、義陽、綏安、西陽、新蔡、汝南、潁川八郡最高軍事行政長官。潁，原本作“穎”，宋本、殿本作“潁”，據宋本、殿本改。

[10]封安成郡開國公：成，原本、宋本、殿本作“城”，據中華本校勘記改。

[11]司州：此爲東晋僑置州，治所在襄陽（今湖北省襄陽市）。（參見胡阿祥《東晋南朝僑州郡縣與僑流人口研究》，第162頁）　弘農：東晋僑置郡，治所在今江西省九江市。後改爲弘農縣。　揚州：三國魏、吴各置揚州，魏治所在在壽春縣（今安徽省壽縣），吴治所在建業縣（今江蘇省南京市）。西晋統一後復合，治所在建鄴縣（今江蘇省南京市）。　松滋：東晋成帝時僑置郡，治所在尋陽縣（今江西省九江市東），安帝時廢爲縣。

[12]散騎侍郎：官名，三國魏置。隸屬散騎省，侍從皇帝左右，顧問應對，諫諍拾遺，與散騎常侍、侍中等共平尚書奏事。五品。

[13]鎮南將軍：官名，與鎮東、鎮西、鎮北將軍合稱四鎮將

軍。多爲持節都督，出鎮方面。曹魏二品。晋改三品，加持節都督者二品。

盧循遣别帥徐道覆順流而下，舟艦皆重樓。無忌將率衆距之，長史鄧潜之諫曰：[1]“今以神武之師抗彼逆衆，回山壓卵，未足爲譬。然國家之計在此一舉。聞其舟艦大盛，勢居上流。蜂蠆之毒，邾魯成鑒。[2]宜决破南塘，[3]守二城以待之，其必不敢捨我遠下。蓄力俟其疲老，然後擊之。若棄萬全之長策，[4]而决成敗於一戰，如其失利，悔無及矣。”無忌不從，遂以舟師距之。既及，賊令强弩數百登西岸小山以邀射之，而薄于山側。[5]俄而西風暴急，無忌所乘小艦被飄東岸，賊乘風以大艦逼之，衆遂奔敗，無忌尚厲聲曰：“取我蘇武節來！”節至，乃躬執以督戰。賊衆雲集，登艦者數十人。無忌辭色無撓，遂握節死之。詔曰：“無忌秉哲履正，忠亮明允，亡身殉國，則契協英謨；經綸屯昧，[6]則重氛載廓。[7]及敷政方夏，[8]實播風惠。[9]妖寇搆亂，侵擾邦畿，投袂致討，志清王略。而事出慮外，臨危彌厲，握節隕難，誠貫古賢，朕用傷慟于厥懷。其贈侍中、司空，[10]本官如故，謚曰忠肅。”子邕嗣。

[1]長史：官名，掌顧問參謀，爲所在官署掾屬之長。魏晋南北朝時王府、公府、軍府、邊郡均置。八至六品。

[2]邾魯成鑒：春秋時邾國人出兵討伐魯國。魯僖公輕視邾國，不設防備就去抵禦邾國鬱蟲的軍隊。臧文仲説：“君其無謂邾小。蜂蠆有毒，而况國乎？”僖公不聽，結果打了敗仗，自己的頭盔被

敵人繳獲，掛在城墻上。事見《左傳·僖公二十二年》。

[3]南塘：位於今江蘇省南京市西南秦淮河南岸。塘，殿本作“唐”。

[4]萬全：萬，宋本作“方”。

[5]薄于山側：逼近到山側。

[6]經綸屯昧：籌划治理國家大事的昏昧無知。

[7]重氛載廓：灾禍蔓延。

[8]敷政方夏：政，宋本作“正”。

[9]風惠：宋本乙作“惠風”。

[10]侍中：官名，東漢建安中與給事黄門侍郎出入禁中，省尚書事。曹魏時爲門下之侍中省長官，三品。常侍衛皇帝左右，掌顧問應對、諫諍糾察、平議奏事、駁奏異議等，權力甚重。　司空：官名，魏晋南北朝爲名譽宰相，多爲大臣加官。晋八公之一，位在三公之末。一品。

初，桓玄克京邑，劉裕東征，無忌密至裕軍所，潛謀舉義，勸裕於山陰起兵。[1]裕以玄大逆未彰，恐在遠舉事，克濟爲難。若玄遂竊天位，然後於京口圖之，事未晚也。無忌乃還。及義師之舉，參贊大勛，皆以算略攻取爲效，而此舉敗於輕脱，朝野痛之。

[1]山陰：縣名，治所在今浙江省紹興市。

檀憑之

檀憑之，字慶子，高平人也。[1]少有志力。閨門邕肅，[2]爲世所稱。從兄子韶兄弟五人，[3]皆稚弱而孤，憑之撫養若己所生。初爲會稽王驃騎行參軍，[4]轉桓脩長流參軍，[5]領東莞太守，[6]加寧遠將軍。[7]與劉裕有州閭之舊，又數同東討，情好甚密。義旗之建，憑之與劉毅俱以私艱，[8]墨絰而赴。雖才望居毅之後，而官次及威聲過之，故裕以爲建武將軍。[9]

[1]高平：郡名，治所在昌邑縣（今山東省巨野縣南）。

[2]閨門邕肅：家風和睦莊肅。

[3]韶：檀韶，東晋高平金鄉（今山東省嘉祥縣南）人，字令孫。世居京口。初辟本州從事，西曹主簿，輔國司馬。東晋末從劉裕起兵，兼攝劉裕建武將軍參軍。後任鎮軍參軍、寧遠將軍、東海太守、建武將軍、龍驤將軍、秦郡太守、北陳留内史等職。從劉裕北伐南燕、南征盧循，因功封宜陽縣侯。

[4]會稽王：即司馬道子。　驃騎行參軍：官名，兼攝驃騎將軍府參軍。參軍，亦作參軍事，謂參謀軍事。兩晋公府、軍府皆置。

[5]長流參軍：官名，“長流賊曹參軍”或“長流賊曹參軍事”省稱，長流賊曹長官。

[6]東莞：郡名，東漢建安初置，治所在今山東省沂水縣東北，西晋元康間移治莒縣（今山東省莒縣）。

[7]寧遠將軍：官名，屬名號將軍。五品。

[8]私艱：艱，宋本作“難”。

[9]建武將軍：官名，東漢末曹操置，統兵征伐。四品。

裕將義舉也，嘗與何無忌、魏咏之同會憑之所。會善相者晋陵韋叟見憑之，大驚曰：“卿有急兵之厄，其候不過三四日耳。且深藏以避之，[1]不可輕出。”及桓玄將皇甫敷之至羅落橋也，憑之與裕各領一隊而戰，軍敗，爲敷軍所害。贈冀州刺史。[2]義熙初，詔曰："夫旌善紀功，有國之通典，没而不朽，節義之篤行。故冀州刺史檀憑之忠烈果毅，亡身爲國，既義敦其情，故臨危授命。考諸心迹，古人無以遠過，近者之贈，意猶恨焉。可加贈散騎常侍，[3]本官如故。既隕身王事，亦宜追論封賞。可封曲阿縣公，[4]邑三千户。"

[1]且深藏：且，宋本作"宜"。

[2]冀州：此爲東晋僑置州，在今揚州、高郵、泰州一帶。（詳見胡阿祥《東晋南朝僑州郡縣與僑流人口研究》，第201頁）

[3]散騎常侍：官名，三國魏文帝黄初年間置，侍從皇帝左右，諫諍得失，顧問應對，與侍中等共平尚書奏事。也用作宰相、諸公等加官，入宫議政。三品。

[4]曲阿縣公：阿，殿本作"縣"。

魏咏之

魏咏之，字長道，任城人也。[1]家世貧素，而躬耕爲事，好學不倦。生而兔缺。有善相者謂之曰："卿當富貴。"年十八，聞荆州刺史殷仲堪帳下有名醫能療之，貧無行裝，謂家人曰："殘醜如此，用活何爲！"遂賫數斛米西上，以投仲堪。既至，造門自通。仲堪與語，嘉其盛意，召醫視之。醫曰："可割而補之，但須百日進粥，不得笑語。"[2]咏之曰："半生不語，而有半生，亦當療之，况百日邪！"仲堪於是處之别屋，[3]令醫善療之。咏之遂閉口不語，[4]唯食薄粥，其厲志如此。及差，仲堪厚資遣之。

［1］任城：封國名，治所在任城縣（今山東省微山縣西北）。

［2］不得笑語：笑語，宋本乙作“語笑”。

［3］仲堪於是：宋本作“於是仲堪”。

［4］閉口不語：語，宋本作“言”。

初爲州主簿，[1]嘗見桓玄。既出，玄鄙其精神不雋，[2]謂坐客曰：“庸神而宅偉幹，不成令器。”竟不調而遣之。咏之早與劉裕游款，及玄篡位，協贊義謀。玄敗，授建威將軍、豫州刺史。[3]桓歆寇歷陽，咏之率衆擊走之。義熙初，進征虜將軍、吴國内史，[4]尋轉荆州刺史、持節、都督六州，[5]領南蠻校尉。[6]咏之初在布衣，不以貧賤爲耻；及居顯位，亦不以富貴驕人。始爲仲堪之客，[7]未幾竟踐其位，論者稱之。尋卒于官。詔曰：“魏咏之器宇弘劭，[8]識局貞隱，[9]同奬之誠，實銘王府；敷績之效，垂惠在人。奄致隕喪，惻愴于心。可贈太常，加散騎常侍。”其後録其贊義之功，追封江陵縣公，食邑二千五百户，謚曰桓。弟順之，至琅邪内史。

［1］州主簿：官名，州府屬官。典領文書籍簿、省録衆事，職權甚重。

［2］不雋：雋，宋本、殿本作“儁”。

［3］建威將軍：官名，領兵征戰，曹魏、孫吴、兩晋皆置。四品。

［4］征虜將軍：既是武官名，也作爲高級文職官員的加官。三品。　吴國：郡國名，治所在吴縣（今江蘇省蘇州市）。

［5］都督六州：即都督六州諸軍事，六州最高軍事行政長官。

[6]南蠻校尉：官名，亦稱護南蠻校尉，府鎮襄陽，東晋改鎮江陵。掌荆州及江州少數民族事務，統兵。四品。

[7]始爲仲堪之客：宋本“仲”上有“殷”字。

[8]魏咏之：宋本無“魏”字。　器宇弘劭：氣度寬宏。

[9]識局貞隱：識見正大而深刻。

史臣曰：臣觀自古承平之化，必杖正人；非常之業，莫先奇士。當衰晋陵夷之際，逆玄僭擅之秋，外乏桓文，[1]内無平勃，[2]不有雄傑，安能濟之哉！此數子者，[3]氣足以冠時，才足以經世，屬大亨數窮之運，乘義熙天啓之資，建大功若轉圜，剪群凶如拉朽，勢傾百辟，[4]禄極萬鍾，斯亦丈夫之盛也。然希樂陵傲而速禍，諸葛驕淫以成釁，造宋而乖同德，復晋而異純臣，謀之不臧，自取夷滅。無忌挾功名之大志，挺文武之良才，追舊而慟感時人，率義而響震勍敵，因機效捷，處死不懦，比乎向時之輩，豈同日而言歟！

[1]外乏：乏，宋本作“之”。　桓：齊桓公，春秋時齊國國君，名小白，僖公之子，襄公之弟。公元前 685 至前 643 年在位。爲公子時因國家内亂出走至莒，襄公死後被迎回立爲國君。在位時任用管仲，改革内政，國力漸强。九合諸侯，尊王攘夷，成爲春秋五霸之首。　文：晋文公，名重耳，晋獻公之子，因受迫害而流亡在外十九年，歷盡艱難險阻。回國即位後改革朝政，加强軍備，國力漸强，終成春秋五霸之一。

[2]平：陳平，秦末陽武（今河南省原陽縣東南）人，少治黄老之術。秦末天下大亂，先後事魏王咎、項羽，後歸劉邦。歷任都尉、亞將、護軍中尉，爲劉邦重要謀士，屢出奇計。漢朝建立後封

户牖侯和曲逆侯。惠帝時歷任郎中令、左右丞相。吕后死，又與周勃等人誅除諸吕，迎立文帝。　勃：周勃，秦末泗水沛縣豐邑（今江蘇省豐縣）人。隨劉邦起兵，爲劉邦功臣。西漢建立後封絳侯，歷任太尉、相國。

［3］此數子者：此，宋本作“比”。

［4］勢傾百辟：勢力壓過百官。

贊曰：劉生剛愎，葛侯凶恣。患結滿盈，禍生疑貳。安成英武，體兹忠烈。捨家殉義，忘生存節。檀實棱威，身隕名飛。魏終協契，[1]效績揚輝。

［1］終：原本作“然”，宋本、殿本作“終”，據宋本、殿本改。　協契：同心一致。